CAP

→ Mathématiques

INDUSTRIELS ET TERTIAIRES

NOUVEAU PROGRAMME

Nathalie Granjoux

Colette Moulin-Berger

Professeurs de Mathématiques et de Sciences Physiques en Lycée professionnel

DELAGRAVE

Crédits photos

p. 9 : ph© Colette Moulin Berger
p. 17 : ph© ciba2/Fotolia.com
p. 18 : ph© Frelon/Fotolia.com
p. 20 : ph© Quayside/Fotolia.com
p. 22 : ph© Photlook/Fotolia.com ; ph© A. Santini/Fotolia.com
p. 23 : ph© Mychele Daniau/AFP
p. 25 : ph© M S /Fotolia.com
p. 28 : ph© Martin/Fotolia.com
p. 29 : ph© Pascal Sittler/REA
p. 30 : ph© D. Vershchagin
p. 31 : ph© Fotolia.com
p. 33 : ph© pst/Fotolia.com
p. 34 : ph© Philippe Mothiron, www.lepinet.fr
p. 36 : ph© A. Rodriguez/Fotolia.com
p. 38 : ph© Esta/Fotolia.com
p. 39 : ph© J. Rovagnati/Fotolia.com
p. 42 : ph© Fotolia.com
p. 43 : ph© Fotolia.com
p. 44 : ph© Fotolia.com
p. 50 (h) : ph© Fotolia.com
p. 50 (b) : ph© Fotolia.com
p. 51 : ph© Fotolia.com
p. 53 : ph© Gerard Julien /AFP
p. 59 : ph© Fotolia.com
p. 61 : ph© Fotolia.com
p. 62 (g): ph© Fotolia.com
p. 62 (d): ph© Fotolia.com
p. 64 : ph© Nathalie Granjoux
p. 65 : ph© Photos.com
p. 68 : ph© Fotolia.com
p. 81 : ph© Fotolia.com
p. 89 : ph© NordCapital
p. 90 : ph© Fotolia.com
p. 94 : ph© Fotolia.com
p. 95 : ph© Fotolia.com
p. 97 : ph© Colette Moulin-Berger
p. 100 : ph© Fotolia.com
p. 109 : ph© Fotolia.com
p. 113 : ph© Fotolia.com
p. 118 : ph© Fotolia.com
p. 121 : ph© Jardin à vivre
p. 125 : ph© Fotolia.com
p. 128 : ph© Fotolia.com
p. 130 : ph© Fotolia.com
p. 137 : ph© Fotolia.com
p. 138 : ph© Fotolia.com
p. 139 : ph© A.-G. Delabarre
p. 141 : ph© Fotolia.com

Conception graphique : Primo & Primo
Compogravure : Lasergraphie
Couverture : Les PAOistes

Nos ouvrages utilisent des papiers composés de fibres naturelles, renouvelables, recyclables, fabriqués à partir de bois issus de forêts gérées durablement.

ISBN : 978-2-206-01575-0

Delagrave Édition – 87, quai Panhard-et-Levassor – 75647 Paris Cedex 13
www.delagrave-edition.fr

Avant-propos

Cet ouvrage, destiné aux élèves de CAP industriels et tertiaires, couvre l'ensemble du programme de mathématiques des deux années de formation et est conforme au programme de CAP publié au BOEN n° 8 du 25 février 2010.

Le livre découpe le programme de mathématiques en quatre grandes parties :

- Algèbre-Analyse *chapitres 1 à 4,*
- Statistiques *chapitres 5 à 7,*
- Géométrie *chapitres 8 à 13,*
- Calculs financiers *chapitres 14 et 15.*

Pour chaque grande partie du programme, nous vous proposons :

- une **évaluation diagnostique** (ED) portant sur le socle commun des connaissances et des compétences en début de partie ;
- une **évaluation sommative** : contrôle en cours de formation (CCF) portant sur les capacités exigibles au CAP.

Chaque chapitre se structure de façon identique.

- **L'activité d'approche** introduit de manière concrète la notion étudiée en stimulant l'intérêt de l'élève.
- **Le cours**, à la fois clair et concis, expose les notions au programme. Il est accompagné d'exemples et d'illustrations. La rubrique « L'essentiel à retenir » cloture la leçon et fixe les notions à retenir.
- La partie « exercices » est décomposé en quatre :
  - le **QCM** de cinq questions (correction à la fin du manuel) vérifie les connaissances ;
  - les **Exercices corrigés** (corrections et conseils à la fin du manuel) permettent le travail en autonomie ;
  - les **Exercices d'application** (applications directes du cours) réinvestissent les notions abordées ;
  - **Vers l'examen** : exercices ou problèmes mettant en œuvre des compétences des chapitres précédents et offrant ainsi une préparation aux élèves de CAP passant le contrôle ponctuel.
- Les pages **À vos souris** proposent des activités mettant en œuvre les TIC (tableurs, logiciels).

Une utilisation détaillée des deux calculatrices (TI-Collège Plus et Casio *fx*-92 2D+) est proposée au niveau des rabats.

En la fin du manuel sont proposées :

- des fiches sur le calcul numérique permettant à l'élève de s'y reporter au fur et à mesure de ses besoins ;
- une notice d'utilisation du tableur.

Les auteurs.

Sommaire

Programme et référentiel de certification en fonction des spécialités de CAP

Le tableau ci-dessous indique, pour chaque groupement de secteur professionnel, les unités repérées par des couleurs qui font partie du programme de formation et qui peuvent faire l'objet d'une évaluation.

- Groupement A : CAP des actuels secteurs 1, 2 et 3 ;
- Groupement B : CAP des actuels secteurs 4 et 5 ;
- Groupement C : CAP des actuels secteurs 6 et 7.

	Groupement A	Groupement B	Groupement C
	Productique-Maintenance, Bâtiment-Travaux publics, Électricité-Électronique, Audiovisuel, Industries graphiques	Hygiène-Santé, Chimie et procédés	Tertiaire-Services, Hôtellerie, Alimentation-Restauration
Chapitre 1 Repérage			
Chapitre 2 Proportionnalité			
Chapitre 3 Fonctions linéaires			
Chapitre 4 Situations du premier degré			
Chapitre 5 Données et représentations statistiques			
Chapitre 6 Calculs statistiques			
Chapitre 7 Notions de chance ou de probabilité			
Chapitre 8 Eléments de géométrie			
Chapitre 9 Figures planes, périmètres et aires			
Chapitre 10 Géométrie dans l'espace			
Chapitre 11 La propriété de Pythagore et sa réciproque			
Chapitre 12 La propriété de Thalès			
Chapitre 13 Relations trigonométriques dans le triangle rectangle			
Chapitre 14 Calculs commerciaux			
Chapitre 15 Intérêts simples			
Calcul numérique			

Évaluation diagnostique

Pour bien commencer...

Grille du socle commun

Connaissances	Capacités associées	Critères de réussite
Nombre et calcul : les 4 opérations	– Évaluer mentalement un ordre de grandeur – Distinguer valeur exacte et valeur approchée	Une erreur dans le tableau maximum
Raisonner, argumenter, pratiquer une démarche expérimentale ou technologique	– Questionner, identifier un problème, formuler une conjoncture ou une hypothèse	Le choix de la méthode utilisée
Proportionnalité Grandeurs : volume, masse volumique	– Reconnaître les situations relevant de la proportionnalité	Une phrase rédigée
Rechercher, extraire et organiser l'information utile	– Lire, utiliser et interpréter des données représentées sous forme de graphiques	La cohérence des résultats et la vraisemblance des valeurs

Nombre et calculs : les 4 opérations (sans calculatrice)

1. Pour chaque opération indiquée dans la première colonne, cocher la case figurant sur la même ligne et correspondant au nombre qui se rapproche le plus du résultat de l'opération.

Opération	1	10	100	1 000	10 000	100 000
$5\,000 \times 0{,}21$						
$9{,}5 \times 1\,000$						
$\frac{85}{8}$						
$2\,140 \times 60$						
$156 - 45$						
$114 \times 0{,}01$						

A = 50 000 006 × 70 000 008

En tapant ce produit à la calculatrice scientifique, on peut voir apparaître sur l'écran : $3{,}50000082 \times 10^{15}$.

2. Justifier, sans calculer A, que cette valeur affichée n'est pas la valeur exacte de A.

Raisonner, argumenter, pratiquer une démarche expérimentale ou technologique

Mathéo et Simon, qui ont 8 ans d'écart, additionnent leurs âges et trouvent 104 ans.

1. Sachant que Mathéo est le plus jeune des deux, calculer l'âge de chacun.

Vous demandez à un de vos camarades de choisir un nombre entier entre 1 et 20 sans que vous en ayez connaissance. Vous lui demandez de faire les opérations suivantes sur le nombre qu'il a choisi : le multiplier par 5 ; additionner 2 au résultat précédent ; diviser le résultat obtenu par 4.
Il réfléchit un instant et vous annonce qu'il trouve 13.

2. Êtes-vous capable de retrouver le nombre choisi initialement par votre camarade ?

Proportionnalité – Grandeurs : volume, masse volumique

La masse volumique (en kg/m³) d'un corps exprime une relation entre la masse et le volume.

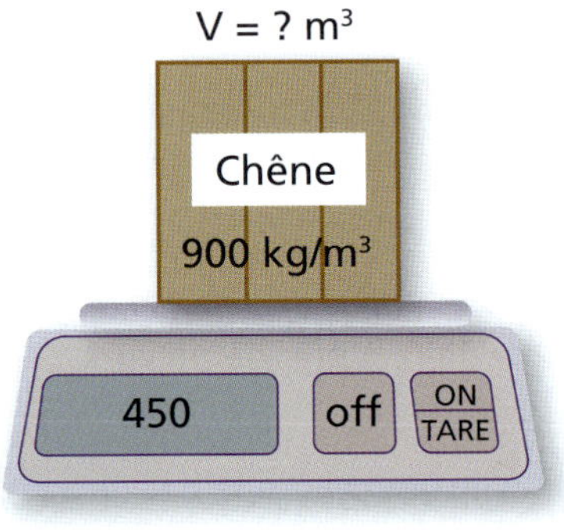

Masse (kg)	900	450
Volume (m³)	1	0,5

Masse (kg)	1	2
Volume (m³)	1	2

Masse (kg)	1	2
Volume (m³)	1	2

Masse (kg)	900	450
Volume (m³)	1	2

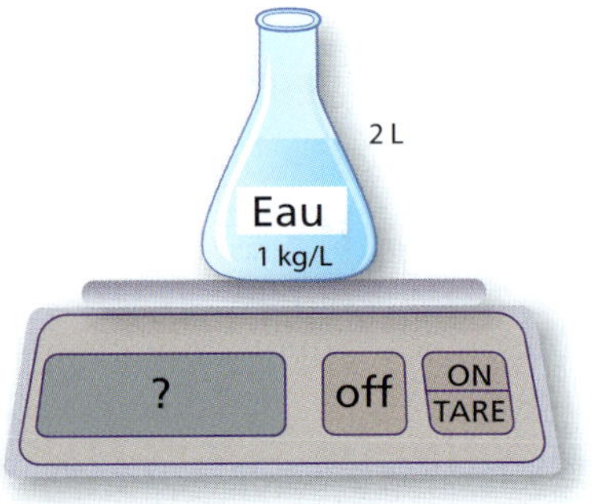

1. Associer le schéma au tableau de proportionnalité qui lui correspond.

2. Rédiger une phrase donnant le résultat de chaque schéma.

Rechercher, extraire et organiser l'information utile

On remplit trois solides différents à l'aide de trois robinets ayant un même débit constant. Chaque solide a une même hauteur totale h et un même volume V. Seule la forme des solides change.

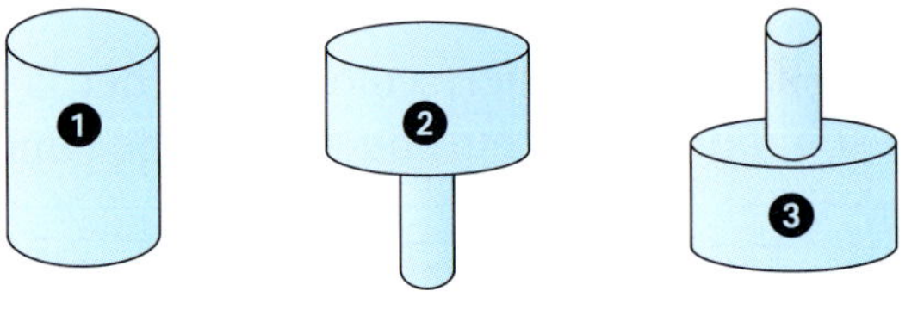

On représente la hauteur de remplissage en fonction du temps.

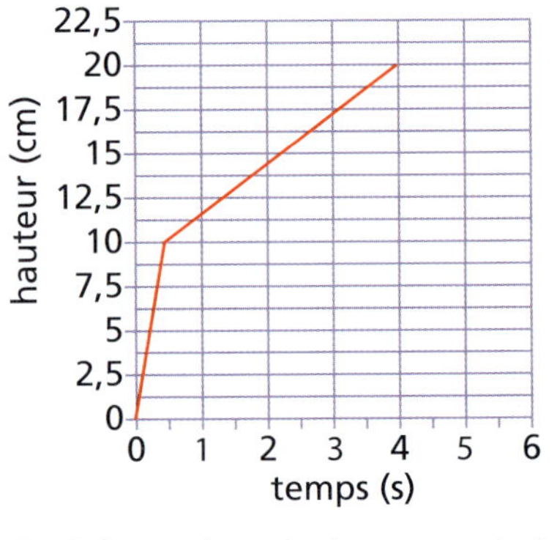

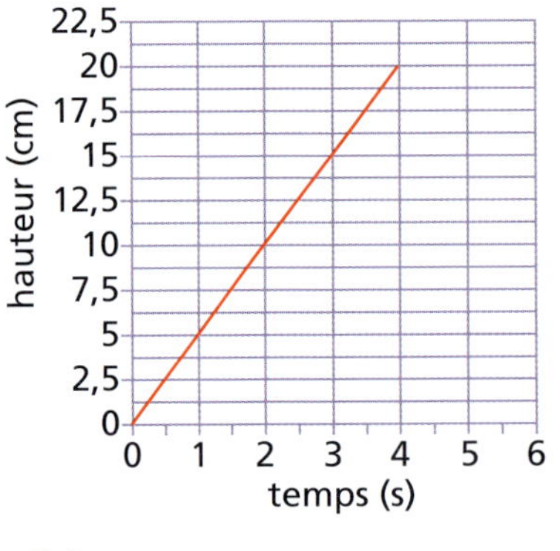

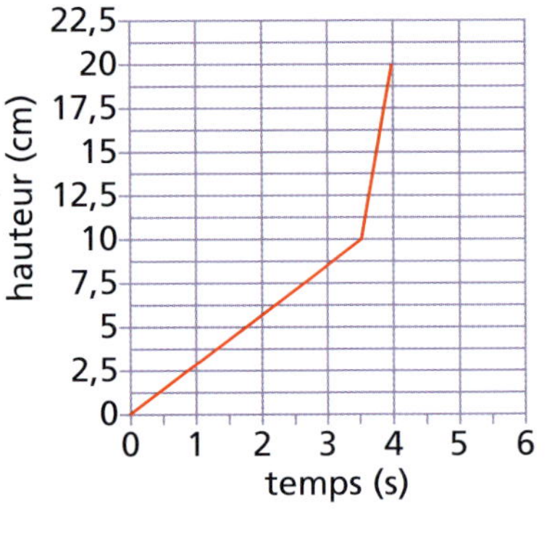

1. Déterminer la hauteur *h* des trois solides.

2. Déterminer la durée totale de remplissage

3. Associer chaque solide au graphique correspondant en justifiant la réponse.

4. Les solides 2 et 3 sont composés, chacun, de deux cylindres de diamètres différents. Peut-on à l'aide des graphiques correspondants déterminer la hauteur de chaque cylindre ? Dans l'affirmative, donner la réponse.

5. Dans quel(s) cas, la moitié du temps correspond-il à un remplissage à mi-hauteur?

CHAPITRE 1 Repérage

Activité d'approche

Avant l'invention de la calculatrice, les élèves disposaient de règles à calcul.

1. Rechercher la date de la mise au point de la première calculatrice.

Le principe de la règle à calcul est le suivant :
– deux règles graduées identiques indépendantes peuvent coulisser l'une par rapport à l'autre ;
– le type de graduation choisie permet uniquement des multiplications.

Exemple : pour 2 × 3
– faire coulisser le 1 de l'une des règles jusqu'au 2 de l'autre ;
– en face du 3 de la règle du haut, on lit le résultat sur l'autre règle.

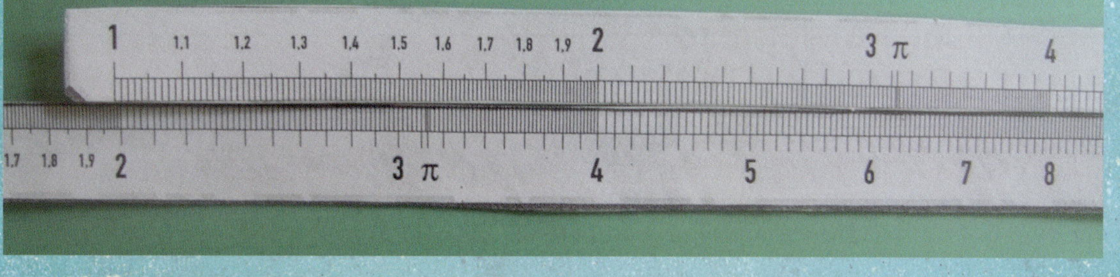

2. Trouver le résultat de 3,5 × 2,2 en exploitant la photo ci-dessous.

D'après un article de *Sciences et Vie Junior*, HS n° 77, p. 65.

Je dois être capable :
- de lire un tableau à simple et à double entrée ;
- d'utiliser une graduation ;
- d'utiliser un repère du plan ;
- de placer des points à partir d'un tableau ;
- d'exploiter des courbes tracées.

1 Lecture de tableaux numériques

Les tableaux numériques sont, comme leur nom l'indique, des tableaux qui contiennent des nombres. Dans un tableau à double entrée, une information s'obtient à l'intersection d'une ligne et d'une colonne.

Le tableau suivant indique la distance en km entre deux villes.

	Bordeaux	Dijon	Grenoble	Lille	Lyon	Paris	Toulouse
Bordeaux		619	675	792	842	546	250
Dijon	619		278	466	197	300	679
Grenoble	675	278		771	109	586	558
Lille	792	466	771		667	215	926
Lyon	842	197	109	667		462	506
Paris	546	300	586	215	462		678
Toulouse	250	679	558	926	506	678	

La distance entre Toulouse et Grenoble est de 558 km.

2 Repérage sur un axe

Pour repérer un point sur une droite, on utilise un repère défini par :
- une origine O ;
- un sens indiqué par la flèche ⟶ ;
- une unité de longueur ⟷ .

Une droite munie d'un repère devient un axe.
Sur un axe, un point est repéré par un nombre appelé abscisse.

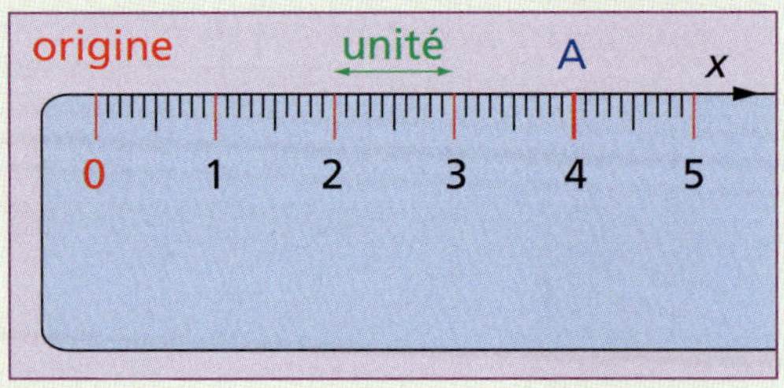

A a pour abscisse 4, on note $x_A = 4$.

L'utilisation des abscisses négatives se rencontre pour :
- les thermomètres
- le repérage des étages dans un immeuble (les parkings se situent généralement aux niveaux – 1 et – 2).

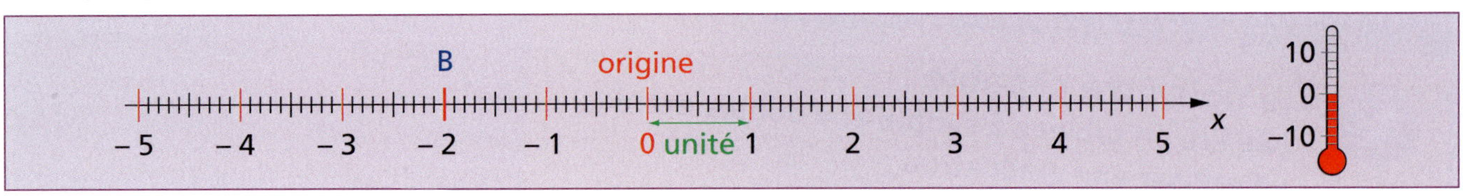

B a pour abscisse – 2 ; on note $x_B = -2$.

3 Repérage dans le plan

> Les deux axes se coupent en un point O, l'origine du repère.
> (Ox) est l'axe des abscisses.
> (Oy) est l'axe des ordonnées.

Les axes (Ox) et (Oy) sont perpendiculaires et ils possèdent la même unité de longueur, il s'agit d'un repère **orthonormal**.

Chaque point est repéré par son abscisse sur l'axe (Ox) et son ordonnée sur l'axe (Oy).

> Abscisse et ordonnée constituent les coordonnées du point.
> Notation générale : M(x ; y)

REMARQUE Toujours x en premier.

Ainsi A(– 2 ; 1), B(3 ; 2,5), C(4 ; – 3) et D(– 3,5 ; – 3)

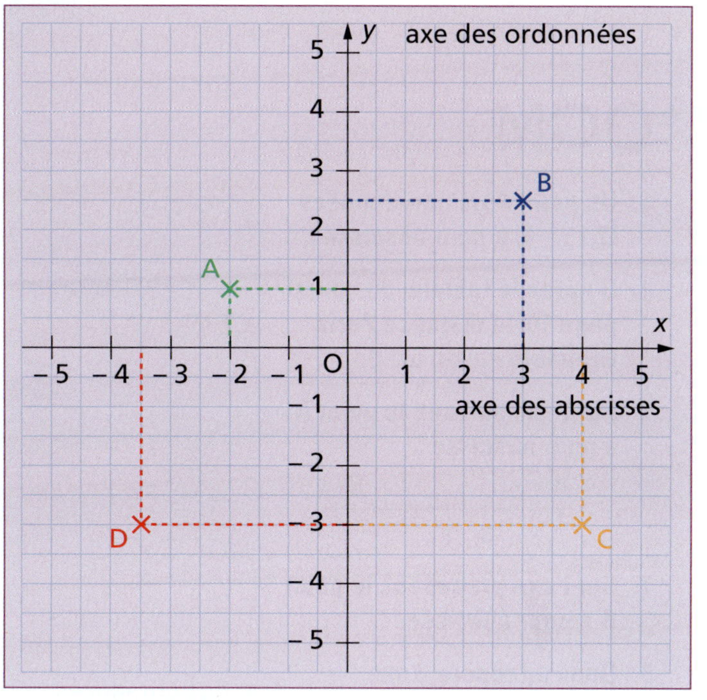

4 Représentations graphiques

Elles permettent de montrer l'évolution d'une grandeur en fonction d'une autre.

Sur le graphique ci-contre on étudie les distances moyennes de freinage sur route sèche et sur route mouillée en fonction de la vitesse du véhicule.

On ne vous demandera pas de tracer ce type de courbe mais par contre de l'exploiter.

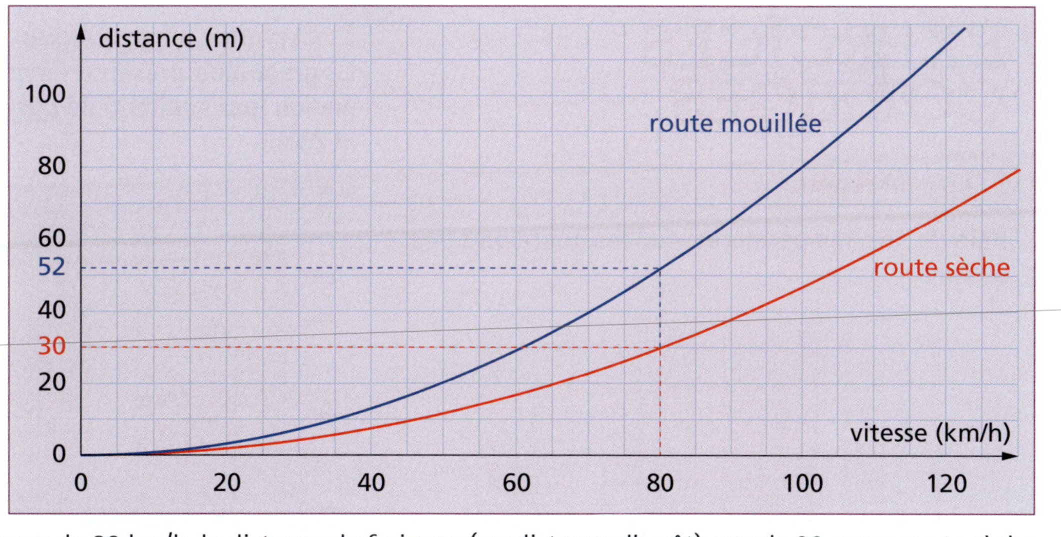

Par exemple pour une vitesse de 80 km/h, la distance de freinage (ou distance d'arrêt) sera de 30 m sur route sèche et de 52 m sur route mouillée.

L'ESSENTIEL À RETENIR

- **Dans un repère un point est défini par ses coordonnées notées (x ; y).**
- **L'abscisse x se lit sur l'axe horizontal.**
- **L'ordonnée y se lit sur l'axe vertical.**

Je m'entraîne

QCM

1. **Un point A de coordonnées (2,1 ; – 4) a pour abscisse :**	a. – 4	b. 2,1	c. – 1,9
2. **D'après le tableau du cours page 10, la distance Paris-Grenoble en km est de :**	a. 675	b. 546	c. 586
3. **Sur l'axe suivant, le point A a pour abscisse :** 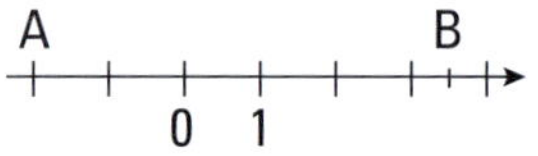	a. – 2	b. – 1	c. 2.
4. **Sur l'axe précédent, le point B a pour abscisse :**	a. 3	b. 3,05	c. 3,5
5. **Dans un repère, l'axe horizontal est l'axe :**	a. des ordonnées	b. des abscisses	c. des coordonnées

EXERCICES CORRIGÉS

1 : Lire un repère

Relever les températures sur les thermomètres suivants.

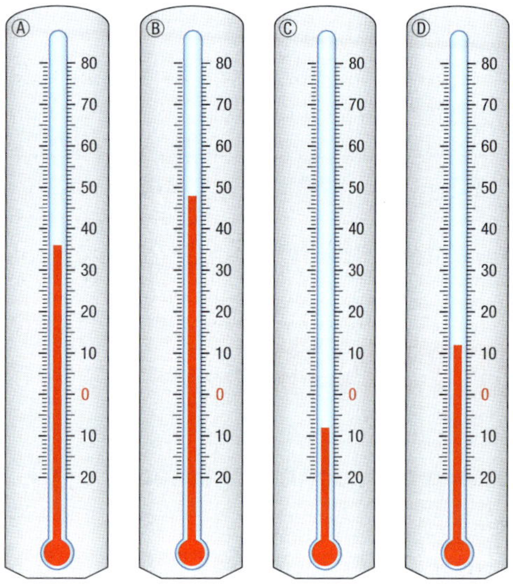

Voir le corrigé, p. 144

2 : Exploiter un graphique

Le graphique présente l'évolution de la consommation (par habitant) de lait au Québec entre 1991 et 2001.

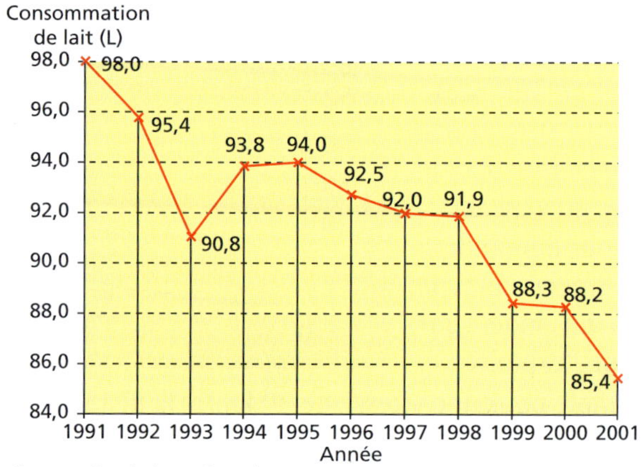

Source : Statistique Canada.

1. Dire quelles sont les grandeurs physiques représentées sur chaque axe.
2. Le point A (1994 ; 92) appartient-il au graphique ? Et le point B(1997 ; 92) ?
3. Construire un tableau donnant la consommation de lait (L) en fonction de l'année (de 1991 à 2001).

Voir le corrigé, p. 144

3 : Repérer un axe

À l'aide d'un stylo-pH, on a mesuré le pH de différentes boissons : soda, lait, vin et eau gazeuse. Les résultats obtenus sont :
– soda : pH = 2,5 ;
– lait : pH = 7 ;
– vin : pH = 3,5 ;
– eau gazeuse : pH = 8,2.

1. Reproduire l'axe en prenant 1 cm pour 1 (pH).

2. Faire apparaître toutes les graduations entières.
3. Placer les quatre valeurs de pH correspondants aux quatre boissons.

Voir le corrigé, p. 144

4 : Lire un tableau

Le tableau présente les dépenses moyennes annuelles par élève et en euros entre 1980 et 2007.

	1980	1990	2000	2006	2007
Premier degré	2 780	3 550	4 990	5 320	5 350
Second degré	5 560	6 810	8 780	8 950	8 870
Supérieur	7 080	7 960	9 260	9 850	10 150
Tous niveaux	4 200	5 350	7 170	7 470	7 470

1. Donner le montant de la dépense pour un élève du second degré en 2007.
2. Décrire l'évolution de la dépense de 1980 à 2006 pour tous niveaux confondus.
3. Quel le niveau qui coûte le moins cher ?

Voir le corrigé, p. 144

EXERCICES D'APPLICATION

5 : Se repérer sur une frise

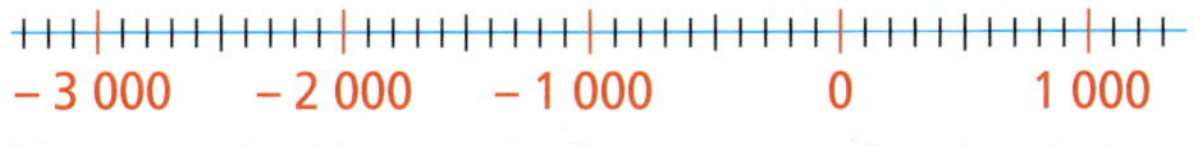

Placer sur la frise, après l'avoir recopiée, les évènements suivants :
① 550 av. J.-C. : formulation du théorème de Pythagore
② 2600 av. J.-C. : construction de la pyramide Khéops
③ 100 : invention du papier en Chine
④ 220 : découverte du principe de la boussole en Chine
⑤ 600 : découverte du zéro en Inde

6 : Se repérer sur un cadran

Donner la valeur affichée par chaque dynamomètre.

Dynamomètre 1 Dynamomètre 2 Dynamomètre 3

7 : Lire un volume

Trois éprouvettes graduées en mL, de taille différente, mesurent une certaine quantité d'eau.

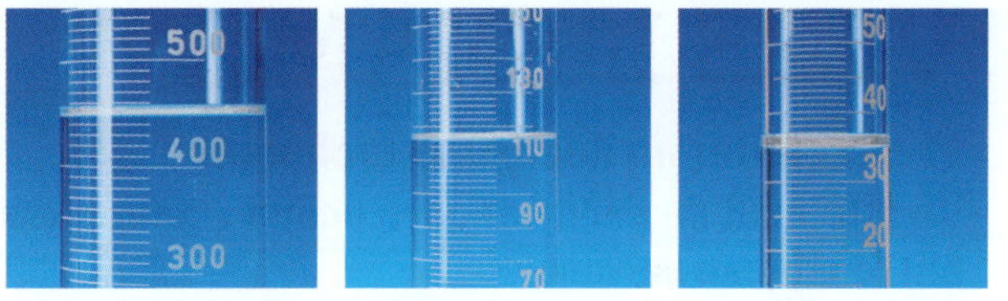

Pour chaque éprouvette :
1. Dire à quoi correspond une division de la graduation.
2. Indiquer le volume d'eau qu'elles contiennent.

8 : Compléter des graduations

Reproduire la portion de demi-droite graduée, puis sous chaque graduation, écrire le nombre qui convient.

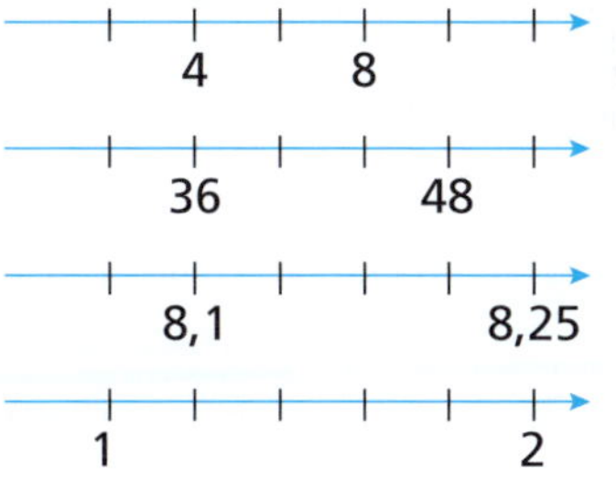

9 : Saut à la perche

Lors de la finale mondiale de l'athlétisme de 2009, Yelena Isinbayeva obtient la médaille d'or avec un saut à 4,80 m. Son record personnel est de 5,05 m, obtenu lors des jeux olympiques de Pékin de 2008.

1. Reproduire l'axe gradué.
2. Placer les deux hauteurs de barre franchies par Yelena.

10 : Se repérer dans le plan

1. Construire un repère (Oxy) du plan avec les échelles :
– 1 cm pour 1 en abscisse ;
– 1 cm pour 0,5 en ordonnées.

2. Placer les points suivants :
A(2 ; 0) ; B(– 3 ; 1) ; C(0 ; 1,5) ; D(3,5 ; – 2) ; E(– 2; – 3) ; F(– 1,5 ; 1)

VERS L'EXAMEN

11 : Exploiter un document technique

Un fabricant de pneumatiques pour tracteur a établit le tableau suivant.

Pression relative (en bar) et charge maxi (en kg) par pneu	Vitesse en km/h du tracteur : 10	30	40	50
0,6		1 100	1 010	
0,8		1 220	1 120	1 020
1	1 570	1 340	1 230	1 120
1,2	1 710	1 460	1 330	1 260
1,3	1 780	1 520	1 390	1 260
1,4	1 860	1 580	1 440	1 300
1,6	2 000	1 700	1 550	1 400
2,1	2 360			

Pression absolue = pression relative + pression atmosphérique. Pression atmosphérique : 1 bar (ou 10^5 Pa).

1. En lisant le tableau précédent, donner la pression relative supportée par un pneu pour une vitesse du tracteur égale à 40 km/h et une charge de 1 120 kg.

2. Calculer pour les conditions précédentes la pression absolue p en bar et en pascal.

12. Déterminer une pointure de chaussure

En France, on utilise « le point de Paris ».
Un point de Paris (écart entre deux pointures) correspond à une longueur de 6,66 mm.

1. Recopier et compléter le tableau

Longueur pied (cm)	18	?	22	27	?
Pointure	?	36	?	?	39

2. Vérifier la définition du point de Paris à l'aide du graphique ou du tableau précédent.

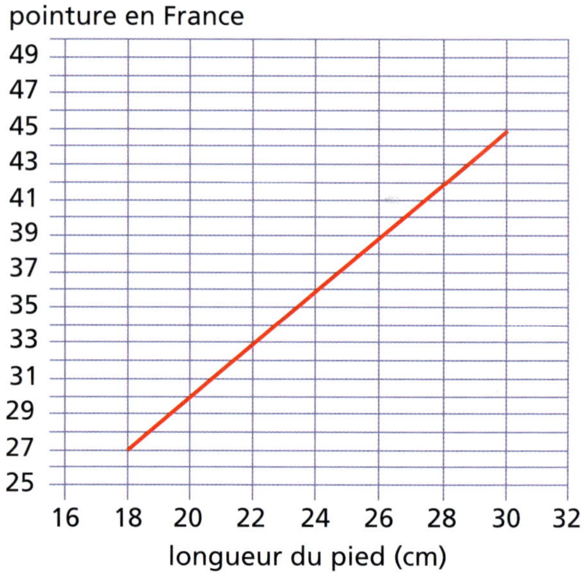

13 : S'habiller

Voici un tableau de correspondance affiché dans un magasin.

	Garçons						Filles					
Stature (en cm)	117 à 128	129 à 140	141 à 152	153 à 164	165 à 176	177 à 186	117 à 128	129 à 140	141 à 152	153 à 158	159 à 164	165 à 170
Age (ans)	6	8	10	12	14	16	6	8	10	12	14	16
Taille française	126	138	150	162	174	180	126	138	150	156	162	168
Taille universelle	XS	S	M	L	XL	XXL	XS	S	M	L	XL	XXL

La stature, c'est la taille de la tête aux pieds.

1. Pour un garçon de 10 ans de 1,60m, quelle taille de vêtement doit-on choisir ?

2. Marie possède un pantalon de taille M, donner sa stature possible sous forme d'intervalle.

3. À partir de quel âge, les tailles sont-elles différentes chez les garçons et les filles.

14 : Lire une température

Le graphique ci-dessous représente les variations de la température dans le mur extérieur d'une habitation (vue en coupe).

1. Quelle est l'épaisseur de chacune des quatre parties de ce mur ?

2. Quelle est la température aux points A, B, C, D, E et F ? On présentera les réponses sous forme de tableau.

3. Quelle est la température de l'air extérieur, de l'air intérieur ?

4. Une des quatre parties du mur est faite d'un isolant thermique ; à votre avis laquelle ?

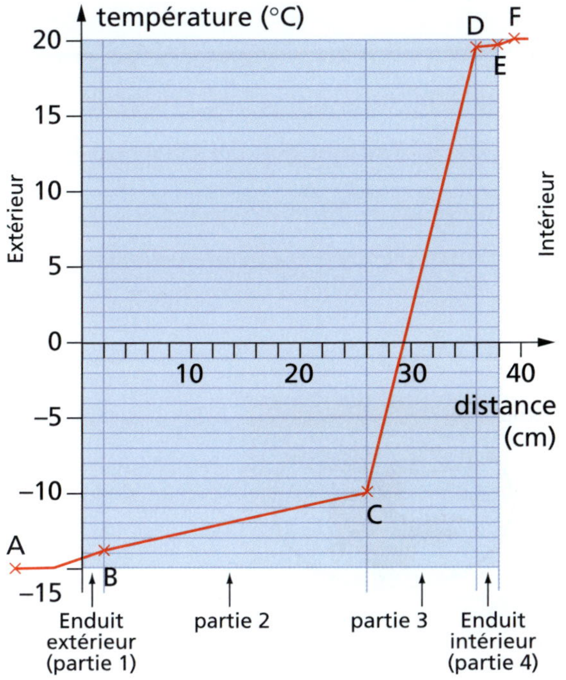

15 : Déterminer une puissance

Pour le chauffage de son appartement, M. Geffroy souhaite s'équiper de radiateurs électriques muraux. Toutes les caractéristiques des radiateurs adaptés à une hauteur sous-plafond de H = 2,60 m sont regroupés dans le tableau des données techniques ci-dessous.

Aire de la pièce (m^2)	Puissance (W)	Largeur (mm)	Hauteur (mm)	Prix (€)
10	500	340	440	37
20	1 000	420	440	39
30	1 500	580	440	45
40	2 000	740	440	49

1. Recopier et compléter le tableau ci-dessous.

Points	A	B	C	D
Aire de la pièce A (m^2)	10	?	?	?
Puissance P (W)	500	1 000	1 500	2 000

2. Recopier le repère et compléter le graphique en plaçant les points A, B, C et D. Relier ces points.

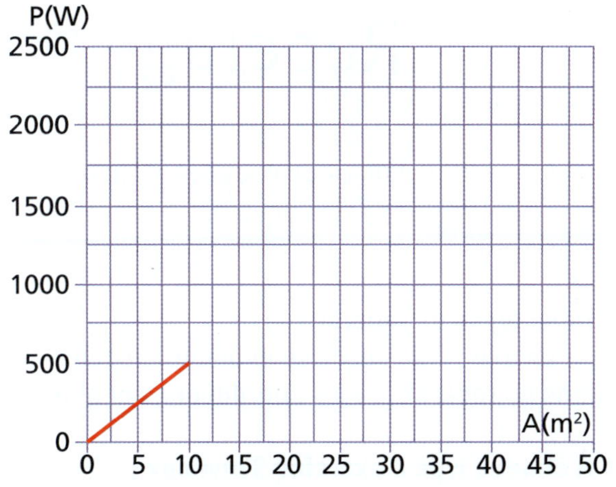

3. Déterminer graphiquement la puissance nécessaire pour chauffer une pièce de 45 m^2. Laisser apparents les traits utiles à la lecture.

16 : Épargner

Khalid a placé 1 000€ au taux annuel de 3 %.
Il souhaite connaître le montant des intérêts. Pour cela, son ami Julien lui propose le graphique ci-dessous.

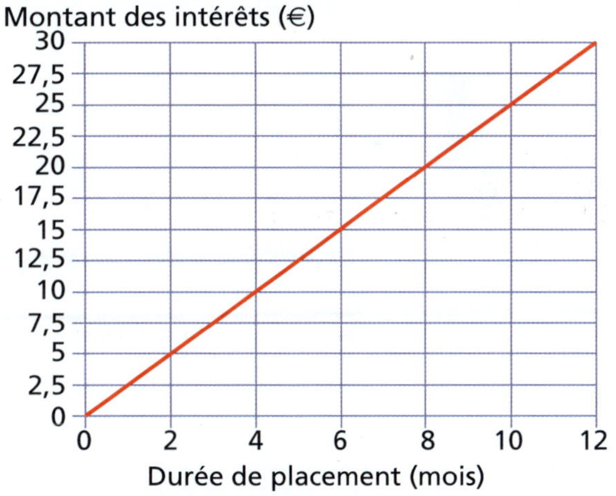

Khalid préfère présenter sous la forme d'un tableau.

1. Recopier et compléter le tableau suivant

Durée du placement (mois)	4	?	10	?
Montant des intérêts (€)	?	15	?	30

Julien opte à son tour pour un placement de 500 € à 3 %.
Étant donné que le capital est deux fois moins important, Julien sait que le montant des intérêts est lui aussi divisé par deux. Il établit le tableau suivant.

Durée du placement (mois)	4	6	10	12
Montant des intérêts (€)	5	7,5	12,5	15

2. Recopier et placer ces points sur le repère précédent. Relier-les.

À vos souris !

Repérage

Entraînez-vous sur le repérage avec le logiciel *Repérage* de J.-C. Meier.

→ **Deux types de repérage :**
– sur un axe : lire l'abscisse et placer un point ;
– dans un repère : lire les coordonnées et placer un point.

→ **À chaque type d'exercice 3 niveaux :**
– niveau 1 : valeurs entières ;
– niveau 2 : valeurs entières et demi ;
– niveau 3 : valeurs décimales.

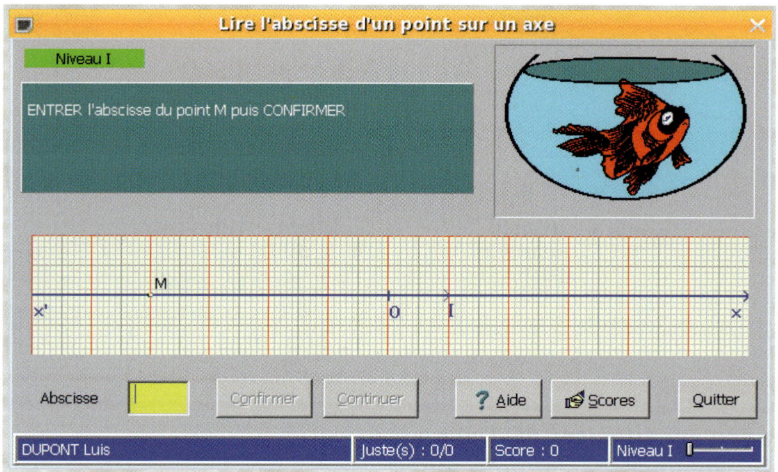

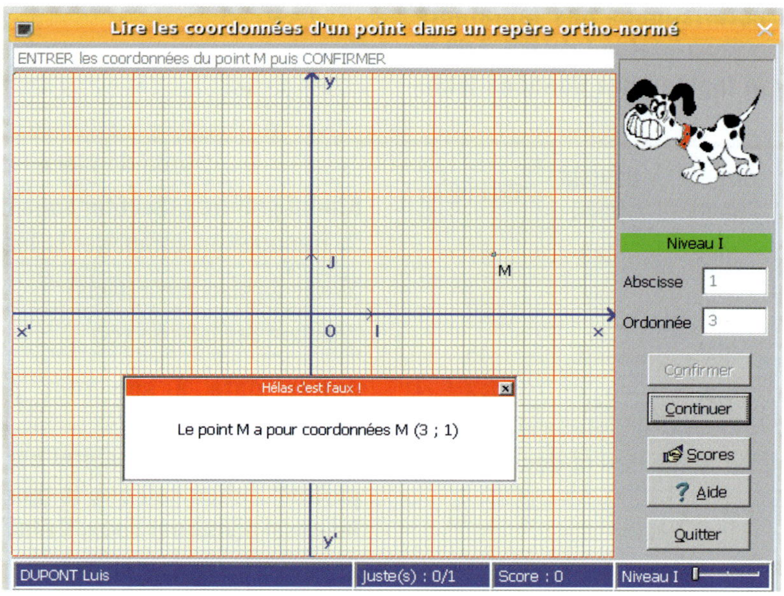

Remarques :
– Le point I représente l'unité de longueur, son abscisse est égal à 1.
– Même chose pour J : l'ordonnée de J est égale à 1.

CHAPITRE 2

Proportionnalité

Activité d'approche

La cueillette en libre service « Chapeaux de paille » de Servigny propose pour le ramassage de ses pommes, les tarifs suivants :

Masse (kg) ramassée	Plus de 1 kg et moins de 10 kg	Plus de 10 kg et moins de 16 kg	Entre 16 kg et moins de 48 kg	Plus de 48 kg
Prix (€) au kilo	1,70	1,40	1,10	0,50

Quatre familles vont ramasser des pommes, les quantités respectives achetées sont les suivantes :

Familles	Leroy	Lapaire	Lajoie	Lentout
Masse (kg) ramassée par chaque famille	12	32	6	50
Prix (€) payé	?	?	?	?

1. Calculer pour chaque famille, la somme à payer (en €) en tenant compte des informations données dans le tableau 1 et compléter le tableau 2.
2. Le prix payé (en €) est-il proportionnel à la masse (en kg) de pommes ramassées ?
3. Peut-on répondre à la question 2 sans faire les calculs demandés à la question 1 ?
4. Si la famille Lapaire avait payé les pommes 1,70 € le kilogramme, combien aurait-elle payé ?
5. Calculer, en euros, la réduction obtenue ? Convertir ce montant en euros, en un pourcentage du prix non réduit. Arrondir à l'unité.

Je dois être capable :
- de traiter des problèmes relatifs à deux suites de nombres proportionnelles ;
- de traiter des problèmes de pourcentages de la vie courante et de la vie professionnelle.

1 Grandeurs proportionnelles

a. Principe

Le travail de l'électricien consiste à trouver la bonne puissance de chauffage (en W) pour chauffer une pièce d'une surface donnée (en m²). Plus la surface à chauffer sera grande, plus la puissance sera importante.

On dit que les **deux grandeurs** (la puissance en watt et la surface en m²) sont **proportionnelles**, quand en **multipliant une grandeur par un nombre, on multiplie la valeur correspondante de l'autre grandeur par le même nombre.**

La situation se traduit par le tableau suivant :

Surface chauffée (m²)	7	14	28
Puissance (W)	700	1 400	2 800

(× 2 de 7 à 14 et de 14 à 28 ; × 2 de 700 à 1 400 et de 1 400 à 2 800)

b. Le coefficient de proportionnalité

• Le tableau précédent est un **tableau de proportionnalité** dans lequel il est d'usage de faire apparaître le **coefficient de proportionnalité.**

Le **coefficient de proportionnalité** n'est autre qu'un **coefficient multiplicateur** permettant de passer de la première à la deuxième ligne d'un tableau de proportionnalité.

Dans le tableau ci-dessus, le coefficient de proportionnalité est 100 car 7 × 100 = 700.
Dans un cas plus complexe, comment obtient-on la valeur du coefficient de proportionnalité ?

Exemple : prix des œufs fermiers de taille moyenne

Nombre d'œufs	4	6	12
Prix (€)	1	1,5	3
$\dfrac{\text{Prix}}{\text{Nombre d'œufs}}$	0,25	0,25	0,25

(× 0,25 de la ligne « Nombre d'œufs » à la ligne « Prix (€) »)

Le rapport $\dfrac{\text{Prix}}{\text{Nombre d'œufs}}$ est toujours le même et est égal à 0,25. Cette valeur représente le coefficient de proportionnalité. 0,25 représente aussi le prix, en euro, d'un œuf.
Ce coefficient permet dorénavant de calculer le prix de x œufs. Par exemple, pour 9 œufs, le prix à payer est : 9 × 0,25 = 2,25 €.

REMARQUE Si l'on veut passer de la deuxième à la première ligne, il faut multiplier par l'inverse du coefficient précédent, c'est-à-dire $\dfrac{1}{0,25} = 4$.

c. Généralisation

a et b sont proportionnels à c et d (avec $c \neq 0$ et $d \neq 0$), ce qui équivaut à $\frac{a}{c} = \frac{b}{d}$ (on dit aussi que les nombres a, b, c et d forment une proportion).

$\frac{a}{c} = \frac{b}{d}$ peut également s'écrire $ad = bc$ en effectuant le produit en croix.

Les notions de pourcentage et d'échelle relèvent de la proportionnalité.

2 Pourcentage

Donner un pourcentage, c'est exprimer une quantité par rapport à 100.

« Pour 100 » se note % et x % représente le rapport $\frac{x}{100}$.

a. Appliquer un pourcentage

• Le verre qui constitue l'emballage de beaucoup de bouteilles de jus de fruits est composé de 73 % de silice (formule chimique : SiO_2). Ce qui signifie que si la bouteille en verre vide a une masse de 100 g, la silice représente 73 g. En réalité, la masse d'une bouteille en verre vide est de 220 g.

La quantité de silice qui la constitue est de :

$73 \times 2,20 = 160,6$ g

$220 \times \frac{73}{100} = 220 \times 0,73$ soit 160,6 g

Masse de la bouteille vide (g)	100	220
Masse de silice (g)	73	160,6

(× 0,73)

Appliquer un pourcentage revient à appliquer le coefficient de proportionnalité.

• Appliquer un pourcentage peut permettre de calculer le montant de la TVA, d'une augmentation, d'une ristourne… Les taxes, les frais, les augmentations, les hausses sont des sommes qui viennent s'additionner au montant initial une ristourne, un rabais, une réduction sont des sommes qui viennent ensuite se soustraire au montant initial.

Exemple : Écran plat à 259 € HT. (TVA 19,6 %)

Montant de la TVA : $259 \times \frac{19,6}{100} = 50,76$ €

Prix TTC : 259 + 50,76 = 309,76 €.

Remise de 4 %

Montant de la remise : $309,76 \times \frac{4}{100} = 12,39$ €.

Prix final : 309,76 – 12,39 = 297,37 €.

b. Calculer un pourcentage

Une petite commune du Limousin a établi le bilan 2008 des ordures ménagères collectées aux éco-points, le verre représente 450 tonnes à lui seul. Quel pourcentage de la masse totale ramassée représente t-il ?

Quantités (en tonnes)	800	100
Verre (en tonnes)	450	x

(× 0,5625)

$\frac{450}{800} = \frac{x}{100}$ $\quad \frac{450}{800} = 0{,}5625 \rightarrow 0{,}5625 \left(= \frac{56{,}25}{100}\right)$ est le **coefficient de proportionnalité.**

$x = 100 \times 0{,}5625$; $x = 56{,}25$.

Le pourcentage de verre récolté est de 56,25 %.

3 Échelle

Une échelle est donnée sous la forme d'une fraction ayant pour numérateur 1.

On peut rencontrer différentes notations :

- 1/1 000
- $\frac{1}{1\ 000}$
- 1 : 1 000

Ces trois écritures se lisent de la même façon : il s'agit d'**un millième**.

L'échelle 1/50 signifie 1 cm sur le schéma représente 50 cm en réalité.

Distance schéma (cm)	1	1,5	4
Distance réalité (cm)	50	75	200

(× 50) (× 0,02)

0,02 est obtenu en effectuant l'inverse de 50, c'est-à-dire $\frac{1}{50}$.

L'ESSENTIEL À RETENIR

- **Deux grandeurs sont proportionnelles lorsqu'on peut calculer un coefficient de proportionnalité qui permet de passer d'une grandeur à l'autre.**
- **Calculer un pourcentage, c'est déterminer le coefficient de proportionnalité exprimé sous forme d'une fraction ayant 100 comme dénominateur.**

Je m'entraîne

QCM

1. 25 % de 780 valent :	a. 31,2	b. 195	c. 755
2. Une échelle donnée à 1/1 000 s'écrit aussi :	a. 0,01	b. $\frac{1}{1\,000}$	c. 0,001
3. Le prix TTC d'un article valant 150 € HT (TVA : 19,6 %) est :	a. 169,6	b. 29,4	c. 179,4
4. Un sprinter parcourt le 100 m en 9,3 s. Sa vitesse moyenne, en km, sur ce parcours est d'environ :	a. 33,5 km/h	b. 0,6 km/h	c. 3,35 km/h
5. Un motard roule à une vitesse moyenne de 110 km/h, cette vitesse en m/s est d'environ, à 0,1 près :	a. 30,6 m/s	b. 306 m/s	c. 3,06 m/s

EXERCICES CORRIGÉS

1 : Compléter une facture

La facture incomplète ci-dessous concerne la commande de matériel et de produits pour piscine.

Calculer les informations manquantes en arrondissant les valeurs au centime.

Référence	Article	Prix unitaire HT	Nombre	Prix HT
PC - 925	Chlore retard 5 kg	19,23 €	3	?
PC – 931	Chlore choc 5 kg	?	2	35,12 €
AE-1823	Relais de mise hors gel	?	1	?
			Total HT	?
			Remise (2%)	?
			Total HT après remise	?
			TVA (19,6%)	?
			Total TC	?

Voir le corrigé, p. 144

2 : Calculer une consommation et une distance

On admet que la consommation de carburant d'un véhicule est proportionnelle à la distance parcourue.

1. Recopier et compléter le tableau suivant en indiquant les calculs qui ont permis de trouver les résultats :

Distance (km)	150	?	600
Consommation (L)	12,6	29,4	?

2. Calculer la consommation de ce véhicule, en litres aux 100 km ? Arrondir à 0,1.

3. Lors d'un déplacement, ce véhicule consomme 30 l à 0,80 € le litre et ses frais de péage sont de 12 €. Déterminer le coût de ce déplacement ?

Voir le corrigé, p. 144

3 : Définir une proportionnalité

Le tableau ci-dessous indique les apports énergétiques conseillés en fonction de l'âge pour les garçons.

Ages (années)	2	3	4	5	6	7	8	9	10
ANC en kJ	4 600	5 020	5 440	5 860	7 120	7 950	8 370	8 790	9 200

ANC : apports nutritionnels conseillés en kilojoule pour une journée.

1. Montrer par des calculs que l'apport énergétique journalier que doit recevoir un garçon entre 2 et 10 ans n'est pas proportionnel à son âge.

2. Peut-on calculer un coefficient de proportionnalité ?

Voir le corrigé, p. 144

EXERCICES D'APPLICATION

4 : Compléter une facture (TICE)

M. Dutoit choisit un poêle à bois comme moyen de chauffage écologique pour sa maison de campagne. Pour l'achat et l'installation, il s'adresse à la maison « Plus d'idées ».

Il choisit le modèle CARBONE. Voici le devis proposé par le gérant du magasin.

	A	B	C	D
1	**Quantité**	**Nature de l'article**	**Prix unitaire (€)**	**Montant (€)**
2	1	modèle CARBONE	2 140	2 140
3	5	Longueur du tuyau de raccordement (m)	?	600
4	1	coude de raccordement	303	?
5	1	Pose	?	475
6			Total HT (€)	?
7			TVA 5,5 % (€)	?
8			Montant total TTC (€)	?

La maison ayant plus de deux ans, M. Dutoit peut bénéficier d'une TVA allégée.

1. Recopier la facture dans une feuille de classeur.
2. Quelle formule doit être saisie pour trouver la valeur de la cellule C3 ?
3. Et pour compléter la cellule D4 ?
4. Un calcul est-il nécessaire pour compléter la cellule C5 ?
5. Pour compléter la cellule D6, taper la formule suivante : =(D2+D3+D4+D5).
6. Quel est le coefficient multiplicateur associé au taux 5,5 % ?
7. Trouver la formule vous permettant de calculer le montant de la TVA en euros, et taper là dans la cellule D7.
8. Terminer votre facture en déterminant la formule vous permettant de compléter la cellule D8.

M. Dutoit souhaite un devis pour un autre modèle, le modèle SAVOIE de prix unitaire 1 980 €. Ce modèle nécessite 6 m de tuyau au lieu de 5 pour le modèle CARBONE.

9. **Application en autonomie** : Refaire le même travail en modifiant seulement sur votre feuille de calcul les nouvelles informations.

5 : Définir des grandeurs proportionnelles

Indiquer si les grandeurs suivantes sont proportionnelles ou pas. N'oublier pas de justifier.

a) Le salaire reçu et la durée de travail effectuée.

b) La masse d'un individu et sa taille.

c) Le nombre de buts marqués lors d'un match de football et la durée du match.

d) La consommation en carburant d'un véhicule et la distance parcourue par ce véhicule à vitesse constante.

6 : Comparer des pourcentages d'augmentation

Hugo a compté qu'il avait fait 420 exercices de maths cette année, alors que l'année précédente, il en avait fait 380.

1. Calculer le pourcentage d'augmentation.
2. Amin a trouvé, lui, qu'il avait fait ¼ d'exercices en plus cette année. Quel est celui qui a eu le plus important pourcentage d'augmentation ?

7 : Calculer l'énergie consommée

La dépense globale de l'organisme d'une femme de 35 ans de 1,65 m et 60 kg s'élève à 9 378 kJ par jour. Lorsqu'elle est éveillée, son cerveau utilise environ 23 % de cette dépense, alors qu'il ne représente qu'environ 2,3 % de son poids corporel.

1. Calculer (en kJ) la quantité d'énergie utilisée à ce moment-là par son cerveau.
2. Calculer la masse (en grammes) de son cerveau.

8 : Calculer un prix promotionnel

À l'occasion des fêtes de fin d'année, un grand magasin de jouets propose des prix promotionnels sur certains jouets. Le responsable du magasin installe la promo suivante :

1. Trouver sur la photo le montant de la réduction proposée.
2. Calculer le prix réduit du jouet.

9 : Retrouver un prix initial

Le même magasin propose une ferme à 19,99 €, ce prix a subi une réduction de 33 %.

Quel était le prix initial de la ferme ?

VERS L'EXAMEN

10 : Compléter une facture

Libellé	Quantité	Référence	PU H.T.	Prix TTC	TVA %
Jeu de plaquettes avant	1	LU-GDB327	36,70	?	19,6
Montage plaquettes	1	M.O./1-1	14,63	?	19,6
Sous total FREINS Technicien M. Atlis				61,39	
Pneu Pirelli	2	PI-165/70-13TP3000E	70	?	19,6
Montage équilibrage	2	M.O./5-6	11,66	?	19,6
Remise sur pièce(s) PI-165/70-13TP3000E : 43,00 %				?	
Sous total PNEUS Technicien M. Atlis				123,33	
Total				?	

Recopiez et complétez la facture ci-dessus.

11 : Être écologique et économique

Les ampoules fluo-compactes à basse consommation sont de plus en plus utilisées dans un souci écologique et économique.

L'énergie consommée E (en kWh) par une lampe fluo-compacte d'une puissance de 15 W en fonction de la durée d'utilisation t en heure est donnée par la relation :

$E = 0{,}015 \times t$

E : Energie en kWh et t : durée en heure

1. Calculer, en kWh, l'énergie consommée pendant une durée de 600 heures.

2. Recopier et compléter le tableau ci-dessous.

Durée t (en heure)	0	600	1 000	?	2 400
Energie E (en kWh)	?	?	15	27	?

3. Construire un repère (O*xy*) du plan avec :
– en abscisse : 1 cm pour 200 heures
– en ordonnées : 1 cm pour 3 kWh
puis placer les points de coordonnées (t ; E) du tableau précédent.

4. Relier les points par des segments de droite.

5. Déterminer graphiquement l'énergie consommée pendant une durée de 1 600 heures. *Laisser apparents les traits utiles à la lecture.*

6. Indiquer si les deux grandeurs sont proportionnelles. Justifier la réponse.

12 : Donner son sang

Une journée « Don du sang » est organisée dans un lycée, en collaboration avec un centre de transfusion sanguine. En utilisant la fiche d'informations qui suit, répondre aux questions.

> **Qui peut donner son sang ?**
> *« cent dons c'est la vie, sans don c'est... triste ! »*
> - Le sang constitue 1/13 de la masse du corps humain.
> - La poche de sang prélevé sur chaque donneur a un volume de 450 mL, soit environ : 0,45 Kg.
> - La quantité du sang prélevé ne doit pas dépasser 0,9 % de la masse de la personne.
>
> - Don de sang total 18 à 65 ans
> - Don de plasma 18 à 65 ans
> - Don de plaquettes 18 à 65 ans
> - Don de globules blancs 18 à 50 ans

1. Indiquer l'âge possible pour une personne qui donnerait en même temps son sang et ses plaquettes :
• 17 ans • 19 ans • 59 ans • 64 ans

Une personne a une masse de 70 kg.

2. Calculer sa masse de sang. Arrondir le résultat au dixième de kilogramme.

3. Calculer la masse maximale de sang qui peut être prélevée.

À vos souris !

Mathenpoche

1. Le site en ligne Mathenpoche permet de travailler l'ensemble des capacités exigées dans ce chapitre.

→ Charger dans votre navigateur internet le site : www.mathenpoche.sesamath.net
→ Cliquer sur le niveau **CAP**. Une fenêtre s'ouvre, cliquer sur le menu **Numérique**.
→ Choisir l'option **Situations linéaires** et ensuite **Situations de proportionnalité** par exemple.

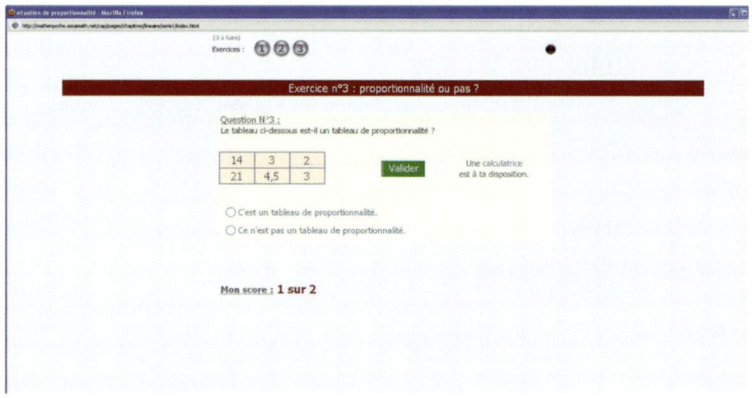

Exemple de Situations de proportionnalité.

Chaque exercice est corrigé après validation par l'élève et son score s'affiche sur l'écran.

2. Ce site permet également de calculer la quatrième proportionnelle en cliquant sur **Proportionnalité**.

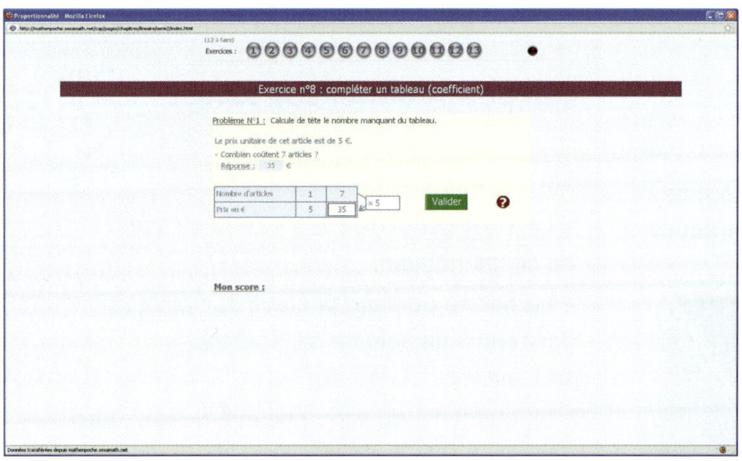

Exemple de Proportionnalité.

3. Il est possible d'effectuer des calculs de **pourcentages**.

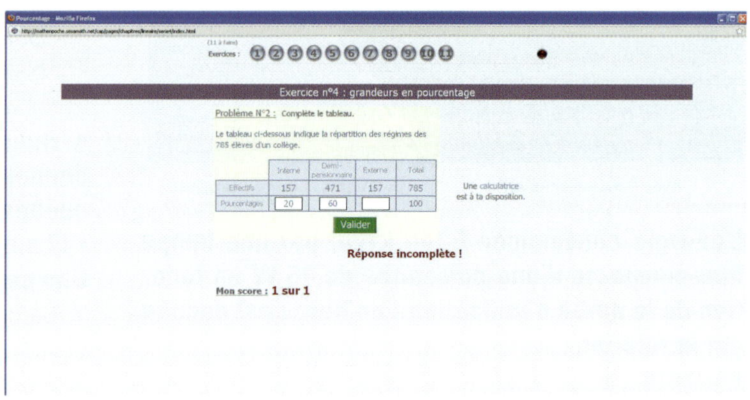

Exemple de calculs de pourcentage.

CHAPITRE 3

Fonctions linéaires

Activité d'approche

Le marché des cadres photos numériques a décollé en 2007. Selon une étude GFK réalisée l'an passé, 900 000 unités auraient été vendues contre 90 000 en 2006.

Ce qui différencie en premier les différents cadres, c'est la mesure de la diagonale de l'écran, elle est indiquée en « pouce ». Nous préférons utiliser le centimètre comme unité de mesure.

Le pouce (p) et le centimètre (d) sont deux grandeurs proportionnelles.

Il est possible de passer de l'une à l'autre en utilisant la relation : $d = 2{,}5 \times p$.

1. Compléter le tableau de valeurs proposées.

Dimension en pouce (p)	4	8	10	12
Dimension en cm (d)	10	?	?	30

2. Construire un repère avec en abscisse 1 cm pour 1 pouce et en ordonnée 1 cm pour 5 cm. Placer dans ce repère les points de coordonnées (p, d) du tableau.

3. Joindre les points du graphique. Que constatez-vous ?

4. Que pouvez-vous en déduire sur la représentation graphique de deux grandeurs proportionnelles ?

5. À l'aide du graphique, donnez la mesure en cm d'une diagonale de 6 pouces (*Laisser vos traits de lecture apparents*).

6. Vérifier votre résultat en appliquant la relation : $d = 2{,}5 \times p$.

Je dois être capable :
- de vérifier de trois manières différentes qu'une situation est de type linéaire ;
- de passer d'un mode de représentation à chacun des deux autres.

1 La notion de fonction

a. Définition

Le prix payé à la station essence dépend du type de carburant choisi (SP 98 ; SP 95 ou gasoil) et surtout de la quantité en litres de carburant.

Cette dépendance s'exprime en mathématiques sous la forme d'une fonction f.

> Une fonction f est une relation entre deux paramètres notés x et y.
> On calcule y à partir de x en utilisant la fonction f.
> Notation : $x \xrightarrow{f} y$ ou $y = f(x)$. ($f(x)$ se lit « f de x »).

Exemple de fonctions :

- $f(x) = \sqrt{x}$
- $f(x) = x^2$
- $f(x) = 2x + 3$

b. Modélisation

• Au premier semestre 2009, le prix du SP 95 a été en moyenne 1,15 €.

Ce qui signifie qu'un litre coûte 1,15 € et que 10 litres coûtent 1,15 × 10 soit 11,5 € et également que 30 litres coûtent 1,15 × 30 soit 34,5 €.

• Il est très facile de remarquer que le prix se calcule en multipliant le prix d'un litre de SP 95 par la quantité en litres.

Si x représente le nombre de litres de SP 95 et y le prix payé, alors la fonction qui relie x et y est $f(x) = 1{,}15x$ ou $y = 1{,}15x$.

REMARQUE $1{,}15x$ signifie 1,15 multiplié par x.

• Comme x représente un nombre de litres, x ne peut pas être négatif et ne peut pas dépasser la capacité du réservoir de la voiture. On définit alors un intervalle d'étude de la fonction.

Exemple : pour un réservoir de contenance 50 litres, la fonction $f(x) = 1{,}15x$ est définie sur l'intervalle [0 ; 50], ce qui signifie que x peut prendre toutes les valeurs comprises entre 0 et 50.

2 La fonction linéaire

a. Définition

> La fonction linéaire f est une fonction particulière qui fait correspondre à tout nombre x le nombre $a \times x$ (a est un nombre réel).
> Notation : $f(x) = a \times x$ se lit « f de x égal à $a \times x$ ».

Exemple : la fonction précédente $f(x) = 1{,}15\,x$ est une fonction linéaire (avec $a = 1{,}15$).

> Deux grandeurs proportionnelles sont liées par une fonction linéaire de coefficient a. a est le coefficient de proportionnalité.

2 : Calculer un coût d'installation d'un parquet flottant

Le directeur d'une agence veut faire installer du parquet flottant dans son bureau. Dans cet exercice on note *p* le prix du parquet (exprimé en €) et S l'aire du parquet (exprimée en m²). Un fournisseur F_A présente le prix T.T.C. (toutes taxes comprises) du parquet en fonction de son aire sous la forme d'une droite tracée sur le repère suivant.

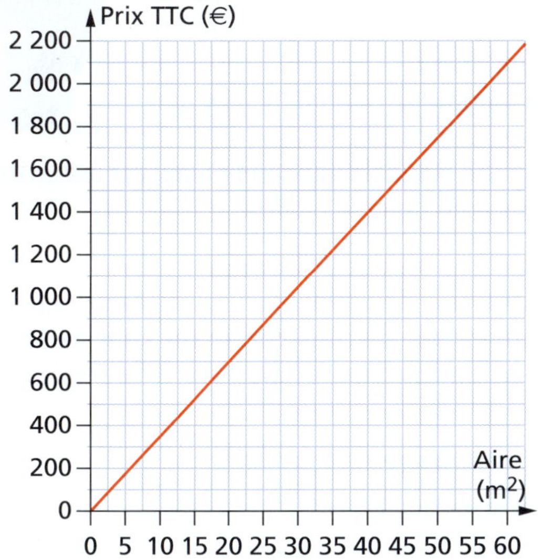

1. D'après la représentation graphique, le prix du parquet et l'aire du parquet sont-ils proportionnels ? Justifier votre réponse.

2. À l'aide de la représentation graphique, recopier et compléter le tableau de valeurs ci-dessous :

Aire S (en m²)	?	40	?
Prix *p* TTC (en €)	700	?	2 100

× ?

3. Le prix *p*, en fonction de l'aire S, est donné par la relation suivante : $p = 35 \times S$. Calculer le prix pour équiper une surface d'aire 28,5 m².

4. Un fournisseur F_B propose 28,5 m² de parquet pour un montant HT (hors taxe) de 810 €.
Recopier et compléter la facture ci-dessous.

Prix HT	810 €
Montant TVA (taux : 19,6 %)	?
Prix TTC	?

Rappel : Prix TTC = Prix HT + montant TVA avec montant TVA = $\dfrac{\text{Prix HT} \times 19{,}6}{100}$.

5. Chez quel fournisseur est-il plus intéressant de se fournir ?

Voir le corrigé, p. 144

3 : Appliquer des réductions

Un grand magasin propose à ses clients une réduction de 15 % sur tout l'électroménager.

1. Calculer le prix d'une cafetière électrique marqué 68 €.
Calculer le prix d'un aspirateur marqué 120 €.
Calculer le prix d'une machine à fabriquer du pain marqué 98 €.

2. Calculer le coefficient qui permet de passer directement du prix marqué au prix payé.

3. On appelle *y* le prix payé et *x* le prix marqué, écrire la relation qui lie ces deux prix.

4. En déduire le prix payé pour un grille-pain marqué 35 €.

Voir le corrigé, p. 144

EXERCICES D'APPLICATION

4 : Identifier une fonction linéaire

Parmi les fonctions suivantes, recopier celles qui sont des fonctions linéaires.

$f(x) = -3x$; $h(x) = \dfrac{3}{x}$; $f(t) = 2t^2$;

$p(m) = 9{,}81\,m$; $f(x) = 5{,}1x - 0{,}5$; $g(x) = 7$

5 : Compléter un tableau de valeurs

Soit la fonction *f* définie par $f(x) = 3{,}5x$ définie sur [0 ; 10].

Recopier et compléter le tableau de valeurs en faisant apparaître le coefficient de proportionnalité.

x	1	3	5	10
y	?	?	?	?

× ?

6 : Écrire une fonction linéaire

Pour chacun des tableaux de valeurs ci-dessous, déterminer le coefficient de proportionnalité et écrire la fonction linéaire correspondante.

x	2	3	5
$f_1(x)$	7	10,5	17,5

x	1	50	100
$f_2(x)$	0,2	10	20

x	0,1	0,4	0,7
$f_3(x)$	1,5	6	10,5

7 : Vérifier des propositions

On considère la fonction $g(x) = 20x$.

Dire si les propositions ci-dessous sont justes ou fausses.

a. $g(10) = 200$.

b. Si x vaut 20, $g(x) = 40$.

c. Le point M (5 ; 100) appartient à la représentation graphique de la fonction g.

d. Le point N (10 ; 2 000) appartient à la représentation graphique de la fonction g.

e. La représentation graphique de la fonction g passe par l'origine du repère.

8 : Utiliser un graphique

Le graphique ci-dessous représente la relation entre la tension (en volts) mesurée entre deux points A et B d'un condensateur et le temps écoulé (en millisecondes).

1. À l'aide du graphique, quelle est la tension mesurée au bout de 40 millisecondes ?

2. À l'aide de couples de valeurs (t ; U_{AB}) lues sur le graphique, déterminer le coefficient de proportionnalité qui existe entre la tension et le temps. *Attention, il faut convertir le temps en seconde.*

3. En déduire l'expression de la fonction linéaire qui lie t et U_{AB}. On la nommera $f(t)$.

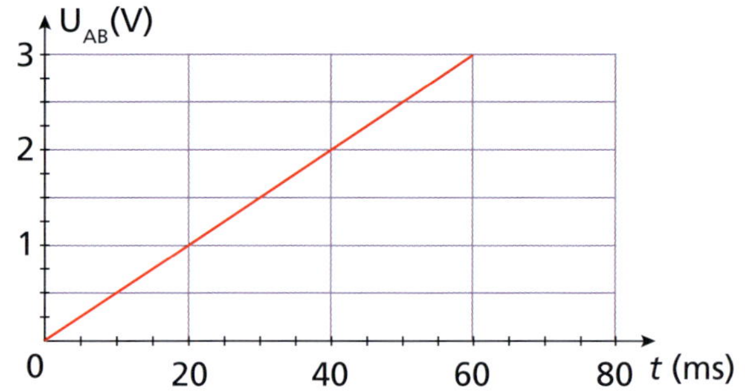

VERS L'EXAMEN

9 : Comparer des tarifs

Une entreprise de nettoyage propose deux types d'auto-laveuses pour le nettoyage de grandes surfaces :

– le modèle TOPCLEAN : dépôt de garantie 10 € plus 3 € par heure de location ;

– le modèle QUILAVTOU : 5 € par heure de location.

Un grand magasin souhaite comparer les tarifs proposés pour chaque modèle.

A. Étude du modèle TOPCLEAN

L'entreprise de nettoyage transmet au magasin les informations sur l'évolution du coût de location (en €) en fonction du nombre d'heures de location.

Nombre d'heures de location (t)	0	2	5	10
Coût de la location (€) p_1	10	16	25	40

1. Placer dans un repère (O, t, p), les points de coordonnées (t, p_1) du tableau. Vous prendrez :
– en abscisse : 1 cm pour 1 heure de location ;
– en ordonnée : 1 cm pour 5 euros.

2. Joindre les points à la règle.

B. Étude du modèle QUILAVTOU

3. Recopier et compléter le tableau suivant en utilisant les informations contenues dans le texte d'introduction.

Nombre d'heures de location (t)	0	3	6	9
Coût de la location (€) p_2	0	?	30	?

4. Parmi les propositions suivantes, recopier la relation qui lie le prix payé (p_2) et le nombre d'heures de location (t).

$p_2 = 5 \times t$ $\qquad$ $p_2 = 5 + t$ $\qquad$ $p_2 = \frac{5}{t}$

5. Placer dans le repère construit à la question 1, les points de coordonnées (t, p_2) du tableau et tracer la représentation graphique.

6. a. Déterminer graphiquement, pour chaque modèle, le coût pour quatre heures de location. Laisser les traits de lecture apparents.

6. b. En déduire, le modèle le moins cher pour quatre heures de location.

7. À partir de combien d'heures de location, le modèle TOPCLEAN est-il le plus avantageux ?

10 : Calculer un coût de transport

Un restaurateur souhaite calculer le coût du transport des denrées qu'il utilise dans son restaurant. Son véhicule consomme en moyenne 8 L de carburant pour 100 km parcourus.

1. La distance parcourue *y* est proportionnelle au volume *x* de carburant consommé. Recopier et compléter le tableau ci-dessous.

x : volume de carburant consommé (en L)	0	8	12	16	?	40
y : distance parcourue (en km)	?	100	?	200	250	?

(× ?)

2. Construire un repère (O, *x*, *y*) avec :
– sur l'axe des abscisses : 1 cm pour 4 L de carburant ;
– sur l'axe des ordonnées : 1 cm pour 50 km.
Placer les points du tableau de coordonnées (*x* ; *y*) dans ce repère.

3. Tracer la droite D passant par l'ensemble de ces points.

4. Déterminer graphiquement l'abscisse du point de la droite ayant pour ordonnée $y = 400$.
Laisser apparents les traits nécessaires à la lecture.

5. En déduire le volume de carburant consommé pour parcourir une distance de 400 km.

Le restaurateur parcourt environ 400 km par semaine pour s'approvisionner.

6. Le carburant coûte 1,25 € le litre, calculer le coût en carburant du transport de marchandises.

11 : Calculer un montant d'intérêts

Le tableau ci-dessous présente les montants des intérêts acquis par le placement de 2 400 € pendant plusieurs années au même taux annuel.

Durée du placement (ans)	0	2	3	4	6
Montant des intérêts (€)	0	240	360	480	720

1. On veut représenter graphiquement le montant des intérêts acquis en fonction de la durée du placement. Construire un repère tel que :
– en abscisse : 1 cm représente 0,5 année de placement ;
– en ordonnée : 1 cm représente 100 € d'intérêts.
Placer les points du tableau dans le repère.

2. Tracer dans le repère la droite *D* qui passe par les cinq points.

3. Indiquer les deux particularités de cette représentation graphique qui permettent d'affirmer que le montant des intérêts est proportionnel à la durée du placement.

4.1. Calculer la valeur *a* du coefficient de proportionnalité qui permet de trouver le montant des intérêts en fonction de la durée du placement.

4.2. Pour cette situation, que représente la valeur de *a* ?

5. Soit *x* la durée du placement et *y* le montant des intérêts, écrire la fonction linéaire qui lie *x* à *y*. Elle est de la forme : $f(x) = ax$.

6. En utilisant la réponse à la question 5, calculer le montant d'intérêts reçus si le placement dure 10 ans.

À vos souris !

GéoGébra et les fonctions linéaires

1. Vérifier qu'une fonction est linéaire

Ouvrir une feuille de calcul et taper les informations données ci-contre :

	A	B	C
1	*x*	*f*(*x*)	coefficient
2	– 2	– 5	
3	– 1	– 2,5	
4	– 0,5	– 1,25	
5	0,5	1,25	
6	1,5	3,75	
7	2,2	5,5	
8	3	7,5	

1. Quelle formule faut-il écrire dans la cellule C2 pour calculer le coefficient de la fonction *f* ?
2. Recopier cette formule jusqu'à la ligne 8.
3. Qu'observez-vous ? Qu'en déduisez-vous concernant la nature de la fonction ?
4. Conclure en écrivant l'expression algébrique de la fonction *f*.

2. Interpréter des représentations graphiques de fonctions

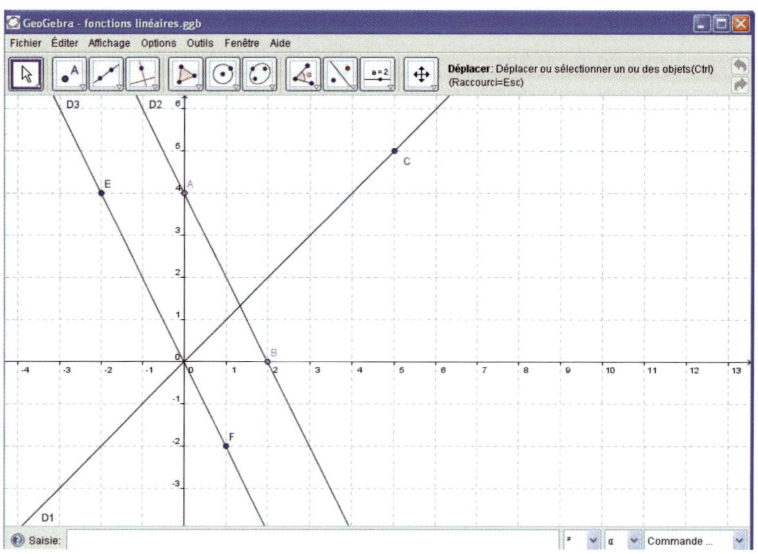

Voici trois fonctions tracées à l'aide du logiciel GéoGébra. La droite D1 représente la fonction *f*, la droite D2 représente la fonction *g* et la droite D3 représente la fonction *h*.

1. Quelles sont les droites représentant une fonction linéaire ? Justifiez votre réponse.
2. À l'aide du graphique, déterminez le coefficient *a* des fonctions linéaires.
3. Écrire l'expression algébrique de ces fonctions, elle est de la forme $f(x) = ax$.

CHAPITRE 4

Équations et problèmes du premier degré

Activité d'approche

Un examen comporte deux épreuves :
– une épreuve orale de coefficient 4 ;
– une épreuve écrite de coefficient 6.

Chacune des épreuves est notée de 0 à 20.
Un candidat, pour être reçu à l'examen, doit obtenir au minimum 10 de moyenne.

Le calcul de la moyenne m est donné par la formule : $m = \dfrac{4x + 6y}{10}$ où x est la note obtenue à l'oral et y la note obtenue à l'écrit.

1. Kévin a obtenu 13 à l'oral et 7 à l'écrit. Est-il reçu à son examen ?

Alex, lui, a obtenu 7 à l'oral. Il souhaite obtenir exactement 10 de moyenne. Il cherche à connaitre la note qu'il doit obtenir à l'écrit.
Pour Alex, la formule donnée ci-dessus s'écrit avec $m = 10$ et $x = 7$:

$10 = \dfrac{4 \times 7 + 6y}{10}$ ou plus simplement $10 = \dfrac{28 + 6y}{10}$.

Alex pense qu'il peut obtenir une note comprise entre 8 et 14 à l'écrit pour obtenir exactement une moyenne de 10 à l'examen.

2. Recopier et compléter le tableau, à l'aide de votre calculatrice, pour savoir quelles seraient les moyennes d'Alex avec les notes d'écrit suivantes :

y	8	9	10	11	12	13	14
$\dfrac{28 + 6y}{10}$							

3. Quelle est la note d'écrit que doit obtenir Alex en ayant eu 7 à l'oral pour avoir exactement 10 de moyenne à l'examen ?

Vous allez apprendre dans ce chapitre une méthode plus rapide pour résoudre ce type de problème.

Je dois être capable :
- de résoudre une équation du type $ax + b = c$ où x est l'inconnue ;
- de résoudre un problème formalisé à l'aide d'une équation du premier degré.

1 Résolution d'une équation du premier degré à une inconnue

a. Définition

> Une équation à une inconnue est **une égalité** où figure une lettre désignant l'inconnue, très souvent x, dont on ne connaît pas la valeur.

Exemple : $2x - 3 = 5$ est une équation du premier degré à une inconnue.
Par contre : $2x^2 - 3 = 5$ est une équation à une inconnue mais elle n'est pas du premier degré.

> **Résoudre une équation**, c'est trouver la valeur de l'inconnue (x) pour laquelle **l'égalité est vraie.**

b. Méthode

Une étude portant sur les grands groupes de papillons présents en Seine-Maritime a dénombré 776 individus :
- le nombre d'individus du groupe des Rhopalocères G1 (les papillons de jour) n'est pas donné ;
- le groupe des Bombycoïdes (les gros papillons de nuit) G2 comporte 1,5 fois de plus d'individus que le groupe des rhopalocères ;
- le groupe des Noctuelles (les papillons de nuit de taille moyenne assez trapus) G3 sont présents avec 281 individus.
- le groupe des Géomètres G4 est 3 fois plus présent que le groupe des Rhopalocères.

On veut connaître le nombre d'individus du groupe des Rhopalocères puis ceux du groupe des Bombycoïdes et enfin ceux du groupe des Géomètres.

Choix de l'inconnue

On désigne par x le nombre d'individus du groupe des rhopalocères.

Mise en équation du problème

	+		+		+			= 776
G1 : nombre inconnu	+	G2 : 1,5 fois plus nombreux que le G1	+	G3 : 281	+	G4 : 3 fois plus nombreux que le G1		= 776
x	+	$1{,}5\,x$	+	281	+	$3x$		= 776

Méthode de résolution

L'équation : $x + 1{,}5x + 281 + 3x = 776$ peut s'écrire : $x(1 + 1{,}5 + 3) + 281 = 776$ soit $5{,}5x + 281 = 776$.

> **De façon générale, l'équation $ax + b = c$ se résout de la manière suivante :**
> $ax + b = c$ donne $ax = c - b$ et $x = \dfrac{c - b}{a}$

2 Propriétés d'une équation

Énoncer clairement les propriétés d'une équation permet d'en comprendre la résolution.
Nous allons maintenant énoncer et utiliser des propriétés permettant la résolution de l'équation obtenue :

$$\underbrace{5{,}5x + 281}_{\text{membre de gauche}} = \underbrace{776}_{\text{membre de droite}}$$

> Propriété n° 1
> On peut ajouter ou soustraire le même nombre à chacun des deux membres d'une équation.

Ainsi	$5{,}5x + 281 = 776$	
Devient	$5{,}5x + 281 - 281 = 776 - 281$	(281 a été retranché aux deux membres de l'équation)
ce qui donne	$5{,}5x = 495$	

> Propriété n° 2
> On peut multiplier ou diviser les deux membres d'une équation par un même nombre non nul.

Ainsi	$5{,}5x = 495$	
Devient	$\frac{5{,}5x}{5{,}5} = \frac{495}{5{,}5}$	(on a divisé par 5,5 les deux membres de l'équation)
ce qui donne	$x = \frac{495}{5{,}5}$	et $x = 90$

Conclusion

L'équation $5{,}5x + 281 = 776$ a pour solution $x = 90$.

Vérification du résultat

$5{,}5x + 281 = 5{,}5 \times 90 + 281$

$495 + 281 = 776$

$x = 90$ vérifie bien l'équation.

Retour au problème posé

Le groupe des Rophalocères G1 comporte 90 individus.
Le groupe des Bombycoïdes G2 comporte : $90 \times 1{,}5 = 135$ individus
Le groupe des Géomètres G4 comporte : $3 \times 90 = 270$ individus.

Vérification : $90 + 135 + 281 + 270 = 776$

L'ESSENTIEL À RETENIR

• Si on applique la même opération à chaque membre d'une équation, alors on ne change pas la solution de cette équation.

• Pour résoudre un problème, on respecte les étapes suivantes :

– on choisit l'inconnue ;

– on met le problème en équation ;

– on résout l'équation et on vérifie la solution ;

– on interprète la solution et on conclut en reprenant la question posée.

Je m'entraîne

QCM

1. $x + 5 = 9$ a pour solution :	a. 3	b. 4	c. 14
2. $2x = 10$ a pour solution :	a. 5	b. 8	c. 10,2
3. Soit l'équation du premier degré d'inconnue x : $-2x + 3 = 5$ Quelle est l'expression du premier membre ?	a. $-2x$	b. $-2x + 3$	c. 5
4. 7 est solution de l'équation :	a. $3x - 4 = 7$	b. $x - 2 = 5$	c. $x + 2 = 5$
5. 3 est solution de l'équation :	a. $18x = 6$	b. $6x = 18$	c. $6x = 2$

EXERCICES CORRIGÉS

1 : Résoudre

Trouver les valeurs de x dans R pour les équations suivantes.

a. $5x - 25 = 5$ b. $7x + 13 = -2$

c. $4 - 3x = 11$ d. $5x = -3$

Voir le corrigé, p. 145

2 : Recopier et compléter l'exercice en reliant par un trait les bonnes réponses.

• le double de x vaut 8	• $2x + 6 = 10$	• 2
• le triple de x retranché de 15 vaut 6	• $\frac{x}{2} = 22$	• 4
• la moitié de x vaut 22	• $15 - 3x = 6$	• 3
• le double de x ajouté à 6 vaut 10	• $2x = 8$	• 44

Voir le corrigé, p. 145

3 : Écrire et résoudre une équation simple

Sur le marché, un commerçant ambulant vend des DVD au prix unique de 5,50 € l'un.
À la fin de la journée, sa recette s'élève à 176 €.
Combien a-t-il vendu de DVD ? On notera x : le nombre de DVD.

Voir le corrigé, p. 145

4 : Organiser un voyage

Un lycée professionnel organise pour trois de ses classes un voyage en Angleterre de 4 jours. La participation demandée aux familles s'élève à 180 euros.
Finalement 7 élèves, pour des raisons diverses, ne peuvent pas partir. Pour couvrir les frais engagés, la participation des familles est augmentée et s'élève dorénavant à 200 euros par enfant inscrit.
On souhaite calculer le nombre d'élèves qui effectuent réellement le voyage.
Soit x : le nombre d'élèves initialement inscrits.

1. L'équation qui représente le coût total du voyage C s'écrit-elle :
$C = 180 + x$ ou $C = 180 \times x$ ou $C = 180x$
2. L'équation qui représente le nombre d'élèves qui participent réellement au voyage s'écrit :
$x \times 7$ ou $x + 7$ ou $x - 7$
3. L'équation qui donne le coût du voyage C en fonction du nombre réel d'élèves inscrits s'écrit :
$180(x - 7)$ ou $200(x - 7)$
4. Le coût total du voyage s'élève à 12 600 €. Calculer x en résolvant l'équation : $200x - 1\,400 = 12\,600$.
5. Vérifier votre résultat et rédiger une phrase réponse en reprenant la question posée dans l'énoncé.

Voir le corrigé, p. 145

5 : Fabriquer un réservoir

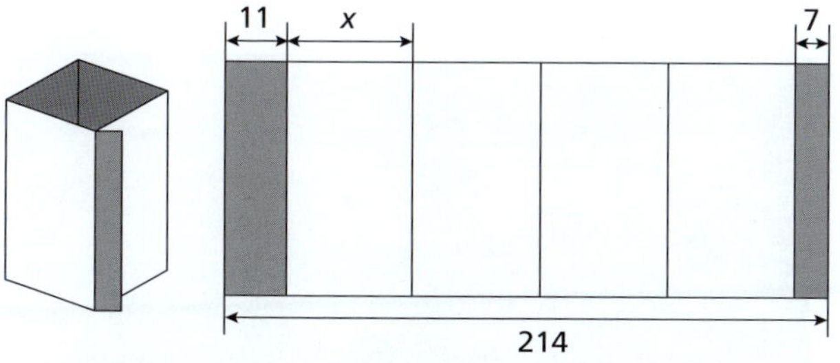

Le schéma ci-contre représente le développement des côtés d'un réservoir à base carrée.
On veut calculer la mesure d'un côté de la base. (*Les cotes sont données en cm*).
On appelle x cette mesure.

1. Recopier et compléter l'égalité suivante :
$214 = 11 + x + \ldots + 7$.
2. Résoudre l'équation obtenue, c'est-à-dire calculer la valeur de x.
3. Rédiger la réponse par une phrase en respectant l'unité demandée.

Voir le corrigé, p. 145

EXERCICES D'APPLICATION

6 : Résoudre dans R des équations d'inconnue x

a. $x - 3 = 4$
b. $4 + 3x = 6$
c. $5x = -10$
d. $2x - 4 = 11$

7 : Traduire chaque phrase par une équation d'inconnue x et la résoudre

a. le double de x vaut 10
b. le triple de x vaut 27
c. 11 retranché de x vaut 7
d. le double de x ajouté de 5 vaut 13

8 : Lire une équation

Soit l'équation ci-contre : $3t + 5 = 7$.

1. Quelle est l'inconnue de cette équation ?
2. Par quel coefficient est multipliée cette inconnue ?

9 : Calculer une taille

Lors de la visite médicale de septembre, la taille de Jérôme est de 172 cm. Il a grandi de 5 cm en une année.

Combien mesurait-il à la précédente rentrée scolaire ? Soit x la taille de Jérôme en septembre dernier.

10 : Retrouver un nombre

La somme de trois nombres consécutifs vaut 27.

Quels sont ces trois nombres ?

On appellera x la valeur du plus petit de ces trois nombres.

11 : Trouver la mesure de la largeur d'un rectangle

Le dessin ci-dessous représente un champ rectangulaire de largeur x.

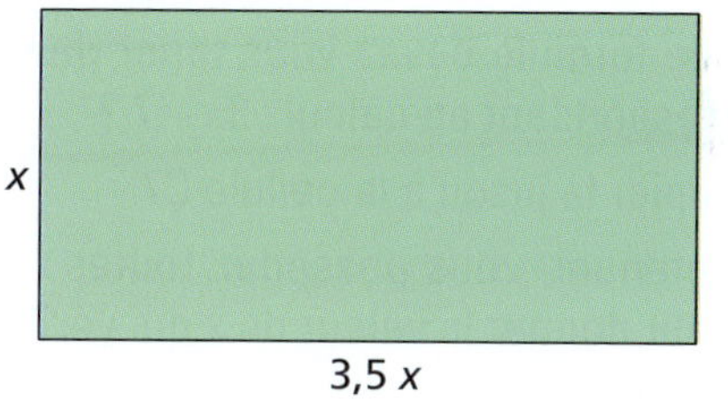

Le périmètre de ce champ vaut 225 mètres.

1. Écrire l'équation représentant le périmètre du champ en fonction de x.
Formule du périmètre d'un rectangle : $P = 2L + 2l$.
2. Résoudre cette équation. Que représente la valeur obtenue ?
3. Calculer la longueur réelle (en m) du champ.
4. Vérifier avec la valeur de la longueur et de la largeur trouvées que le périmètre vaut bien 225 m.

12 : Calculer les résistances d'un montage électrique

Voici le schéma de trois résistors de résistances R_1, R_2 et R_3, montés en série.

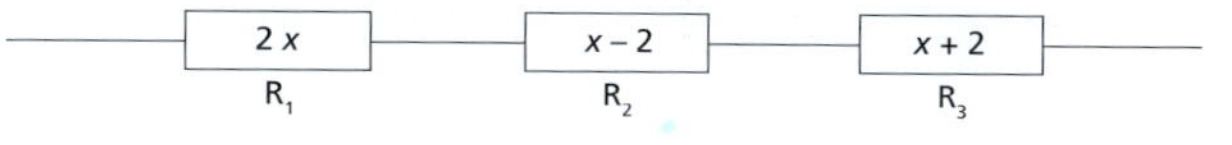

La résistance équivalente à ces trois résistances est égale à 168 ohms. $R_{équivalente} = R_1 + R_2 + R_3$

1. Écrire l'équation représentant R_{equ} en fonction de x.
2. Résoudre cette équation en sachant que R_{equ} est égale à 168 ohms. Trouver la valeur de x.
3. Calculer R_1, puis R_2 et R_3 en utilisant la valeur de x trouvée.
4. Vérifier que la somme des trois résistances trouvées vaut 168 ohms.

13 : Utiliser un tableur pour résoudre une équation (TICE)

Voir la fiche tableur, p. 151

Vous allez utiliser un tableur pour résoudre l'équation $3x + 7 = 22$. On se propose de calculer la valeur prise par cette équation pour les valeurs de x allant de 1 à 6.

1. Dans la cellule A1 taper la lettre x, dans la cellule B1, taper $3x$ et dans la cellule C1 taper $3x + 7$.
2. Dans les cellules A2 jusqu'à A7, taper les nombres 1, 2... jusqu'à 6.
3. Dans la cellule B2, taper la formule =(3*A2). Faire copier/coller de cette formule jusqu'à la cellule B7.
4. Quelle formule devez-vous taper dans la cellule C2 correspondant au calcul : $3x + 7$?
5. Recopier là jusqu'à la cellule C7.
6. Maintenant, vous possédez toutes les informations pour donner la valeur de x qui vérifie l'égalité : $3x + 7 = 22$.

14 : Calculer un volume

La préparation d'un vaccin s'effectue dans un réacteur formé d'une partie verticale cylindrique et d'un fond sphérique (portion de sphère), comme le montre le schéma suivant.

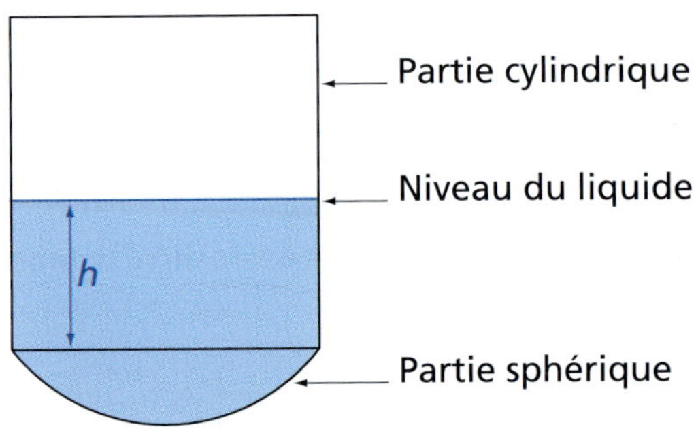

La hauteur h (en dm) de liquide dépend du volume V versé dans le réacteur selon la relation :

$h = 0{,}05V - 1{,}2$.

1. Calculer h pour un volume $V = 24$ dm^3.
2. Indiquer par une phrase ce que représente $V = 24$ dm^3 pour ce réacteur.

On désire une hauteur $h = 4$ dm.

3. Écrire l'équation à résoudre.
4. Résoudre l'équation afin de trouver la valeur de V correspondant à $h = 4$ dm.

15 : Retrouver le nombre de timbres

Un collectionneur possède des timbres français et étrangers. Elle contient deux fois et demie de plus de timbres français que de timbres étrangers. Au total, la collection comporte 2 905 timbres. On souhaite savoir de combien de timbres français et de timbres étrangers se compose cette collection.
On désigne par x le nombre de timbres étrangers.

1. Écrire l'expression qui donne le nombre de timbres français en fonction de x.
2. Écrire en fonction de x l'équation représentant la totalité de la collection.
3. Résoudre cette équation en la mettant sous la forme $ax = b$.
4. Que représente le nombre trouvé ? Calculer en utilisant ce résultat, le nombre de timbres français possédés par ce collectionneur.
5. Vérifier que la collection totale est bien constituée de 2 905 timbres.

16 : Calculer un salaire

Dans une entreprise comprenant 10 ouvriers, un contremaître et le patron, le total des salaires mensuels atteint 14 400 euros. Tous les ouvriers ont le même salaire. Un contremaître gagne 400 euros de plus qu'un ouvrier et le patron gagne 1 000 euros de plus que le contremaître.
On souhaite calculer le salaire mensuel d'un ouvrier. Soit x ce salaire.

1. Indiquer le salaire des 10 ouvriers en fonction de x.
2. Indiquer le salaire du contremaître en fonction de x.
3. Indiquer le salaire du patron en fonction du salaire du contremaître.
4. Écrire l'équation qui exprime la somme de tous les salaires en fonction de x.
Cette équation est égale à 14 400.
5. Résoudre cette équation en calculant x.
6. Que représente cette valeur ? Rédiger une phrase réponse.

VERS L'EXAMEN

17 : Calculer le prix d'un livre de poche

Un adolescent achète 3 livres de poche qui coûtent le même prix avec un billet de 20 €.

Le libraire lui rend 1 billet de 10 €, 1 billet de 5 €, 2 pièces de 5 centimes, 1 pièce de 2 centimes et 2 pièces de 1 centime.

1. Calculer le montant de la dépense.
2. Calculer le prix d'un livre de poche.
3. Résoudre l'équation. $3x = 4{,}86$.
4. Dire pourquoi l'équation permet de calculer le prix d'un livre de poche.

18 : Calculer une masse maximale

Afin de ne pas dépasser la capacité de charge d'un chariot, il est nécessaire que la masse à soulever lors de l'élévation à une grande hauteur ne dépasse pas 1 000 kg. On souhaite élever une palette chargée de parpaings. On considère que :

– la masse de la palette vide est de 30 kg ;

– la masse d'un parpaing est de 8 kg.

1. Calculer la masse d'une palette contenant 52 parpaings.
2. Résoudre l'équation d'inconnue x : $8\,x + 30 = 1\,000$ en détaillant les étapes du calcul.
3. En déduire le nombre maximum de parpaings que peut contenir la palette sans dépasser la capacité de charge.

19 : Interpréter et résoudre une équation simple

La relation entre le nombre de barres (b) et le nombre de nœuds (n) d'un treillis plan est :

$$2n - 3 = b.$$

Calculer le nombre de nœuds si le nombre de barres est égal à 51.

20 : Calculer les dimensions d'un rectangle

Le périmètre d'un rectangle est de 108 m.

La longueur de ce rectangle est le double de sa largeur. On veut déterminer les dimensions de ce rectangle.

1. On appelle x la largeur de ce rectangle. Exprimer la longueur L, de ce rectangle en fonction de x.
2. Exprimer le périmètre P de ce rectangle en fonction de x.
3. À l'aide de la question précédente et de la donnée numérique de l'énoncé, trouver une équation qui permet de résoudre ce problème.
4. Résoudre l'équation $6x = 108$.
5. Quelles sont les dimensions de ce rectangle ?

21 : Créer une plaquette publicitaire

Pour la réalisation d'une plaquette présentant l'ensemble des salades, sandwichs et autres paninis au choix du client, un jeune couple contacte une société d'infographie qui lui propose le tarif suivant :

174,95 € de frais pour la conception de la plaquette auquel on ajoute 0,25 € par exemplaire.

Le jeune couple ne peut pas dépasser 300 euros pour ce budget.

1. Calculer le coût de revient pour un tirage de 500 exemplaires.
2. Calculer le coût de revient pour un tirage de 501 exemplaires.
3. Déterminer le nombre d'exemplaires qu'ils peuvent obtenir pour un budget maximum de 300 euros. Justifier.
4. Le nombre de plaquettes recherché peut-être déterminé grâce à l'équation ci-dessous : $0{,}25x + 174{,}95 = 300$. Résoudre cette équation.

À vos souris !

Résolution d'une équation de la forme $ax + b = c$

→ **Charger dans votre navigateur internet le site : www.mathenpoche.sesamath.net**

→ **Cliquer sur niveau CAP. Le menu s'affiche, choisir Numérique, ensuite Situations du premier degré.**

→ **À ce niveau plusieurs types de travaux sont proposés :**

a) S_1 : méthode de résolution.
La méthode proposée utilise la propriété 1 du cours et détaille la résolution.

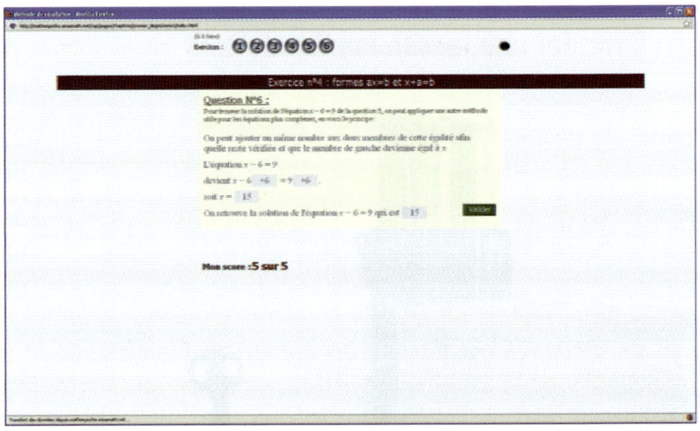

b) S_2 : résolutions d'équations
Dans ce type d'exercice, l'élève doit choisir entre les différents opérateurs et donc savoir utiliser correctement les propriétés 1 et 2 du cours.

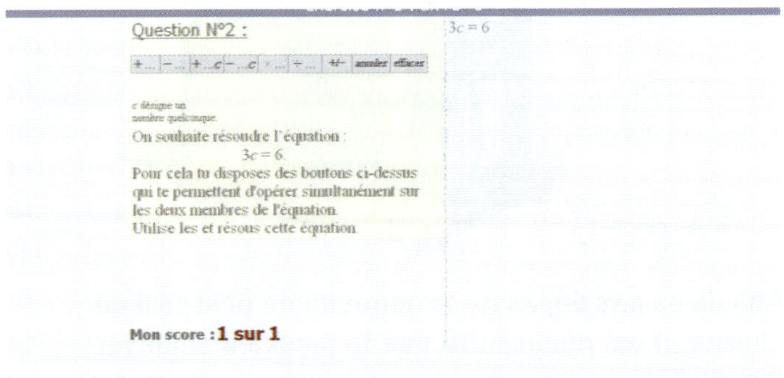

c) S_3 : problèmes du premier degré
Plusieurs thèmes sont proposés : exemples de base – fractions – âge – géométrie.

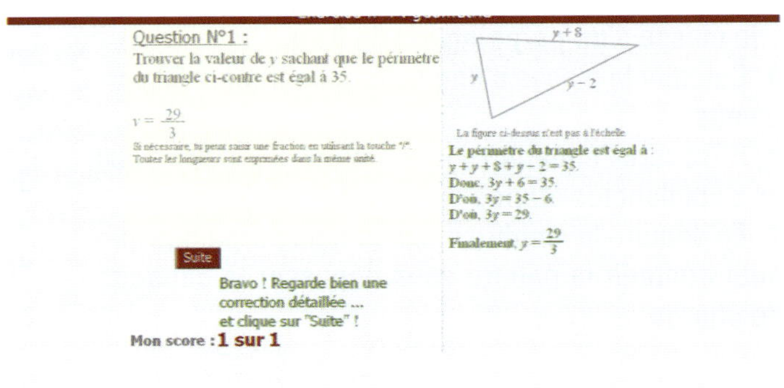

Contrôle en cours de formation

Évaluation des frais d'un restaurateur

Tableau de notation

Capacités \ Questions	1	2	3	4	5	6	7	8	9	10	11	12
Traiter un problème de proportionnalité	0,5 pt	1 pt	1 pt							0,5 pt	0,5 pt	
Placer des points dans un repère				1pt								
Utiliser un repère du plan					0,5pt							
Écrire une expression algébrique							1 pt					
Lire des données graphiques. Utiliser une graduation						1 pt						
Résoudre une équation du premier degré à une inconnue								1,5 pt				1 pt
Rédiger les réponses									0,5 pt			

Première partie

Un restaurateur souhaite calculer le coût du transport des denrées qu'il utilise dans son restaurant. Son véhicule consomme en moyenne 8 L de carburant pour 100 km parcourus.

1. Sachant que la distance parcourue est proportionnelle au volume de carburant consommé, quelle sera sa consommation s'il parcourt 200 km ? Noter la réponse dans le tableau.

2. Calculer le coefficient de proportionnalité qui permet de passer de la 1re ligne du tableau à la 2e ligne et noter le sur le tableau.

3. Terminer de compléter le tableau en utilisant ce coefficient.

Volume de carburant consommé (en L)	0	8	12	?	?	40
Distance parcourue (en km)	?	100	?	200	250	?

× ....

4. Placer les points du tableau précédent dans le repère, page suivante.

5. Tracer la droite D passant par l'ensemble de ces points sur ce même repère.

6. Déterminer graphiquement le volume de carburant nécessaire pour parcourir une distance de 400 km. Laisser apparents les traits nécessaires à la lecture.

On désigne par x le volume de carburant et y la distance parcourue avec x compris entre 0 et 40.

7. La relation qui lie x et y s'écrit :

a. $y = 8x$ ou **b.** $y = 12{,}5x$ ou **c.** $y = 8x + 100$

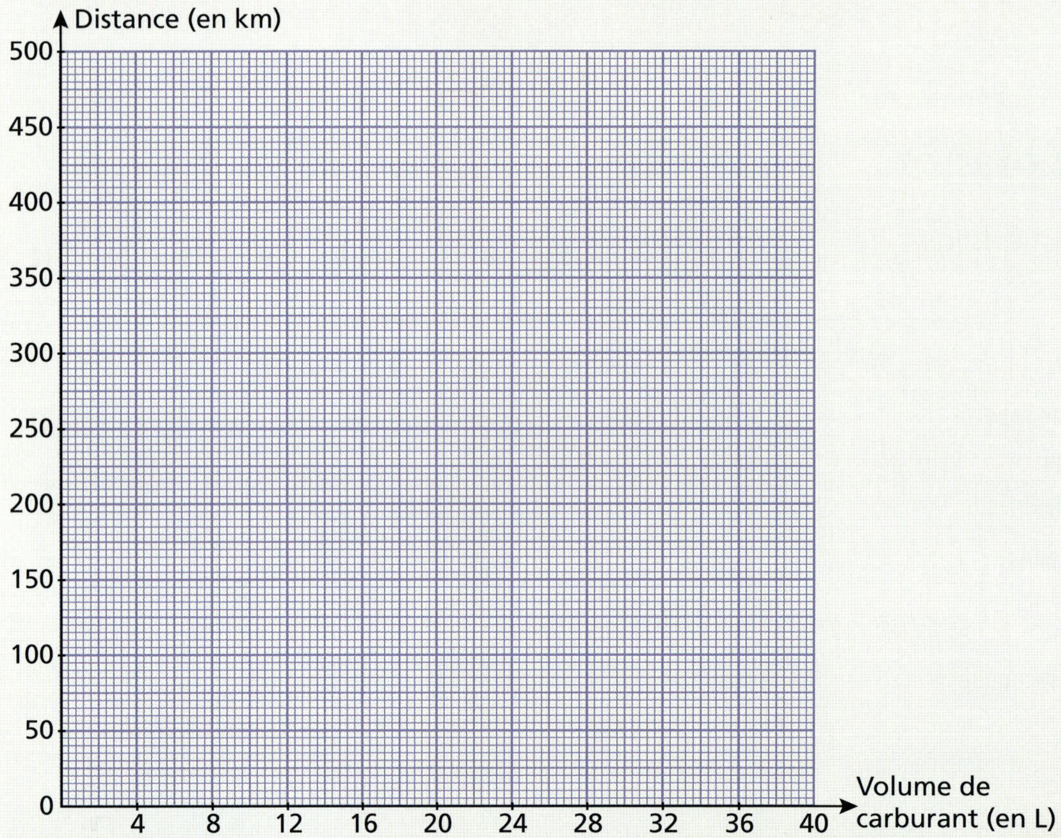

Le carburant utilisé est du gasoil +, il coûte environ 1,20 € le litre en moyenne.
Au coût variable de la consommation de carburant s'ajoutent des frais fixes (usure du véhicule, assurance…). Ces coûts s'élèvent à environ 50 € par mois.
Le restaurateur souhaite que le coût total du transport des denrées n'excède pas 650 euros par mois.

8. Calculer la distance (en km) x qu'il peut parcourir par mois en respectant ces contraintes.
Pour répondre, résoudre l'équation : $1{,}20x + 50 = 650$

9. Rédiger la réponse à l'aide d'une phrase.

Deuxième partie

Pour ses grillades au feu de bois, ce restaurateur utilise du bois de feuillus complètement sec. Ce bois de chauffage a un pouvoir calorifique d'environ 5 kWh/kg.
Le volume d'un stère de ce bois sec est 0,7 m³. Un stère de bois vert non tassé a un volume de 1 m³ et une masse d'environ 525 kg.

10. Calculer la masse d'un stère de bois sec en complétant le tableau ci-dessous.

Volume (m^3)	Masse (kg)
1	525
0,7	?

Pour alimenter son feu, il utilise, par an, environ 4 stères de ce bois sec.

11. Calculer, en kg, la masse de bois correspondante.

12. Calculer (en kWh) la chaleur x dégagée par ce bois en brûlant.
Résoudre l'équation : $1\,470 = 5 \times x$.

Évaluation diagnostique

Pour bien commencer...

Grille du socle commun

Connaissances	Capacités associées	Critères de réussite
Nombre et calcul : les 4 opérations	– Savoir quand et comment utiliser les 4 opérations – Rédiger une phrase	– Choix correct de l'opération – Phrase correctement rédigée
Rechercher, extraire et organiser l'information utile	– Lire, utiliser et interpréter des données représentées sous forme de graphiques	– Phrase rédigée
Organisation et gestion de données	– Effectuer des calculs – Utiliser un tableau – Évaluer mentalement un ordre de grandeur – Reconnaître les situations relevant de la proportionnalité – Utiliser les propriétés de linéarité	– Cohérence des résultats – Vraisemblance des valeurs
Raisonner, argumenter, pratiquer une démarche expérimentale ou technologique	– Questionner, identifier un problème, formuler une conjoncture ou une hypothèse	– Choix de la méthode utilisée

Nombres et calculs : les 4 opérations

4 443 personnes ont trouvé la mort en 2008, à la suite d'un accident de la route en France (métropole), soit en moyenne 12 par jour. La tranche d'âge 15-24 ans est particulièrement concernée avec 1 650 tués.

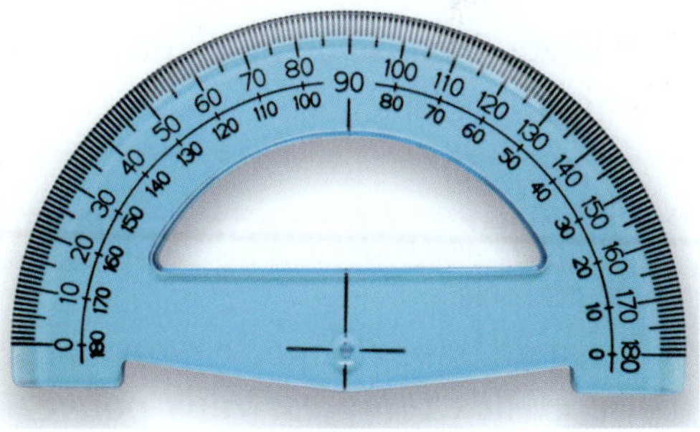

Indiquer les opérations à effectuer pour obtenir :

1. la moyenne de 12 ?

2. le pourcentage de jeunes de 15-24 ans accidentés de la route ?

Pour construire un angle de 222° alors que le rapporteur va jusqu'à 180 °, comment fait-on ?

3. Expliquer la démarche à suivre.

Organisation et gestion de données

Recensement des espèces d'arbustes composant les parterres d'un parc

Variété d'arbuste	Nombre	Pourcentage (en %)
Cognassier	20	8
Althaea	40	
Millepertuis	25	
Aubépine	55	
Cotonéaster	45	
Autres	65	
Total		100

Sans calculatrice

1. Calculer le nombre total d'arbustes.
2. Poser le calcul donnant le pourcentage de cognassier.
3. Déterminer les pourcentages manquants.

Rechercher, extraire et organiser l'information utile

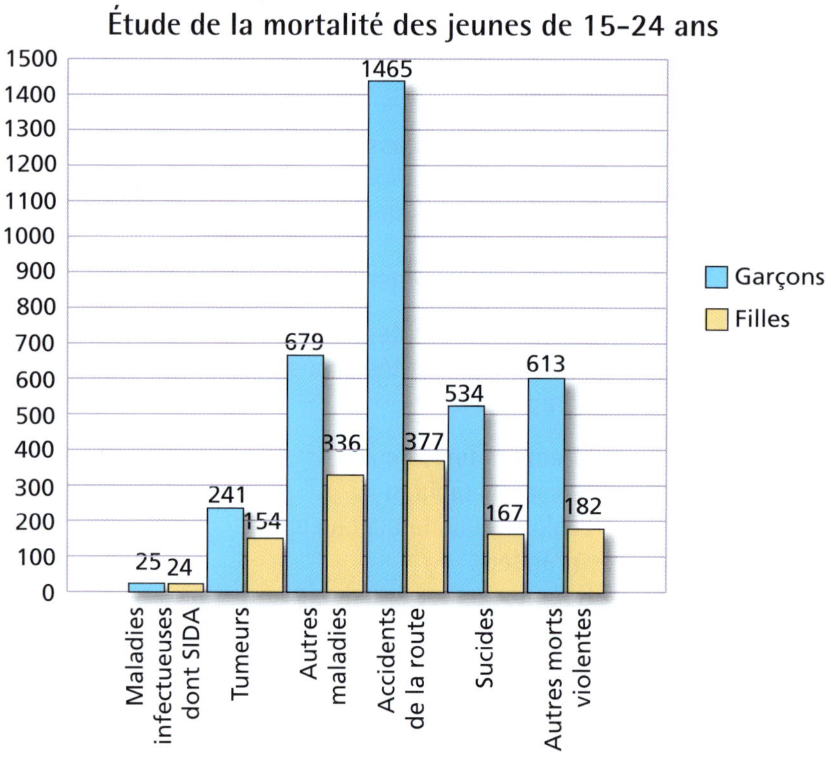

1. Dire avec quel type de logiciel on peut créer un tel graphique.
2. Si je suis une fille de 15-24 ans, ai-je autant de chance de mourir qu'un garçon du même âge ?
3. Indiquer la cause où il y a la plus forte mortalité.
4. Relever la cause de mortalité qui provoque 4 fois de décès chez les garçons que chez les filles. Donner une explication.

Raisonner, argumenter, pratiquer une démarche expérimentale ou technologique

> À la pizzéria

La pizza de base comporte deux garnitures : du fromage et des tomates. Vous pouvez y ajouter des garnitures supplémentaires, à choisir parmi les quatre garnitures suivantes : olives, jambon, champignons et poivrons. Thierry veut commander une pizza avec deux garnitures supplémentaires différentes.

- Déterminer le nombre de combinaisons possibles que peut choisir Thierry.

> Fléchettes

Deux équipes jouent aux fléchettes sur une cible comportant trois zones : une à 5 points, une à 7 points et une à 11 points. Le nombre de fléchettes est limité à trois par équipe et toutes les fléchettes ont atteintes leur cible. Le score est obtenu en additionnant les points obtenus par chaque fléchette.

1. Par équipe, quels sont les différents scores possibles ?
2. Déterminer la probabilité pour que les deux équipes soient *ex aequo*.

CHAPITRE 5 Données et représentations statistiques

Activité d'approche

Le sommet de Copenhague en 2009 a montré que l'énergie tient aujourd'hui une place déterminante dans les relations internationales. Deux formes d'énergie sont présentes sur Terre : les énergies renouvelables et les énergies non renouvelables.

En 2009, plus de 90 % des consommations commerciales d'énergie sont assurées par les énergies non renouvelables en particulier les ressources fossiles (pétrole, gaz, charbon et uranium). Ces ressources (hors uranium) sont estimées à environ 1 500 milliards de tonnes.

La représentation graphique ci-contre représente les réserves mondiales en milliards de tonnes pour trois types d'énergie non renouvelable.

1. D'après ce graphique, quelle est l'énergie la plus présente, en quantité, sur notre planète ?

2. Les réserves en charbon sont-elles supérieures à celles du pétrole ou du gaz naturel ? Préciser un ordre de grandeur (combien de fois plus).

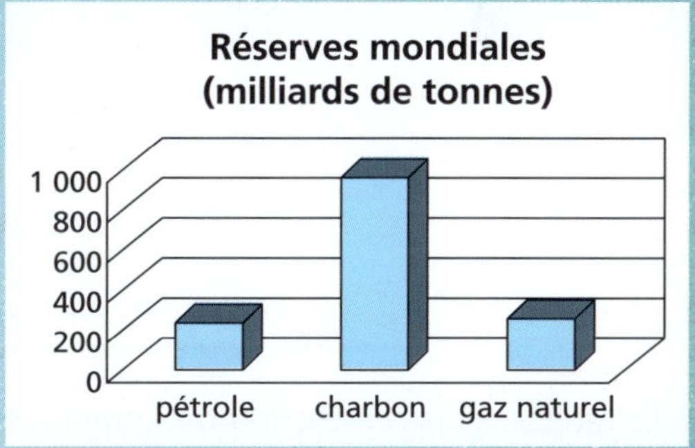

↗ Diagramme en bâtons des réserves mondiales des trois principales énergies non renouvelables.

Cette deuxième représentation graphique nous indique la consommation mondiale de ces ressources énergétiques.

3. En ce qui concerne cette consommation, observe-t-on la même répartition selon les énergies que pour les réserves ?

4. Quelle est l'énergie la plus consommée ?

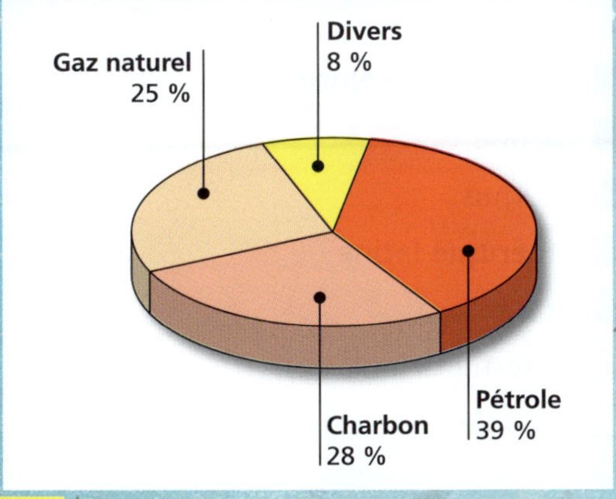

↗ Diagramme circulaire de la consommation mondiale des ressources énergétiques.

Je dois être capable :

- d'identifier le caractère qualitatif ou quantitatif d'une situation donnée ;
- de lire des données statistiques présentées graphiquement ou dans un tableau ;
- de représenter une série statistique par un diagramme en bâtons ou en secteurs circulaires.

1 Données statistiques

Une enquête statistique consiste à observer une certaine population pour recueillir et organiser des informations sur la représentation d'un certain caractère dans cette population.

Série statistique

Ensemble des informations présentées le plus souvent sous forme de tableau.

↓

Population

Sujet sur lequel portent le recueil d' informations.

↓

Variable étudiée (ou caractère) x_i

Propriété étudiée

qualitative

Que l'on ne peut pas mesurer
Ex : couleur des yeux

quantitative

Que l'on peut mesurer
Ex : durée du trajet domicile/travail

Le tableau et la représentation graphique ci-dessous montrent la répartition géographique des réserves mondiales de charbon en 2009.

Réserves mondiales

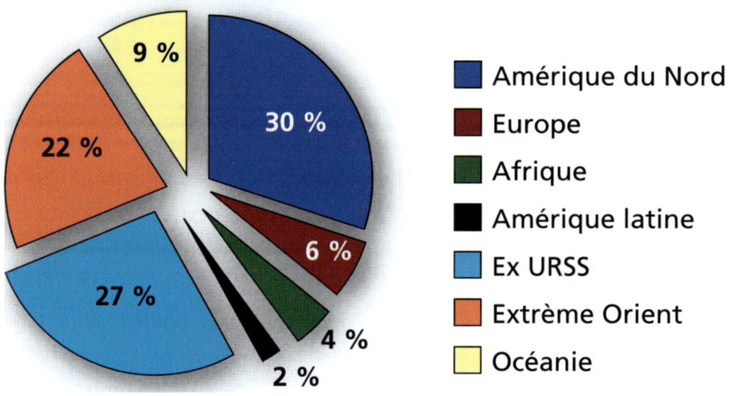

Pays producteurs de charbon	Amérique du Nord	Europe	Afrique	Amérique latine	Ex-URSS	Extrême-Orient	Océanie
Réserves en milliards de tonnes	369,15	69,45	48	22,5	339	273,75	115,2

Source : statistiques du DOE, www.eia.doe.gov

La population étudiée est « les réserves mondiales de charbon ».
La variable étudiée est « le pays producteur de charbon ». Elle est qualitative.
L'effectif est la quantité de charbon produite en milliards de tonnes.

2 Représentations graphiques

a. Diagramme en bâtons

L'effectif n_i est toujours sur l'axe des ordonnées (axe vertical). La hauteur des bâtons est proportionnelle à l'effectif.

Exemple : l'énergie éolienne fait partie des énergies dites renouvelables.

Le saviez-vous ? Éolienne vient du grec Eole, le Dieu du vent.

Le diagramme ci-dessous nous donne la répartition géographique des zones de production d'électricité éolienne.

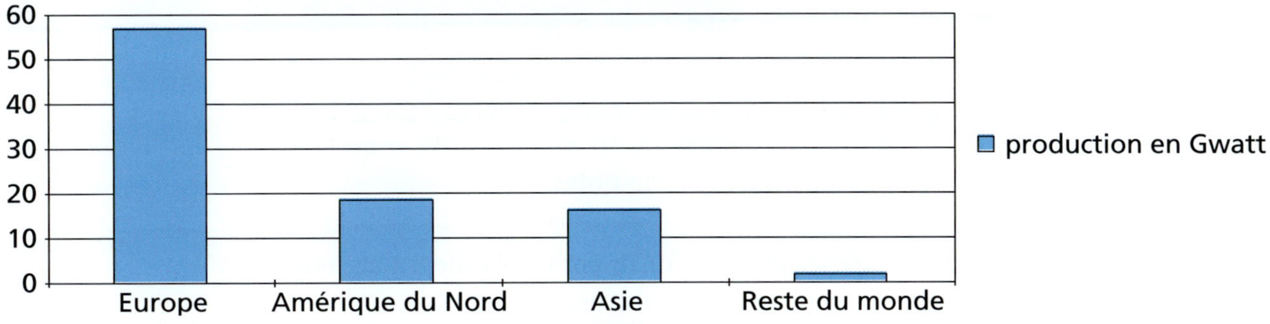

La population étudiée est l'énergie éolienne. **La variable étudiée** est la zone de production, c'est une variable **qualitative**.

b. Diagramme à secteurs circulaires

La valeur de l'angle est proportionnelle à l'effectif. Pour trouver cette valeur, il faut construire un tableau de proportionnalité et calculer le **coefficient de proportionnalité** qui permet de passer de la ligne /colonne effectif à la ligne/colonne mesure de l'angle (en degrés).

Exemple : Nicolas est entomologiste. Son travail consiste à faire des inventaires d'espèces d'insectes rencontrés dans différents milieux. Un conservatoire d'espaces naturels a souhaité réaliser une étude sur un site d'intérêt patrimonial dont il est propriétaire. Lors d'un passage sur le terrain, Nicolas a recensé une espèce particulière d'orthoptères, le criquet des pâturages dans trois milieux différents.

Aide : la famille des orthoptères regroupe les criquets, sauterelles et grillons.

Ses observations sont données dans le tableau ci-dessous :

Milieux	Effectif	Mesure de l'angle (°)
Prairie humide à végétation haute	38	171
Prairie humide à végétation rase	26	117
Prairie sèche	16	72
Total	80	360

× 4,5

Répartition du criquet des pâturages

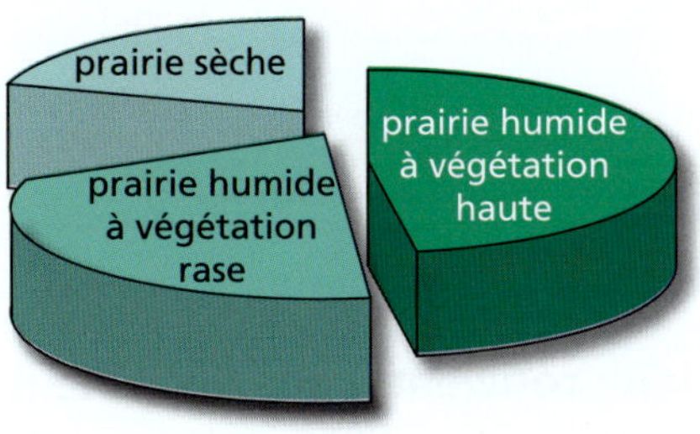

c. Histogramme

Quand un caractère quantitatif prend un grand nombre de valeurs, ces valeurs sont regroupées dans des intervalles nommés **classes**, de la forme [a ; b[(cette notation signifie que la valeur ***a*** est prise en compte, mais pas la valeur ***b***).

Exemple : les notes de mathématiques-sciences obtenues par 45 élèves d'une classe CAP en lycée professionnel sont représentées par l'histogramme ci-dessous :

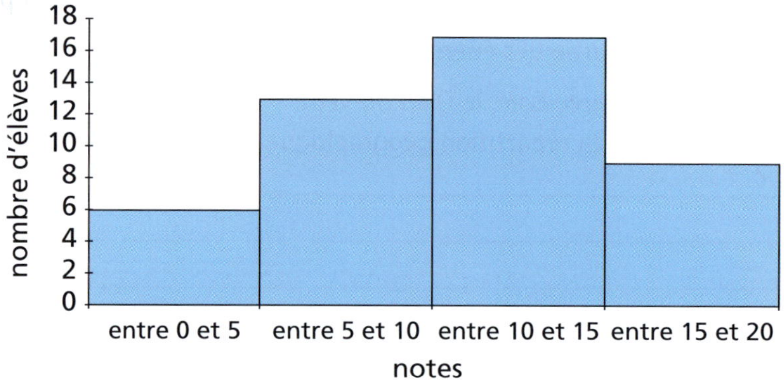

Interprétation du graphique :

– 13 élèves ont obtenu une note comprise entre 5 et 10, ils ont eu plus de 5 mais moins de 10.

– la majorité des élèves (17) ont obtenu une note comprise entre 10 et 15.

Les informations apportées par cet histogramme se retrouvent dans le tableau ci-dessous :

Notes	Nombre d'élèves
[0 ; 5[	6
[5 ; 10[	13
[10 ; 15[	17
[15 ; 20[	9

L'ESSENTIEL À RETENIR

• **Une série statistique peut être représentée par :**

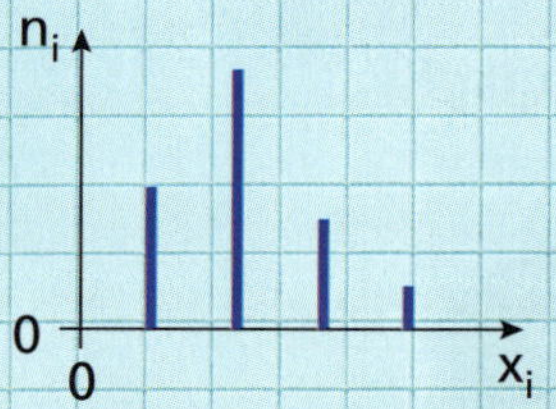

Diagramme en bâtons

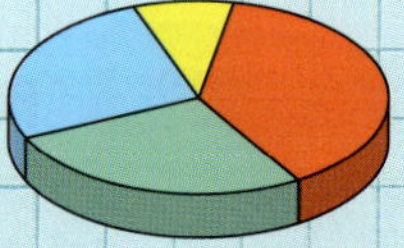

Diagramme circulaire

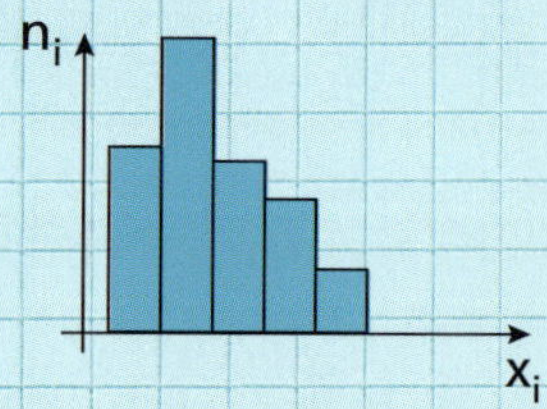

Histogramme

• **Tout type de graphique convient à une variable quantitative.**

• **Diagrammes en bâtons et circulaire conviennent pour une variable qualitative.**

Je m'entraîne

QCM

1. La couleur des yeux est une variable :	a. qualitative	b. quantitative	c. on peut la mesurer
2. Le nombre d'heures passées devant un jeu vidéo est un caractère :	a. qualitatif	b. quantitatif	c. on peut le mesurer
3. Dans une étude portant sur le prix d'une calculatrice :	a. la variable étudiée est la marque de la calculatrice	b. le caractère étudié est le prix de la calculatrice	c. l'effectif est le nombre de calculatrices vendues
4. Le diagramme en bâtons correspondant au nombre de défauts observés sur des véhicules est :	a. 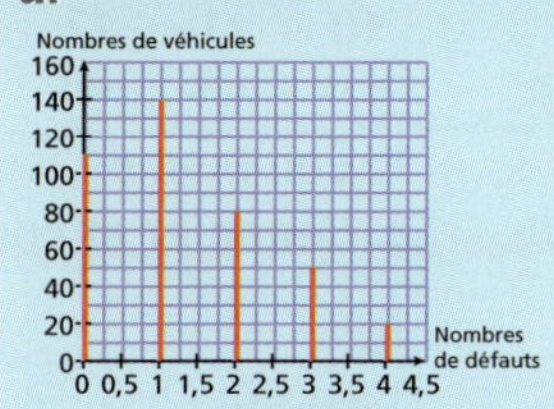	b. 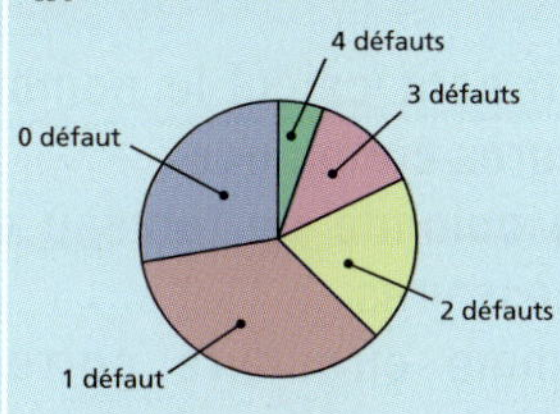	c. 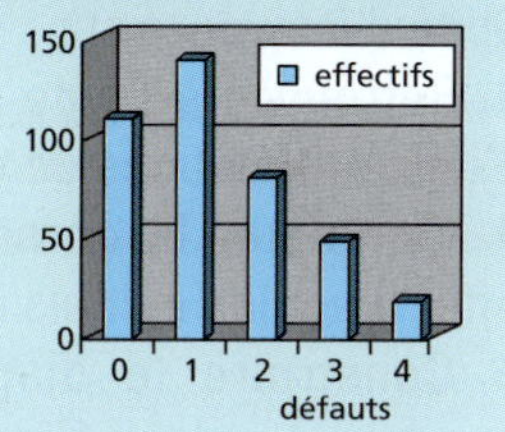
5. L'écriture de l'intervalle [5 ; 10[correspond aux valeurs de x telles que :	a. $5 < x < 10$	b. $5 < x \leq 10$	c. $5 \leq x < 10$

EXERCICES CORRIGÉS

1 : Interpréter une série statistique

Au cours d'une enquête statistique réalisée dans un magasin de proximité, on a relevé le montant des achats de 150 clients. Les résultats sont présentés par le graphique ci-dessous.

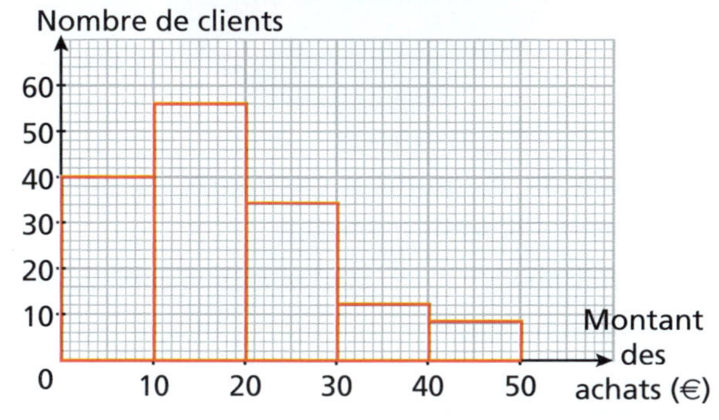

1. Quel est le caractère statistique étudié? Est-il qualitatif ou quantitatif ?
2. Comment s'appelle cette représentation graphique ?
3. Combien de clients ont dépensé entre 10 € (compris) et 20 € (exclus) ?
4. Recopier le tableau et compléter les quatre dernières colonnes en utilisant le graphique.

Montants dépensés (€)	[0 ; 10[	[10 ; 20[	?	?	?	Totaux
Nombre de clients	40	56	?	?	?	?

Voir le corrigé, p. 146

2 : Gérer les ventes de voitures

En 2008, le nombre de nouvelles immatriculations de véhicules neufs a été de 2 050 milliers. La répartition par marques est donnée dans le tableau ci-dessous.

Marques	Nombre d'immatriculation	Mesure de l'angle en degré
Marques françaises	1 127	?
Autres marques européennes	462	?
Marques américaines	225	?

Marques	Nombre d'immatriculation	Mesure de l'angle en degré
Marques coréennes	?	?
Marques japonaises	187	?
Total	?	360

1. Quel est le caractère étudié ? Est-il quantitatif ou qualitatif ?
2. Recopier le tableau et compléter la ligne totale en recherchant l'information nécessaire dans le petit texte d'introduction.
3. Retrouver à l'aide d'un petit calcul le nombre d'immatriculations de voitures coréennes.
4. Compléter la dernière colonne du tableau en effectuant les calculs nécessaires.
5. Construire le diagramme circulaire correspondant à cette série statistique. N'oublier pas la légende.

Voir le corrigé, p. 146

EXERCICES D'APPLICATION

3 : Construire un diagramme en bâtons

La course automobile des 24 heures du Mans consiste à effectuer en 24 heures le plus grand nombre de tours d'un circuit. Le tableau ci-dessous donne la répartition du nombre de tours effectués par les 25 premiers coureurs automobiles du rallye.

Nombre de tours effectués	310	320	330	340	350	360
Effectifs	4	4	5	7	3	2

• Représenter cette série statistique par un diagramme en bâtons.
Vous prendrez 1 cm pour 10 tours, en commençant à 300 tours ; ct 1 cm pour 2 coureurs.

4 : Exploiter un histogramme

L'histogramme ci-dessous donne les âges de jeunes sportifs participant à un stage de Taekwondo.

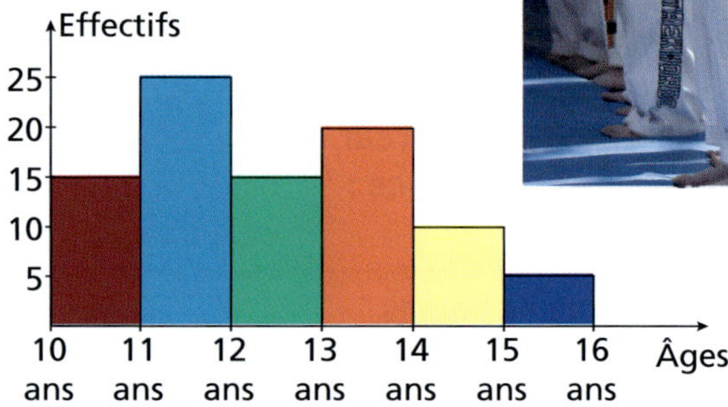

1. Combien de jeunes participent au stage ?
2. Recopier et compléter le tableau ci-dessous :

Age	?	?	?	?	?	?
Effectifs	?	?	?	?	?	?

3. Combien de jeunes ayant 13 ans ou plus participent à ce stage ?

5 : Lire et interpréter un diagramme circulaire

Le diagramme ci-dessous représente la répartition de la consommation d'eau quotidienne d'une personne de la famille Senvatalo.

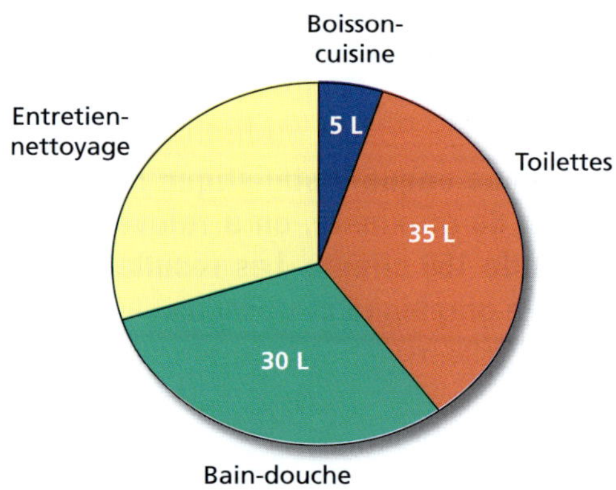

1. À l'aide du diagramme circulaire, recopier et compléter le tableau ci-dessous :

Utilisation	Consommation quotidienne
Boisson – cuisine	5
Entretien – nettoyage	?
Bain-douche	?
Toilettes	?
	100

2. Indiquer l'utilisation qui consomme le plus d'eau dans la journée.

Pour réduire la consommation d'eau et éviter le gaspillage, la famille Senvatalo décide d'installer une chasse d'eau économique. Cette installation lui permettra de réduire sa consommation d'eau de 40%.

3. En déduire, en litres, une estimation de la nouvelle consommation d'eau destinée aux toilettes après cette installation.

VERS L'EXAMEN

6 : Étudier les moyens de paiement des clients

Le responsable d'un magasin étudie les moyens de paiement utilisés par les clients. Les résultats statistiques sont présentés ci-dessous.

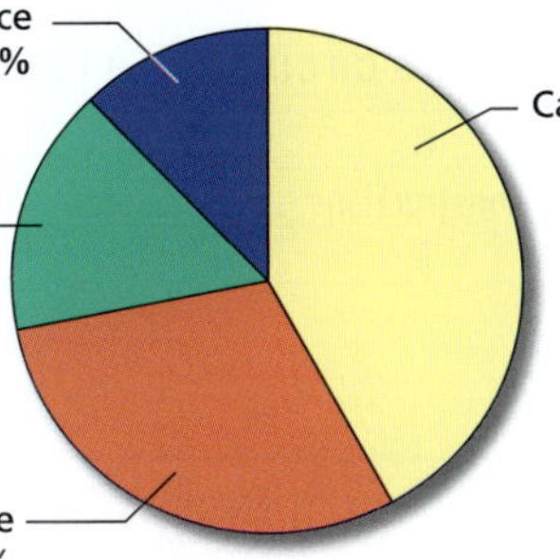

1. Cette représentation graphique correspond à : un histogramme, un diagramme à secteurs circulaires ou à un diagramme en bâtons ?
2. Donner le nombre de moyens de paiement différents utilisés par les clients.
3. Donner le pourcentage de paiement par chèque.
4. Calculer le pourcentage de paiement par carte bancaire.
5. Donner le moyen de paiement le moins fréquemment utilisé. Justifier votre réponse.
6. Calculer le nombre *n* de paiements effectués avec la carte « magasin » sachant que le nombre total de paiements est égal à 1 200.

7 : Connaître sa clientèle

Afin d'adapter ses menus, un restaurateur souhaite étudier l'âge de ses clients. Il obtient pour un mois les résultats suivants.

Tranches d'âges	Effectifs
[15 ; 30[	25
[30 ; 45[	150
[45 ; 60[	75
[60 ; 75[	250
Total	N = ?

1. Calculer le nombre de clients du mois.
2. Combien de clients ont un âge supérieur ou égal à 45 ans ?
3. Construire un histogramme représentant le nombre de clients en fonction de leur âge. Prendre 2 cm pour chaque tranche d'âge et 1 cm pour 50 clients. Commencer la graduation des âges à partir de 15 ans.

8 : Étudier les rejets en dioxyde de carbone dans l'atmosphère

Une des activités de l'entreprise Eco-Globe est l'étude des rejets en dioxyde de carbone dans l'atmosphère. En France, en 2007, la masse de dioxyde de carbone rejeté dans l'air en million de tonnes selon les différents secteurs d'activités, est indiquée dans le tableau ci-dessous.

Secteur d'activité	Masse de dioxyde de carbone rejeté en million de tonnes	Pourcentages des émissions de dioxyde de carbone rejeté
Industrie manufacturière	101,46	19
Transport routier	128,16	?
Transformation d'énergie	69,42	13
Résidentiel/ Tertiaire	122,82	?
Agriculture/ Sylviculture	85,44	16
Autres	?	5
Total	534	100

1. Recopier et compléter le tableau ci-dessus.
2. Construire le diagramme en bâtons de cette série en prenant 1 cm par secteur d'activité et 1 cm pour 2 % d'émissions de dioxyde de carbone.
3. Citer les deux secteurs d'activité qui rejettent le plus de dioxyde de carbone dans l'atmosphère.

À vos souris !

Étudier les secteurs d'emplois en Île-de-France

La structure des emplois par secteur en région Ile de France est donnée dans le tableau ci-dessous :

Secteur	Part (%)
Tertiaire	82,5
Construction	5
Industrie	11,5
agriculture	1

On souhaite représenter cette série statistique par un diagramme à secteurs circulaires à l'aide d'un tableur.

1. Ouvrir une feuille de calcul. Entrer les informations du tableau sur deux lignes :
– la ligne 1 : les secteurs d'activités ;
– la ligne 2 : les pourcentages.

	A	B	C	D
1	tertiaire	construction	industrie	agriculture
2	82,5	5	11,5	1

2. Générer le diagramme à secteurs circulaires :

<table>
<tr><td>OpenOffice</td><td>Excel</td></tr>
<tr><td colspan="2">Sélectionner les cellules A1 jusqu'à D2 en maintenant le bouton gauche de la souris enfoncé.</td></tr>
<tr><td colspan="2">

	A	B	C	D
1	tertiaire	construction	industrie	agriculture
2	82,5	5	11,5	1

</td></tr>
<tr><td colspan="2">Dans la barre d'outils cliquer sur Insertion</td></tr>
<tr><td>Cliquer sur l'option Diagramme</td><td>Cliquer sur l'icône secteur</td></tr>
<tr><td>Choisir secteur</td><td>Cliquer sur une représentation en 2D ou en 3D</td></tr>
<tr><td>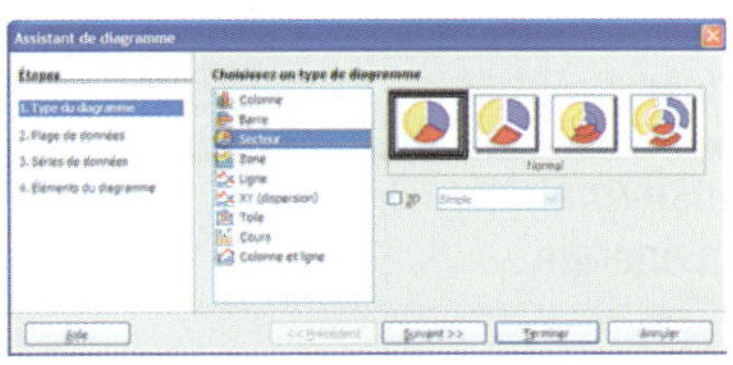</td><td>Choisir la mise en forme qui convient en cliquant sur l'icône.
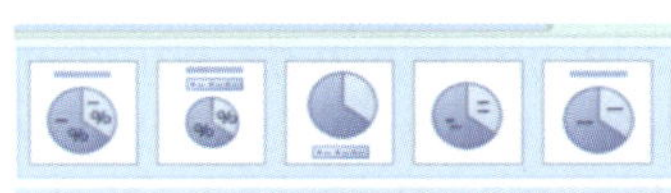</td></tr>
<tr><td>Continuer en cliquant plusieurs fois sur suivant, jusqu'à l'étape Eléments du diagramme où on peut saisir le titre du diagramme. Terminer.</td><td>Pour écrire le titre, cliquer sur « Titre du graphique »</td></tr>
<tr><td>Faire un clic droit sur le camembert.
Choisir propriétés de l'objet

Vous pouvez obtenir le graphique ci-contre :</td><td>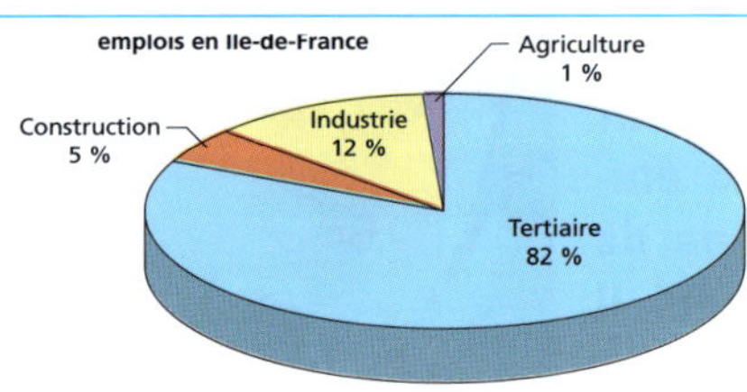
</td></tr>
</table>

CHAPITRE 6 Calculs statistiques

Activité d'approche

Il est de notoriété publique de dire que l'équipe de rugby de la Nouvelle Zélande, les fameux « All blacks » est la meilleure du monde.

Pourquoi ?

Que possède-t-elle de plus que l'équipe de France ?

Les joueurs sont-ils plus lourds ? Sont-ils plus grands ?

Les masses (en kg) des joueurs des deux équipes sont données dans le tableau ci-dessous.

Équipe de France	88 – 103 – 85 – 85 – 102 – 105 – 82 – 82 – 82 – 76 – 100 – 95 – 94 – 108 – 108 – 99 – 116 – 100 – 96 – 103 – 107 – 113 – 110
Équipe de Nouvelle-Zélande	105 – 110 – 118 – 112 – 105 – 119 – 98 – 107 – 91 – 92 – 93 – 86 – 85 – 98 – 99 – 84 – 91 – 113 – 91 – 105 – 98 – 107

1. Au vu de ces données, peut-on répondre à la question : les All Blacks sont plus lourds que les Français ?

Les tailles (en cm) des joueurs des deux équipes sont données dans ce second tableau.

Équipe de France	180 – 194 – 178 – 180 – 185 – 192 – 182 – 184 – 180 – 180 – 192 – 188 – 190 – 196 – 191 – 194 – 196 – 180 – 180 – 183 – 173 – 183 – 180
Équipe de Nouvelle Zélande	185 – 183 – 187 – 185 – 193 – 192 – 187 – 192 – 180 – 181 – 177 – 183 – 182 – 185 – 183 – 185 – 200 – 200 – 185 – 192 – 185 – 191

2. Au vu des données de ce deuxième tableau, peut-on dire que les All Blacks sont plus grands que les Français ?

La lecture de ces deux tableaux ne donne qu'une réponse approximative.

Nous allons apprendre à utiliser des calculs statistiques qui apporteront des réponses plus fines à ces questions.

Je dois être capable :
- de déterminer le maximum, le minimum d'une série numérique ;
- de calculer des fréquences ;
- de calculer la moyenne d'une série statistique, la somme des données étant donnée.
- de lire et interpréter les données d'un tableau à double entrée.

1 Statistique à une variable

La reprise des données sur les masses et les tailles de l'activité d'approche invite à traiter ses informations chiffrées à l'aide d'un tableur sous la forme de quatre séries statistiques. Il sera de cette manière plus facile de les comparer.

Masse (kg)		Taille (cm)	
XV de France	All Blacks	XV de France	All Blacks
76	84	173	177
82	85	178	180
82	86	180	181
82	91	180	181
85	91	180	182
85	91	180	183
88	92	180	183
94	93	180	183
95	98	180	185
96	98	182	185
99	98	183	185
100	99	183	185
100	105	184	185
102	105	185	185
103	105	188	187
103	107	190	187
105	107	191	192
107	110	192	192
108	112	192	192
108	113	194	193
110	118	194	200
113	119	196	200
116		196	

a. Maximum et minimum d'une série numérique

Pour chaque série statistique, on relève dans le tableau 1, l'étendue des valeurs prises pour les variables taille et masse. Elles sont notées sous la forme de ... à ... .

	XV de France	All Blacks
masse (kg)	de 76 à 116	de 84 à 119
taille (cm)	de 173 à 196	de 177 à 200

La valeur en rouge correspond **au minimum, c'est la plus petite valeur prise par la variable.**
La valeur en bleu correspond **au maximum, c'est la plus grande valeur prise par la variable.**

b. Effectif total

L'équipe de France est composée de 23 joueurs, **c'est l'effectif total de cette série statistique, noté N.** N=23.

Dan cette équipe de France, trois joueurs ont une masse de 82 kg, c'est un effectif partiel noté $n = 3$.

L'effectif total N est la somme des effectifs partiels.

Dans l'équipe de Nouvelle Zélande, six joueurs ont une taille égale à 185 cm, c'est également un effectif partiel noté n = 6. Pour cette équipe, N= 22.

c. Fréquence

Comparons les deux équipes, quant au nombre de joueurs ayant une taille strictement supérieure à 190 cm. Le tableur nous donne les résultats suivants :

		XV de France	All Blacks
Taille > 190 cm	Nombre de joueurs	7	6
	Pourcentages (%)	30	27

En statistiques, le pourcentage prend le nom de fréquence.

La fréquence permet de quantifier une valeur par rapport à 100.
Elle est notée f et se calcule de la manière suivante :
f = (effectif partiel n / effectif total N) × 100.
La somme des fréquences vaut 100.

Pour le XV de France, $f = \frac{7}{23} \times 100 = 30$ soit 30 % des joueurs ont une taille strictement supérieure à 190 cm.

Ce qui n'est vrai que pour 27 % des All Blacks.

d. Moyenne

• Pour répondre aux questions posées en activité d'approche, il nous faut calculer la masse et la taille moyenne des joueurs de chaque équipe.

Pour cela, le tableur va nous aider en calculant très rapidement la somme des valeurs (taille et/ou masse) et les moyennes correspondantes pour chaque équipe.

	Masse (kg)		Taille (cm)	
	XV de France	All Blacks	XV de France	All Blacks
Effectif total N	23	22	23	22
Somme des valeurs	2 239	2 207	4 261	4 103
Moyenne	97,35	100,32	185,26	186,5

La somme des valeurs est obtenue en additionnant toutes les valeurs de chaque série statistique.

Le tableur calcule la moyenne en divisant la somme des valeurs par l'effectif total N de chaque série statistique.

Exemple : calcul de la masse moyenne (kg) pour le XV de France :
2 239 ÷ 23 = 97,35 arrondi à 0,01 comme indiqué dans le tableau.

> La moyenne d'une série statistique se calcule en effectuant le quotient de la somme des valeurs prises par la variable par l'effectif total de la série.

La masse moyenne et la taille moyenne des All Blacks sont supérieures à celles des joueurs du XV de France.

Peut-on en conclure que c'est là que réside la différence de réussite entre les deux équipes ?

• Lorsque le nombre de valeurs est important ou que l'étendue de la variable est grande (comme dans notre exemple d'approche), il est préférable de regrouper les valeurs en classes de la forme $[a\ ;\ b[$.

> x_i représente alors le centre de classe $[a\ ;\ b[$: $x_i = \frac{a+b}{2}$

Le calcul de la moyenne se fait avec un tableau, avec un tableur ou directement à la calculatrice.

Les données des masses des joueurs peuvent être ainsi regroupées dans des classes de 10 kg.

Le tableau suivant présente les classes pour l'équipe du XV de France.

Masses (kg)	[75 ; 85[	[85 ; 95[	[95 ; 105[	[105 ; 115[	[115 ; 125[	Total
Effectifs n_i	4	4	8	6	1	23
Centre de classe x_i	80	90	100	110	120	
Effectifs x centre de classes	320	360	800	660	120	2 260
					Moyenne	98,3

Le tableau donne la somme de toutes les masses (2 260 kg) en prenant comme masse d'une classe, le centre de classe.

Exemple : pour la classe [75 ; 85[, on estime que les quatre joueurs de cette classe ont chacun une masse de 80 kg, ce qui représente une masse totale de 320 kg.

La moyenne obtenue est légèrement différente de celle calculée en prenant les vraies valeurs de masses.

Le même calcul peut être fait pour l'équipe de Nouvelle-Zélande, on trouve que la masse moyenne des joueurs est :

$M = \frac{2\,230}{22} \approx 101{,}4$ au dixième près. Soit une masse moyenne d'environ 101,4 kg.

• Ce même calcul peut se faire à l'aide de la calculatrice (voir procédure dans les rabats de votre ouvrage).

2 Croisement de deux caractères qualitatifs

Dans le cadre d'un projet pédagogique, les élèves d'une classe de 3e Découverte Professionnelle sont amenés à fabriquer des savons. Chaque élève doit choisir l'huile essentielle qui va parfumer le savon. Le professeur propose deux parfums : lavande et amande douce. Le tableau ci-dessous résume le choix des 24 élèves.

Parfum \ Sexe	filles	garçons	Total
Lavande	3	12	15
Amande douce	7	2	9
Total	10	14	24

Le nombre 7 du tableau représente le nombre de filles qui ont choisi le parfum Amande douce.
Il est possible de traduire ce résultat en pourcentage par rapport au nombre de filles : $\frac{7}{10} \times 100 = 70$, soit 70 %, qui se lit : 70 % des filles ont choisi le parfum Amande douce.

12 garçons ont choisi le parfum Lavande. Il est possible de traduire ce résultat en pourcentage par rapport au groupe d'élèves, qui a également choisi ce parfum : $\frac{12}{15} \times 100 = 80$, soit 80 %, qui se lit : 80 % des élèves qui ont choisi le parfum Lavande sont des garçons.

Par contre, 15 élèves (tous sexes confondus) ont choisi le parfum Lavande. Le pourcentage d'élèves de la classe ayant choisi ce parfum est donc : $\frac{15}{24} \times 100 = 62{,}5$, soit 62,5 %, qui se lit : 62,5 % des élèves de la classe préfèrent le parfum Lavande.

L'ESSENTIEL À RETENIR

- **La valeur minimum d'une série statistique est la plus petite valeur prise par le caractère étudié.**
- **La valeur maximum d'une série statistique est la plus grande valeur prise par le caractère étudié.**
- **La fréquence se calcule en divisant l'effectif partiel d'une classe par l'effectif total et en multipliant le résultat par 100.**
- **La moyenne se calcule de la manière suivante :**

$$x = \frac{\text{Somme des données}}{\text{N}}$$

Je m'entraîne

QCM

	a	b	c
1. Dans une série statistique, la valeur minimum prise par la variable est :	a. la plus petite valeur	b. la valeur moyenne	c. la valeur la plus fréquente
2. Dans une série statistique, l'effectif total N est :	a. la plus grande valeur prise par la variable	b. la somme des effectifs	c. la somme des valeurs prises par la variable
3. Dans une série statistique, la fréquence d'une valeur est :	a. un nombre qui s'exprime toujours en pourcentage	b. le quotient de cette valeur par l'effectif total	c. un nombre plus petit que 1
4. La somme des fréquences des valeurs d'une série est :	a. toujours égale à 100	b. égale à 1	c. égale à 100 lorsqu'elles sont en pourcentages
5. La moyenne d'une série statistique est :	a. la somme des valeurs divisées par l'effectif total	b. comprise entre la valeur la plus grande et la valeur la plus petite	c. la demi somme des valeurs extrêmes

EXERCICES CORRIGÉS

1 : Calculer un montant moyen d'un paiement par chèque

Un magasin a étudié les achats payés par chèque. Les résultats de l'étude sont donnés dans le tableau ci-dessous :

Montant des chèques (€)	Nombre de chèques
[10 ; 20 [	40
[20 ; 30 [	65
[30 ; 40 [	35
[40 ; 50 [	45
[50 ; 60 [	15

1. Calculer le nombre total de chèques N.

La somme totale des montants payés par chèque est 6 300 €.

2. En utilisant l'information donnée ci-dessus et la réponse à la question a), calculer le montant moyen d'un chèque.

Voir le corrigé, p. 146

2 : Utiliser une représentation graphique et calculer une masse moyenne

On a relevé les masses, en kg, de 32 joueurs sélectionnés pour préparer un match.

La répartition des masses de ces 32 joueurs est donnée sous la forme d'un histogramme :

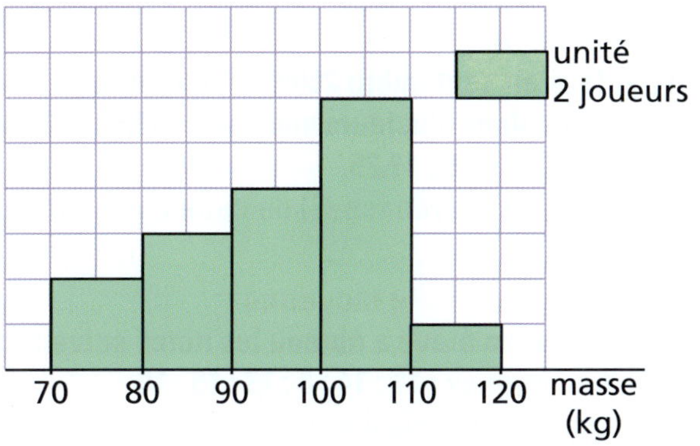

1. Par lecture sur l'histogramme, indiquer le nombre n de joueurs dont la masse est supérieure ou égale à 100 kg.

La répartition des masses des 32 joueurs peut aussi être présentée sous la forme du tableau suivant.

Masse des joueurs (kg)	Nombre de joueurs n_i	Fréquence f_i en %
[70 ; 80 [	?	12,5
[80 ; 90 [	6	18,75
[90 ; 100 [	8	25
[100 ; 110 [	12	?
[110 ; 120 [	?	6,25
TOTAL	32	100

2. Recopier le tableau.
3. Par lecture de l'histogramme, compléter les cases de la colonne nombre de joueurs.
4. Calculer la fréquence f de joueurs ayant une masse comprise entre 100 et 110 kg. Vous avez le choix de la méthode de calcul. Compléter la case correspondante du tableau.
5. Calculer la fréquence f de joueurs dont la masse est inférieure à 90 kg.

On veut calculer la masse moyenne du groupe des 32 joueurs. Comme on ne connaît pas la répartition des masses au sein de chaque classe, on considère que cette répartition est la suivante : 4 joueurs de 75 kg ; 6 joueurs de 85 kg ; 8 joueurs de 95 kg ; 12 joueurs de 105 kg et 2 joueurs de 115 kg.

6. Calculer, en kg, la masse moyenne $\overline{x}$ de l'ensemble des 32 joueurs. Arrondir le résultat à l'unité.

Voir le corrigé, p. 146

EXERCICES D'APPLICATION

3 : Calculer un prix moyen

On a relevé en septembre 2009, le prix (en €) d'une calculatrice dans plusieurs magasins : 15,50 ; 12,00 ; 11, 90 ; 12,50 ; 13,25 ; 11,25.

Calculer le prix moyen (en €) de cette calculatrice.

4 : Calculer une note moyenne

Ce trimestre, un élève a obtenu les notes suivantes en mathématiques : 11 ; 14 ; 8 ; 13 ; 15 ; 10.

1. Combien a-t-il eu de notes ?
2. Quelle est sa note minimale ? Quelle est sa note maximale ?
3. Calculer sa moyenne en mathématiques. Arrondir le résultat à 0,1 près.

Le professeur décide de faire compter deux fois plus les deux dernières notes.

4. Calculer le nouveau nombre de notes et la nouvelle moyenne de cet élève.
5. Est-il avantagé par la décision de son professeur ?

5 : Analyser géographiquement des fréquences

Les FCR (Fibres Cellulosiques de Récupération) proviennent de la récupération des papiers et cartons. Le tableau ci-dessous nous donne des indications sur la quantité en milliers de tonnes de papiers et cartons récupérés pour quatre pays.

1. Recopier et compléter la colonne fréquence du tableau. Arrondir les résultats à 0,01 %.

Pays	Quantité (milliers de tonnes)	Fréquence (%)	Mesure de l'angle (°)
France	3 146	?	?
Allemagne	9 175	?	?
Italie	2 470	?	?
Espagne	2 242	?	?
	17 033	100	360

2. Construire un diagramme circulaire représentant cette série statistique. Pour cela, calculer les mesures des angles en complétant la 4e colonne du tableau. Arrondir les résultats au degré près.
3. Parmi ces pays, quel est celui qui récupère la plus grande quantité de papiers et cartons ? Essayer de donner une explication à cela.
4. Calculer la masse moyenne (en milliers de tonnes) de papiers et cartons récupérés sur ces quatre pays.

6 : Calculer des fréquences en pourcentage

En 2009, le nombre de voitures neuves vendues en France a très fortement augmenté, cette progression serait due à la prime à la casse. Le nombre total de véhicules vendus est d'environ 2 286 milliers. Il est réparti de la façon suivante :
– 505,5 milliers de la marque Renault,
– 339,8 milliers de la marque Citroën,
– 377,7 milliers de la marque Peugeot,
– le reste des marques étrangères.

1. Quel est le nombre de voitures vendues en 2009 de marque étrangère ?
2. Exprimer ce nombre en pourcentage, arrondi à 1 %, des ventes totales.
3. Parmi les ventes de voitures françaises, quelle est la fréquence des voitures de marque Renault ?

7 : Croiser deux caractères qualitatifs

Un grand magasin parisien a fait un sondage auprès de 500 clients au moment des fêtes de fin d'année sur leur moyen de paiement. Les résultats sont donnés dans le tableau ci-dessous.

Sexe / Moyen de paiement	Hommes	Femmes	Totaux
Chèques	60	90	?
Cartes	150	150	300
Espèces	10	40	?
Totaux	220	?	500

1. Quels sont les deux caractères qualitatifs étudiés dans cette enquête ?
2. Calculer le nombre de femmes interrogées. En déduire la fréquence (en %) de femmes interrogées ?
3. Quel est le moyen de paiement le plus utilisé par les hommes ?
4. Que représente dans le tableau le nombre 90 ?
5. Calculer la fréquence (en %) des femmes qui règlent leurs achats en espèces ?

VERS L'EXAMEN

8 : Savoir gérer des ventes

M. Martin est représentant de commerce en produit de beauté. 110 magasins vendent actuellement les produits qu'il commercialise. Voici la répartition des ventes par magasin :

Nombre de produits vendus par magasin	Nombre de magasins
[0 ; 5[	10
[5 ; 10[	23
[10 ; 15[	47
[15 ; 20[	30

1. Calculer le nombre total de magasins N.
2. Donner le nombre de magasins ayant acheté entre 5 et 10 produits de beauté.

Le nombre de magasins ayant acheté entre 10 et 15 produits est 47.

3. Calculer, en pourcentage, la part que représentent ces 47 magasins par rapport à l'effectif total N. Arrondir le résultat au dixième.
4. Recopier et compléter le tableau ci-dessous.

Nombre de produits vendus par magasin	Nombre de magasins n_i	Centre de classes x_i	$n_i \times x_i$
[0 ; 5[	10	?	25
[5 ; 10[	23	7,5	?
[10 ; 15[	47	?	587,5
[15 ; 20[	30	?	?
	N = ?		1 310

5. Calculer le nombre moyen $\overline{x}$ de produits vendus. Le résultat sera arrondi à l'unité.

9 : Calculer des pourcentages et les analyser

Le tableau suivant représente les médailles obtenues lors des jeux olympiques de Pékin 2008.

Pays	Nombre de médailles	Fréquence f_i en % (arrondie au dixième)	Angle au centre α en degré arondi à l'unité
Chine	100	18,5	?
États-Unis	110	?	73
France	40	7,4	?
Autres pays	290	53,7	193
Total	540	100	360

1. Indiquer pour cette étude le caractère étudié.
2. Calculer la fréquence f correspondant au nombre de médailles remportées par les États-Unis, puis compléter la case vide du tableau correspondant à ce résultat après avoir recopié le tableau.
3. Indiquer le pourcentage de médailles remportées par la Chine.

Pour représenter ces résultats, on choisit de construire un diagramme circulaire. Pour calculer l'angle au centre α (en degrés) correspondant à une catégorie, on applique la relation suivante :

$$\alpha = \frac{f_i}{100} \times 360$$

4. Compléter la dernière colonne du tableau.
5. Construire le diagramme circulaire de cette série statistique.

Sur les quarante médailles gagnées par la France, sept sont des médailles d'or.

6. Calculer le pourcentage de médailles d'or obtenues par la France.

À vos souris !

Utilisation d'un tableur

1. Calculer un temps moyen de transport

Une société de transport réalise, sur une de ses plateformes, un contrôle des durées de chargement de ses camions. Les durées relevées sont synthétisées dans les deux premières colonnes du tableau.

1. Ouvrir une feuille de calcul.
2. Taper dans les lignes 1 à 9, les informations données dans les deux premières colonnes du tableau ci-dessous, jusqu'à la ligne grisée.

	A	B	C
1	durée de chargement (min)	nombre de camions	durée partielle(min)
2	25	2	50
3	26	5	130
4	27	5	135
5	28	36	1008
6	29	45	1305
7	30	32	960
8	31	8	248
9	32	3	96
10			
11	effectif total N	136	
12	durée totale (min)		3932
13			
14	durée moyenne (min)		28,91

3. Dans la cellule A11, taper « effectif total N ». Le calculer dans la cellule B11 en tapant « =SOMME(B2:B9) ».
4. Dans la cellule C1, taper « durée partielle (min) ». Les calculer en faisant « =A2*B2 » dans la cellule C2, puis en recopiant cette formule jusqu'à la ligne 9 de la colonne C.
5. Dans la cellule A12, taper « durée total (min) ». La calculer dans la cellule C12 en faisant « =SOMME(C2:C9) ».
6. Dans la cellule A14, taper « durée moyenne (min) ». La calculer dans la cellule C14 en faisant « =(C12/B11) ».
7. Rédiger votre réponse sans oublier l'unité.

Vous devez retrouver les résultats donnés dans le tableau.

2. Comparer

À savoir la superficie des 27 pays de l'Union Européenne (exercice en automonie)

1. Ouvrir une nouvelle feuille de calcul.
2. Recopier les données suivantes sur quatre colonnes.
3. En utilisant les fonctions (Min ; Max ; somme ; moyenne) du tableur, donner :

– le pays des 27 ayant la plus petite superficie en milliers de km^2 ;

– le pays des 27 ayant la plus grande superficie en milliers de km^2 ;

– calculer la superficie totale occupée par ces 27 pays ;

– calculer la population moyenne des 27 pays.

Pays	Date d'entrée dans l'Union européenne	Superficie en milliers de km^2	Nombre d'habitants en millions
Allemagne	1957	357	82
Autriche	1995	84	8,1
Belgique	1957	31	10,2
Bulgarie	2007	111	7,7
Chypre	2004	9	0,86
Danemark	1973	43	5,3
Espagne	1986	506	41
Estonie	2004	45	1,4
Finlande	1995	338	5,2
France	1957	550	64,4
Grèce	1981	132	11
Hongrie	2004	93	10
Irlande	1973	70	4,1
Italie	1957	301	59
Lettonie	2004	65	2,4
Lituanie	2004	65	3,7
Luxembourg	1957	2,6	0,45
Malte	2004	0,3	0,4
Pays-Bas	1957	42	16,2
Pologne	2004	312	38
Portugal	1986	92	10,3
Rép.Tchèque	2004	79	10,3
Roumanie	2007	238	21,7
Royaume-Uni	1973	243	60,4
Slovaquie	2004	49	5,4
Slovénie	2004	20	2
Suède	1995	450	8,9

CHAPITRE 7 Notion de chance ou de probabilité

Activité d'approche

L'épiphanie est l'occasion de partager une galette. On veut tous trouver la fève, mais il n'y en a qu'une par galette.

Astrid invite ses amis. Ils seront 10 au total à partager la galette. Elle présente à ses amis deux galettes de 4 et 6 parts plutôt qu'une seule galette de 10 parts, car elle pense qu'elle a ainsi plus de chance de trouver la fève.

1. Pour une seule galette à 10 parts, combien a-t-on de chance de « tomber sur la fève » ?

2. Pour deux galettes (6 parts + 4 parts), quel sera le nombre de fèves à trouver et quel est le nombre de parts ?

En déduire le nombre de chance de trouver une fève.

3. Astrid avait-elle raison ? Justifier la réponse.

Je dois être capable :
- d'utiliser et de construire des tableaux de répartition de fréquences après expérimentations ;
- d'utiliser des notions élémentaires des probabilités dans des contextes familiers d'expérimentation.

1 Expériences aléatoires

a. La pièce de monnaie

On lance une pièce de monnaie et on regarde sa face supérieure.
Pour chaque lancer, deux résultats sont possibles :
- côté pile, noté P ;
- côté face, noté F.

Chaque résultat a autant de chance de sortir et on ne peut pas connaître à l'avance le résultat.
On peut juste dire : j'ai une chance sur deux d'obtenir le côté face.

b. Le dé à six faces

On lance un dé à six faces équilibré et on regarde le nombre de points inscrits sur sa face supérieure.
Le dé ayant six faces, il y a donc 6 résultats possibles avec pour chaque résultat une chance égale de sortir qui est de 1/6.

c. La punaise

On lance une punaise et on regarde la position de la pointe.
Deux résultats sont possibles :
- pointe en bas ;
- pointe en haut (tête horizontale).

C'est un objet non symétrique, dont le résultat est plus difficile à prévoir.
Les deux positions possibles ne signifient pas que l'on a par exemple une chance sur deux d'obtenir la pointe vers le bas.

Ce sont trois expériences aléatoires, car chaque résultat ne dépend pas des résultats précédents.

2 Fréquences et probabilité

En mathématiques, le terme **fréquence** est employé à la place de chance.
Exemple : Obtenir le côté face d'une pièce de monnaie.
On a 1 chance sur 2 soit $\frac{1}{2} = 0{,}5 = 50\ \%$, donc une fréquence de 50 %
Cette fréquence est-elle vérifiée pour un petit nombre de lancers ?
Une expérimentation de 20 lancers a donné le tableau de répartition suivant.

	Nombres d'apparitions	Fréquence (%)
Pile	13	65
Face	7	35

Sur un total de 20 lancers, 13 ont donné « Pile ».
Sur 100 lancers (5 fois plus), on aura 13 × 5 soit 65 « Pile », soit 65 %.

La fréquence est un **pourcentage** ; et pour la calculer, on fait appel à la **proportionnalité**.

À l'aide d'un tableur, on peut multiplier facilement et rapidement le nombre de lancers et obtenir une fréquence qui se stabilise vers 50 %.

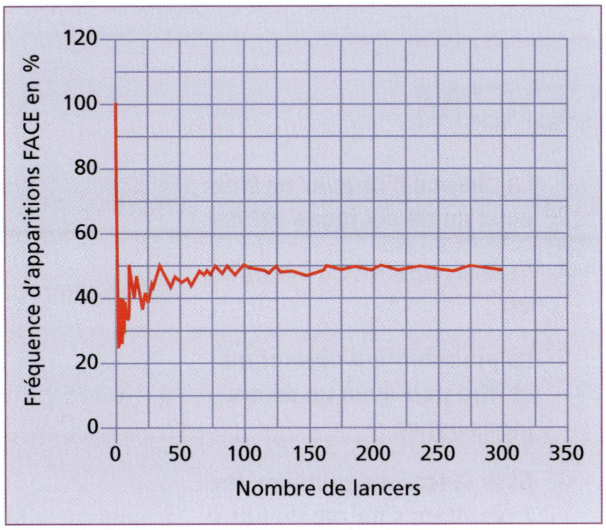

Cette fréquence expérimentale se rapproche de la fréquence théorique, appelée **probabilité**, à condition d'avoir un nombre de lancers suffisamment importants.
La fréquence s'exprime en pourcentage alors que la probabilité est un nombre compris entre 0 et 1.

Exemple : Pour la punaise, peut-on simuler l'expérience à l'aide du tableur ?

Le tableur est parfaitement adapté pour des cas de symétrie – pièce, dès... équilibrés –, où chaque possibilité a autant de chance de sortir.
Or une punaise n'est pas équilibrée. On ne peut donc pas attribuer à chaque position la même probabilité de sortir.
L'expérimentation est donc primordiale, car on ne connaît pas vraiment le résultat pour des raisons de non symétrie.

Sur la photo, 9 des 15 punaises ont la pointe en bas et 6 la pointe en haut.
En multipliant le nombre de lancers, on constate que la probabilité que la punaise tombe la pointe vers le bas est **d'environ 4/5**.

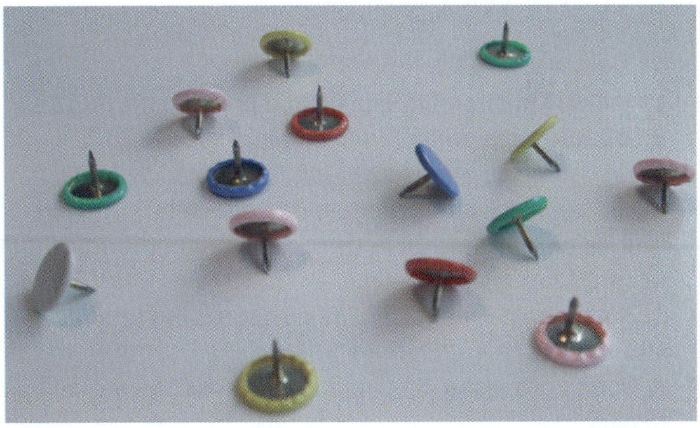

L'approche fréquentiste consiste à donner une valeur approché de la probabilité.

L'ESSENTIEL À RETENIR

- **Une expérience est aléatoire si on ne connaît pas à l'avance le résultat.**
- **Expérimenter ou simuler à l'aide d'un tableur permet d'accéder aux fréquences.**
- **Lorsque la fréquence se stabilise, elle est alors égale à la probabilité.**

Je m'entraîne

QCM

1. La chance d'obtenir un trois avec un dé six faces est de :	a. 3/6	b. 1/2	c. 1/6
2. Trouver un trèfle à 4 feuilles est :	a. très improbable	b. possible	c. très probable
3. La probabilité d'obtenir un chiffre pair avec un dé six faces est de :	a. 1/6	b. 1/3	c. 1/2
4. Si je lance une punaise, les 2 résultats « pointe en bas » et « pointe en haut » :	a. sont possibles	b. sont équiprobables	c. ont des fréquences d'apparition différentes
5. La fréquence d'apparition du côté Face d'une pièce est de :	a. 0,4	b. 50 %	c. 20 %

EXERCICES CORRIGÉS

1 : Comprendre un bulletin météo

Le bulletin météorologique du jour prévoit que, de 12 à 18 heures, les probabilités de pluie sont de 30 %.
Parmi les affirmations suivantes, recopier celle qui est la meilleure interprétation de ce bulletin.

a. Il va pleuvoir sur 30 % de la zone concernée par les prévisions.
b. Il pleuvra pendant 30 % des 6 heures (un total de 108 minutes).
c. Dans cette zone, 30 personnes sur 100 auront de la pluie.
d. Si la même prévision était faite pour 100 jours, il pleuvrait à peu près 30 jours sur 100.
e. La quantité de pluie tombée sera 30 % de celle tombée lors d'une forte pluie (mesurée en termes de précipitations par unité de temps).

Voir le corrigé, p. 147

2 : Construire un tableau de fréquences

L'expérience de la tartine beurrée
Loi de Murphy : une tartine beurrée tombe toujours du côté beurré.

Robert Matthews a lancé une expérience en 2001 auprès des écoliers du Royaume-Uni. Il a pu ainsi réaliser 21 000 lancers et a obtenu les résultats suivants :
– la tartine tombe face beurrée dans 13 020 cas ;
– la tartine tombe face non beurrée dans 7 980 cas.

1. Recopier et compléter le tableau.

	Tartine tombe côté beurre	Tartine tombe côté non beurre
Nombre de cas	?	?
Fréquence (%)	?	?

2. La loi de Murphy est-elle vérifiée ?

Voir le corrigé, p. 147

EXERCICES D'APPLICATION

3 : Évaluer une probabilité

On a lancé quatre fois de suite une pièce de monnaie non truquée, et chaque fois le résultat a été face. On s'apprête à lancer la même pièce une cinquième fois.

Recopier l'affirmation correcte parmi les suivantes.

a. On a autant de chance d'obtenir pile que face.
b. On a plus de chance d'obtenir pile.
c. On a plus de chance d'obtenir face.
d. On ne peut pas obtenir à nouveau face.

4 : Expérimenter un cas de non symétrie

On lance une punaise de bureau et on note la position dans laquelle elle est tombée.
Deux positions possibles :

Pointe en bas

Pointe en haut

On s'intéresse au cas où la punaise tombe la pointe vers le bas (position 2).

1. Faire 10 lancers et noter le nombre de fois où la punaise tombe dans la position 2.
Calculer la fréquence d'apparition de la position 2

Une expérimentation à plus grande échelle donne les résultats suivants : sur 5 000 lancers, 4 152 fois la punaise tombe dans la position 2.

2. Calculer la fréquence d'apparition de la position 2.
3. Comparer les deux fréquences précédentes.
4. En déduire la probabilité d'obtenir la punaise pointe vers le haut.

VERS L'EXAMEN

5 : Scrabble

Le tableau suivant donne le nombre de jetons pour chaque lettre.

Lettres	Nombre de jetons
A	9
B ; C ; F ; G ; H ; P ; V ; Joker	2
D;M	3
E	15
I	8
J ; K ; Q ; W ; X ; Y ; Z	1
L	5
N ; O ; R ; S ; T ; U	6
Total	102

Un joker est un jeton vierge, on peut lui attribuer n'importe quelle lettre comme valeur. On tire au hasard un jeton dans le sac contenant tous les jetons.

Calculer la probabilité de tirer :

1. une voyelle,
2. une consonne,
3. un joker,
4. la lettre R.

6 : Écran LCD et pixel défectueux

Un écran 21" a pour définition 1600 × 1200.
La définition est le nombre de points (pixels) que l'écran peut afficher (1 600 points en longueur et 1 200 points en largeur).

1. Calculer le nombre de pixels présents sur la totalité de l'écran.
2. Calculer la probabilité d'avoir un pixel défectueux.

La garantie du constructeur ne fonctionne pas si 0,01 % des pixels ou moins sont défectueux.

3. Calculer le nombre de pixels correspond à 0,01 %.
Commenter le résultat obtenu.

7 : Exploiter un tableau des fréquences

Répartition des groupes sanguins et rhésus dans la population française

Rhésus	Groupe sanguin				Total
	O	**A**	**B**	**AB**	
Rh+	37 %	39 %	7 %	2 %	85 %
Rh–	6 %	6 %	2 %	1 %	15 %
Total	43 %	45 %	9 %	3 %	100 %

1. Donner la probabilité qu'une personne prise au hasard soit :
a. A
b. O+
c. AB-
2. Quel est le groupe sanguin le plus répandu ?
3. Quel est le rhésus le plus courant ?

À vos souris !

Simulation d'un lancer de deux pièces

1. Détermination de la probabilité d'obtenir deux fois FACE

Exemple de simulation obtenue :

	A	B	C	D	E	F
1	Pièce 1	Pièce 2	2 côtés FACE	compteur	nombre de lancers	fréquence
2	PILE	PILE	NON	0	1	0
3	FACE	FACE	OK	1	2	0,5
4	FACE	PILE	NON	1	3	0,33
5	FACE	FACE	OK	2	4	0,5
6	FACE	FACE	OK	3	5	0,6
7	PILE	PILE	NON	3	6	0,5
8	FACE	FACE	OK	4	7	0,57
9	PILE	FACE	NON	4	8	0,5
10	PILE	FACE	NON	4	9	0,44
11	FACE	FACE	OK	5	10	0,5

Reproduire la capture d'écran :
- Recopier la première ligne.

Les colonnes A et B simulent le lancer des deux pièces.
- En A2 et B2, entrer la formule : =SI(ALEA.ENTRE.BORNES(0;1)=0;»PILE»;»FACE»).
- Copier la formule dans les autres cellules des colonnes A et B.

La colonne C indique si le résultat obtenu est « 2 côtés FACE ».
- En C2, entrer la formule : =SI(ET(A2=B2;A2=»FACE»);»OK»;»NON»).
- Copier la formule dans les autres cellules de la colonne C.

La colonne D est un compteur, il compte le nombre de fois où l'évènement « 2 côtés FACE » se produit.
- En D2, entrer la formule : =NB.SI(C$2:C2;»OUI»).
- Copier la formule dans les autres cellules de la colonne D.

La colonne E indique le nombre de lancers.
- En E2, entrer la valeur 1.
- En E3, entrer la formule :=E2+1.
- Copier la formule dans les autres cellules de la colonne E.

La colonne F calcule la fréquence d'apparition d'un doublet obtenu au lancer de dés.
- En F2, entrer la formule : =D2/E2.
- Copier la formule dans les autres cellules de la colonne F.

2. Exploitation

- Multiplier le nombre de lancers jusqu'à ce que la fréquence se stabilise.
- Indiquer le nombre de lancers effectués et la valeur de la fréquence obtenue.

3. Conclusion

- Recopier et compléter :

– La probabilité d'obtenir « 2 FACE » est de : …
– J'ai une chance sur … d'obtenir « 2 FACE ».

Contrôle en cours de formation

Le pain blanc

Tableau de notation

Capacités \ Questions	1	2	3	4	5	6	7	8
Identifier le caractère étudié et sa nature	1 pt							
Lire les données d'une série statistique		1 pt						
Représenter un diagramme en bâtons					2 pts			
Calculer la moyenne						2 pts		
Traiter un problème de proportionnalité			1 pt	1 pt				
Extraire et traduire une information							1 pt	
Exploitation								1 pt

A. Diagramme en secteurs circulaires

Le diagramme en secteurs circulaires donne la composition de la pâte à pain.

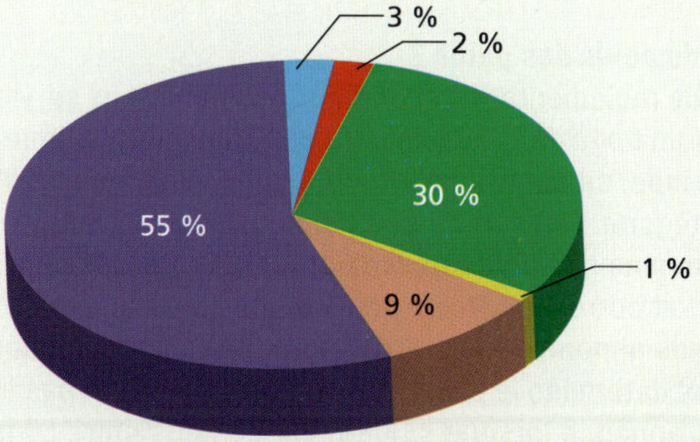

1. Définir le caractère étudie et donner sa nature (qualitatif ou quantitatif).

2. À l'aide du diagramme, compléter la ligne « pour 100 g de pain ».

	Glucides	Protides	Lipides	Eau	SMV	FA
Pour 100 g de pain	55 g			30 g		
Pour 250 g de pain				75 g		

× ....

La ligne « pour 250 g de pain » se remplit à l'aide du coefficient de proportionnalité.

3. Trouver la valeur du coefficient de proportionnalité.

4. Compléter la 3e ligne.

B. Diagramme en bâtons

Une autre façon de représenter la composition du pain est le diagramme en bâtons.

5. Construire sur le repère suivant le diagramme en bâtons.

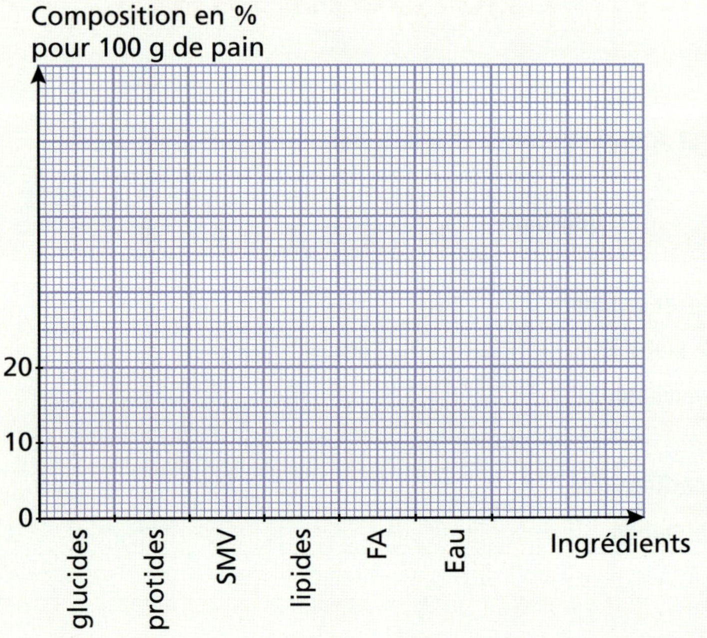

C. Contrôle du poids du pain

REMARQUE Pour être rigoureux, on devrait parler de masse et non de poids.

Comment s'effectue le contrôle du poids des pains ?
Dans ce domaine, il n'existe pas de réglementation spécifique aux pains. Les services de contrôles s'appuient donc sur un texte de 1978 relatif au contrôle métrologique de certains pré-emballages. En principe, ce contrôle s'effectue sur un échantillon d'au moins dix pains d'une même catégorie. Chacun de ces pains est pesé et son poids est noté. Il faut ensuite faire la somme des poids relevés et la diviser par le nombre de pains pesés. Cette moyenne doit correspondre au poids annoncé ou affiché. Si le poids moyen est inférieur au poids annoncé, le contrôle porte alors sur l'ensemble des pains de la même catégorie et détermine le poids moyen. Celui-ci ne doit pas être inférieur de plus de 4 g au poids annoncé lorsque celui-ci est compris entre 50 g et 1 kg. Faute de quoi, le délit de tromperie sur la quantité des choses livrées au sens de l'article L. 213-1 du Code de la Consommation serait constitué et pourrait donner lieu à un procès verbal.

Jean-Louis Mack, « À propos du poids des pains »,
www.boulangerie.org, 15 novembre 2008.

Pour une baguette dont le poids affiché est de 250 g, on a relevé le poids de 12 baguettes :
245 – 251 – 240 – 235 – 260 – 255 – 244 – 250 – 245 – 255 – 257 – 251.

6. Calculer le poids moyen.

D'après le texte pour un pain de 250 g, son poids moyen :
– ne doit pas être inférieur à 246 g ;
– doit être supérieur à 246 g ;
– doit être inférieur à 246 g ;
– ne doit pas supérieur à 246 g.

7. Recopier les bonnes réponses.

8. En déduire si notre boulanger a commis un délit. Justifier la réponse.

Évaluation diagnostique

Pour bien commencer...

Grille du socle commun

Connaissances	Capacités associées	Critères de réussite
Nombre et calcul : les 4 opérations	– Choisir l'opération qui convient au traitement de la situation étudiée	– Présentation du calcul – Phrase correctement rédigée
Grandeurs et mesure	– Calculer un volume – Effectuer des conversions d'unité	– Cohérence des résultats
Raisonner, argumenter, pratiquer une démarche expérimentale ou technologique	– Proposer un outil adapté	– Choix de la méthode utilisée
Géométrie	– Interpréter une représentation plane d'un objet de l'espace – Connaître et représenter des figures géométriques	– Précision des réponses – Soin des figures

Nombres et calculs

Pour construire une étagère complète, un menuisier a besoin du matériel suivant :

– 4 planches longues ;
– 6 planches courtes ;
– 12 petites équerres ;
– 2 grandes équerres ;
– 14 vis.

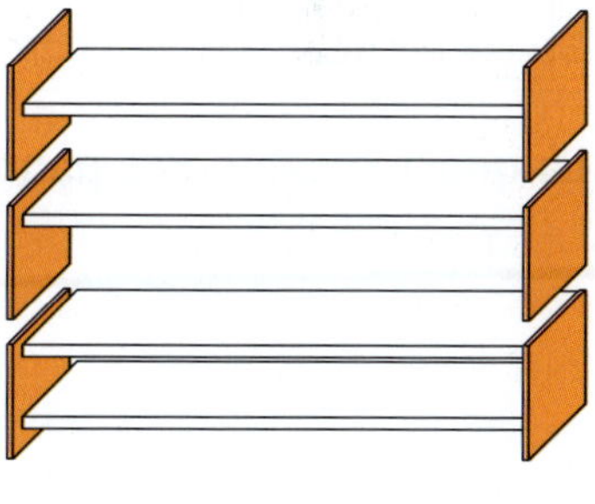

Le menuisier dispose d'un stock de 26 planches longues, 33 planches courtes, 200 petites équerres, 20 grandes équerres et 510 vis.

• Combien d'étagères complètes le menuisier peut-il construire ?

Grandeurs et mesure

On a empilé et collé 14 cubes de 2 cm d'arête de façon à obtenir le solide représenté ci-contre.

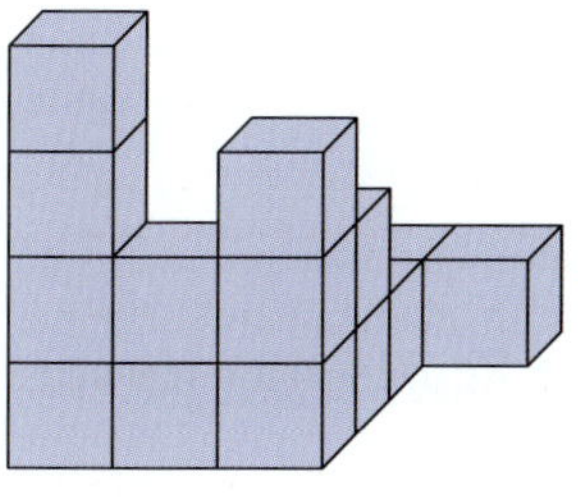

1. Le volume d'un cube d'arête c se calcule avec la formule $V = c^3$.

2. Recopier la bonne réponse :
Un cube d'arête 2 cm a pour volume : *6 cm³ / 8 cm³ / 8 cm.*

3. En déduire le volume total du solide entier. Le convertir en dm^3.

Raisonner, argumenter, pratiquer une démarche expérimentale ou technologique

Le pavage ci-contre a été réalisé à l'aide d'un logiciel de géométrie dynamique.

- Donner les caractéristiques du motif minimal afin d'obtenir ce pavage.

Géométrie

> Cylindre

On enroule de deux façons différentes un rectangle de papier, pour former un cylindre.
Le cylindre de hauteur 1 a pour volume V_1 et le cylindre de hauteur 2 a pour volume V_2.

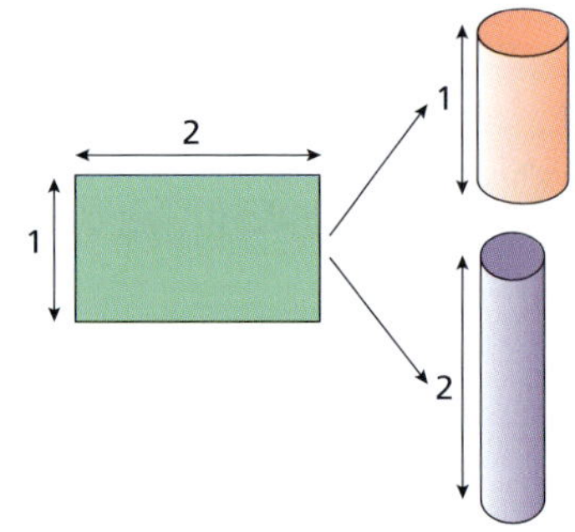

- Recopier l'égalité vraie.

$V_1 = 2V_2$; $V_2 = 2V_1$; $V_1 = 8V_2$; $V_1 = V_2$; $V_2 = 8V_1$

> Signalisation routière verticale

La signalisation routière utilise des formes géométriques pour ces panneaux.

1. Indiquer dans le tableau le nom de ces formes géométriques.

Forme géométrique	Noms	Signification
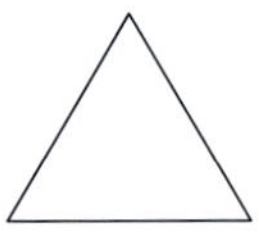	?	Danger
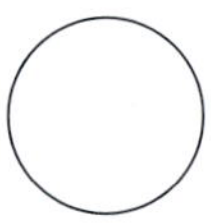	?	Prescription c'est-à-dire interdiction ou obligation
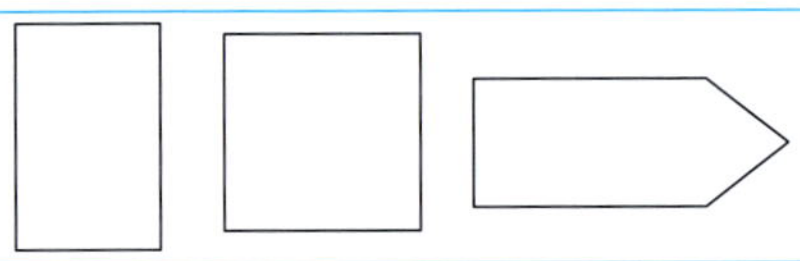	?	Indication

La quasi-totalité des panneaux utilisent ces formes, à quelques exceptions près :

2. Que penser de ces deux formes, sont-elles réellement différentes des précédentes ?

> Cubes

Soit l'empilement suivant :

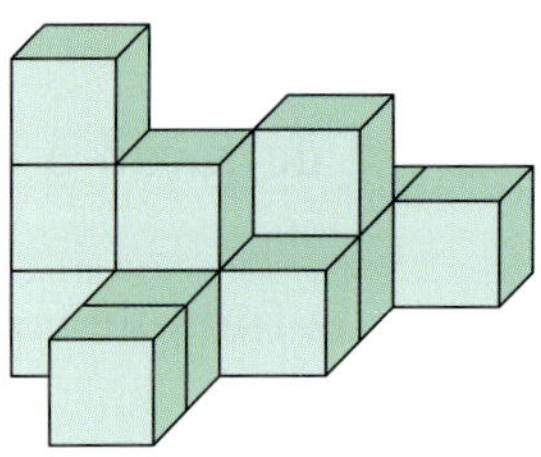

- Représenter les vues de face, du dessus et de droite.

CHAPITRE 8 Éléments de géométrie

Activité d'approche

Un artisan doit réaliser une enseigne lumineuse pour l'entreprise Cosmétique Active Production.

L'enseigne se compose d'une structure métallique (schéma 1) et de tubes lumineux en gras sur le schéma 2.

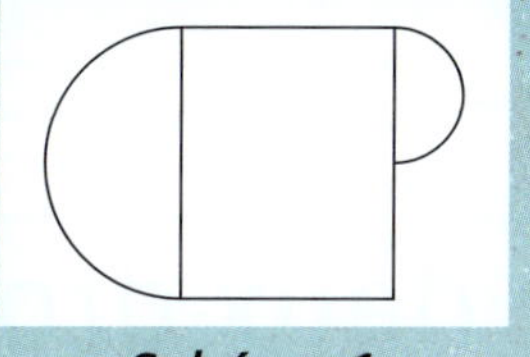

Schéma 1

Schéma 2

1. **Nommer les figures qui composent cette enseigne.**
2. **Quels outils de géométrie vous sont nécessaires pour reproduire le schéma 1 sur votre cahier ?**

L'entreprise souhaite que l'enseigne ait 1,3 m de hauteur et 0,8 m de largeur.

3. **Convertir ces mesures en centimètres.**
4. **Reproduire sur votre cahier le schéma 1 à l'échelle 1/10ᵉ et noter les points comme indiqués sur le schéma 3.**

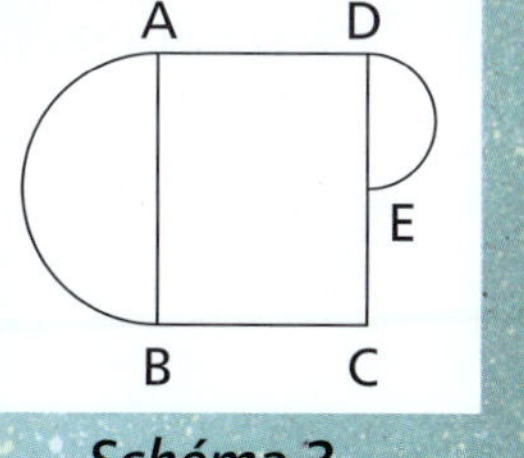

Schéma 3

5. **Quelles sont les mesures de [AB] et [AD] sur votre dessin ?**
6. **Le point E est le milieu de [DC]. Que peut-on dire des longueurs DE et EC ?**
7. **Et que peut-on dire de la position des points D et C par rapport au point E ?**

L'artisan souhaite calculer la longueur totale de l'armature métallique nécessaire à la construction de cette enseigne.

8. **Est-il possible de l'aider ? Possédons-nous tous les éléments pour répondre à cette question ?**

Je dois être capable :

- de construire un segment de même longueur qu'un segment donné ;
- de tracer une droite parallèle passant par un point donné ;
- de tracer une droite perpendiculaire passant par un point donné ;
- de déterminer la mesure d'un angle donné ;
- de tracer un angle de mesure donnée ;
- de construire une bissectrice, la médiatrice d'un segment ;
- de construire l'image d'une figure par symétrie ;
- d'identifier le parallélisme et la perpendicularité de deux droites ;
- d'identifier un axe et un centre de symétrie.

1 Notations

Représentation	Appellation	Notation
	Droite	(*d*) ou (AB)
	Demi-droite	[O*x*)
	Segment de droite	[AB]
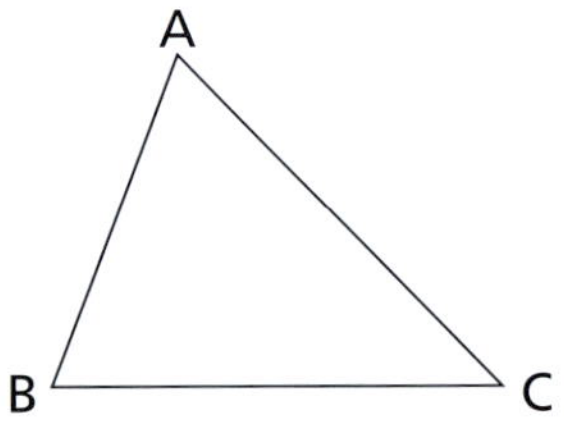	Longueur du segment [BC]	BC
	L'angle A	$\widehat{A}$ ou $\widehat{BAC}$

2 Positions relatives de deux droites

- Les droites (d_1) et (d_2) sont **parallèles.** On le note : **(d_1) // (d_2).**
- La droite (d_3) est **perpendiculaire** aux droites (d_1) et (d_2). On le note **$(d_3) \perp (d_1)$ et $(d_3) \perp (d_2)$.**
- Les droites (d_1) et (d_4) sont **sécantes** en I.
- Les droites (d_2) et (d_4) sont **sécantes** en J.

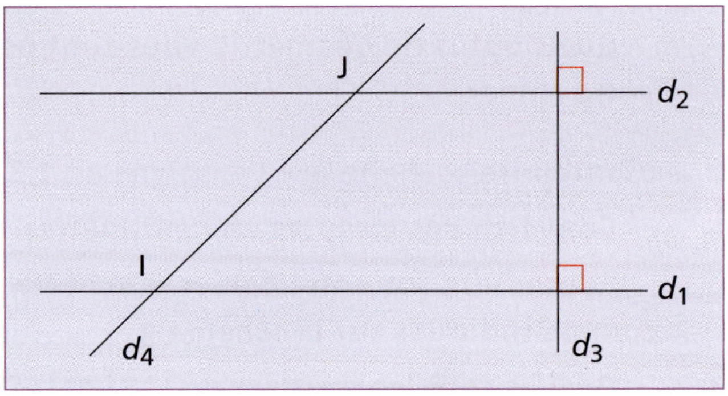

3 Mesure d'un angle

Un angle se mesure à l'aide d'un rapporteur et s'exprime en degré (°).

MÉTHODE Il faut faire attention au sens de graduation du rapporteur.

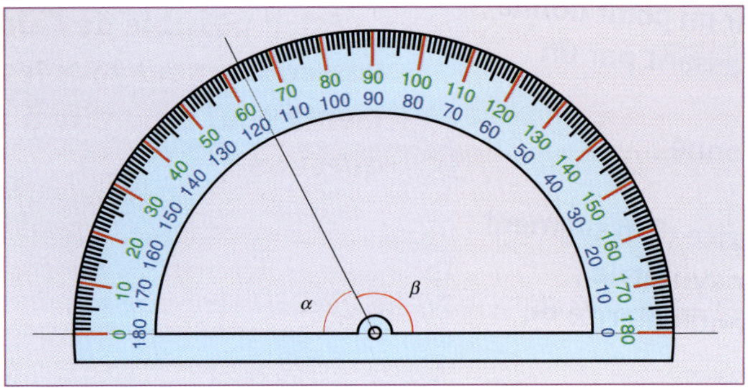

On lit α = 63° en tenant compte de la graduation verte et β = 117° avec la graduation bleue.

$\alpha + \beta = 63 + 117 = 180°$

Quand **la somme** des mesures de deux angles vaut **180°,** on dit qu'ils **supplémentaires.**

Quand **la somme** des mesures de deux angles vaut **90°,** on dit qu'ils sont **complémentaires.**

On distingue :

l'angle plat	l'angle droit	l'angle aigu	l'angle obtus
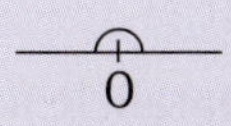	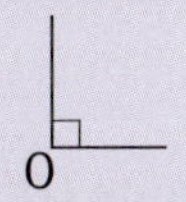	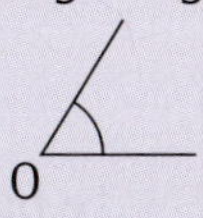	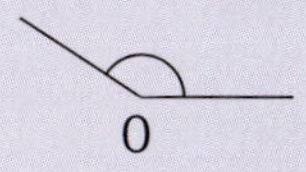
Sa mesure vaut 180°	Sa mesure vaut 90°	Sa mesure est inférieure à 90°	Sa mesure est supérieure à 90°

4 Mesure d'une longueur

Une longueur se mesure en mètre (m) et peut s'exprimer à l'aide des multiples et sous-multiples du mètre.
Pour effectuer les conversions, on peut utiliser un tableau de conversion ou un logiciel comme *Convertir*.

Exemple : on demande de convertir 6,9 cm en mètres.

Méthode avec *Convertir*

- Commencer par repérer le chiffre des unités (ici 8 dans 8,7).
- Regarder l'unité de départ (ici cm).
- Placer le chiffre des unités dans la colonne de l'unité de départ (ici 8 dans la colonne des cm).
- Placer les autres chiffres dans l'ordre en respectant un chiffre par colonne.
- Regarder l'unité dans laquelle vous voulez effectuer la conversion (ici en m) et compléter les colonnes vides avec 0.
- La virgule se place dans la colonne de l'unité finale. On obtient 8,7 cm = 0,087 m.

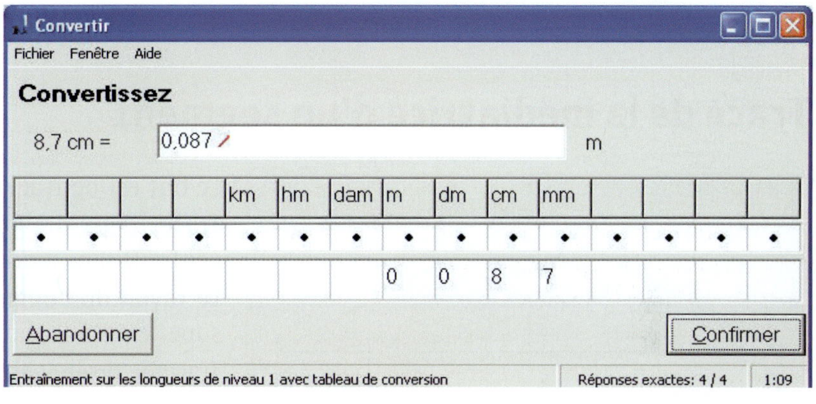

5 Constructions

Tracé de la perpendiculaire à une droite donnée passant par un point donné

Le but est de tracer une droite (D') passant par A perpendiculaire à la droite D).
Placer le petit côté de l'équerre le long de la droite (D).
Placer le grand côté de l'équerre de manière à avoir le point A qui touche ce côté.
Tracer la droite (D') et enlever l'équerre. On le note : $(D) \perp (D')$.

Matériel : une équerre

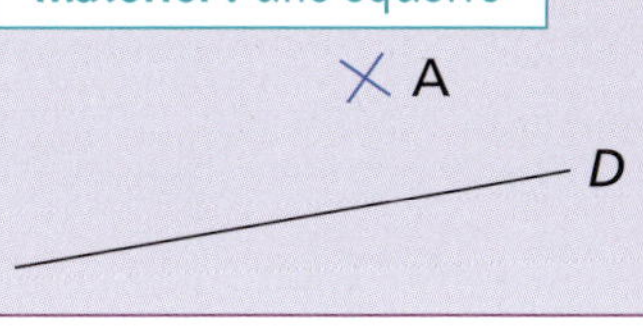

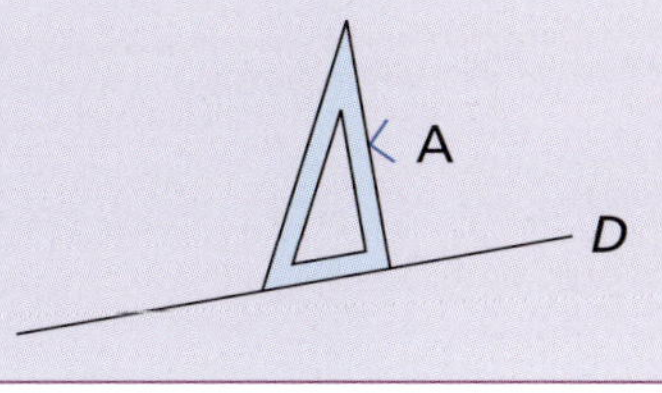

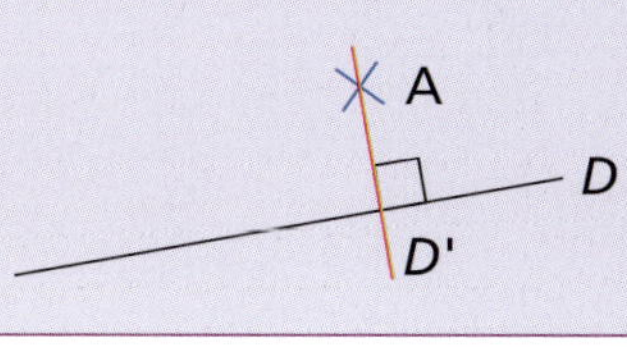

Tracé de la parallèle à une droite donnée passant par un point donné

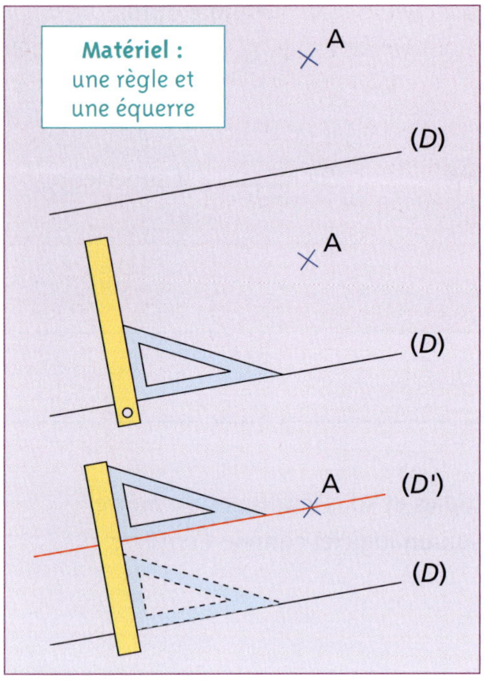

Le but est de tracer une droite (D') passant par A parallèle à la droite (D).

Placer le grand côté de l'équerre le long de la droite (D).
Placer la règle contre le petit côté de l'équerre.

Faire glisser l'équerre le long de la règle jusqu'en A (la règle ne doit pas bouger).
Tracer La droite (D') passant par A et parallèle à (D).
On le note : $(D) // (D')$.

Tracé de la médiatrice d'un segment

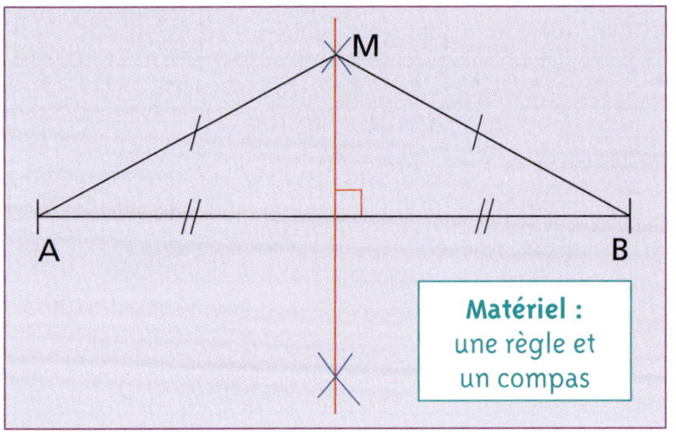

Le but est de tracer la médiatrice du segment [AB].
Tracer deux arcs de cercle de centre A, puis deux autres de centre B sans modifier l'ouverture du compas.
Le rayon du compas est quelconque mais sa mesure doit être supérieure à la moitié de celle de [AB].
Tracer la droite passant par les deux points d'intersection obtenus.
C'est la médiatrice du segment (AB].

Définition
La médiatrice d'un segment est la droite qui est perpendiculaire à ce segment en son milieu.

Propriété :
La médiatrice est axe de symétrie du segment.
Tout point de la médiatrice est à égale distance des extrémités de ce segment.
Si M est un point quelconque de la médiatrice, on a alors MA = MB

Tracé de la bissectrice d'un angle

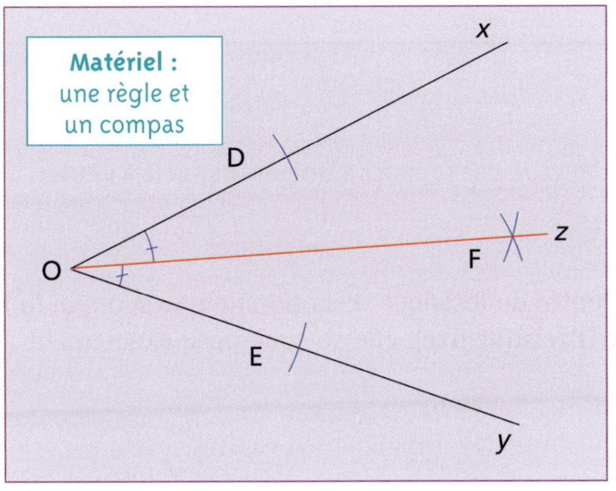

Le but est de tracer la bissectrice de l'angle $\widehat{xOy}$.
Prendre une ouverture de compas fixe pour toute la construction.
Tracer deux arcs de cercle de centre O.
Tracer deux arcs de cercle ayant pour centre les points D et E.
Les deux arcs se coupent en F.
Tracer la demi-droite [Oz) passant par O et F.
C'est la bissectrice de l'angle $\widehat{xOy}$.

Définition : la bissectrice de l'angle est la demi-droite qui partage cet angle en deux angles égaux.

Propriété : elle est axe de symétrie de l'angle.

Dans notre exemple, on a $\widehat{xOz} = \widehat{zOy}$.

6 Symétrie axiale

La symétrie axiale (ou symétrie orthogonale) est une symétrie qui s'effectue par rapport à une droite appelée **« axe de symétrie »**.

La figure ci-contre peut être pliée selon l'axe vertical (axe de symétrie en rouge) en deux parties parfaitement superposables.
Le point B est le symétrique du point A.
Le point E est le symétrique du point F.

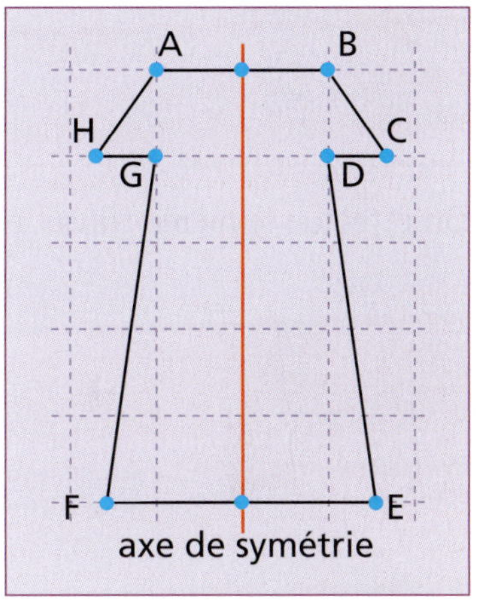

Construction d'une figure

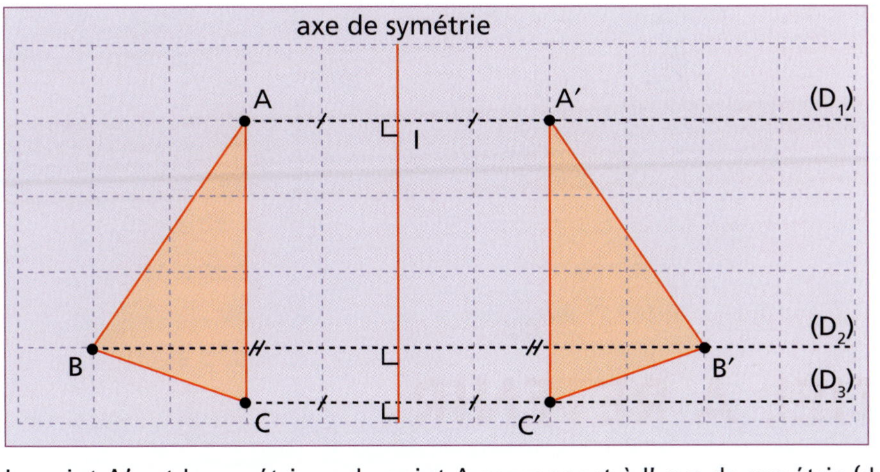

Le point A′ est le symétrique du point A par rapport à l' axe de symétrie (droite rouge).
Il est obtenu de la façon suivante.
- Tracer la perpendiculaire (D_1) à l'axe de symétrie passant par A.
- Mesurer à la règle ou au compas la distance AI.
- Reporter cette mesure à droite de l'axe de symétrie sur la demi-droite [AD), on a le point A tel que IA = IA′.

On effectue le même travail pour obtenir B′ et C′.

Le triangle A′B′C′ est le symétrique du triangle ABC par rapport à l'axe de symétrie. Les mesures des côtés sont conservées ainsi que les mesures des angles.

7 Symétrie centrale

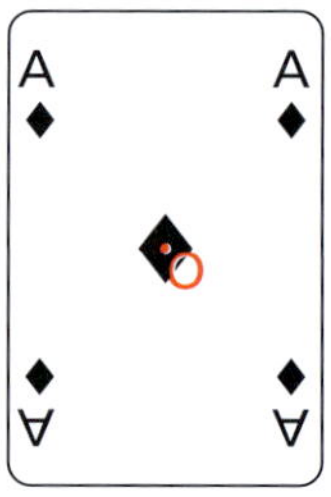

La symétrie centrale est une symétrie qui s'effectue par rapport à un point appelé **« centre de symétrie »**.

Cette figure a un centre de symétrie (le point O centre du losange) : cela signifie que si on lui fait faire un demi-tour autour de ce point (le point O restant fixe), elle se superpose exactement à elle-même.

Construction d'une figure

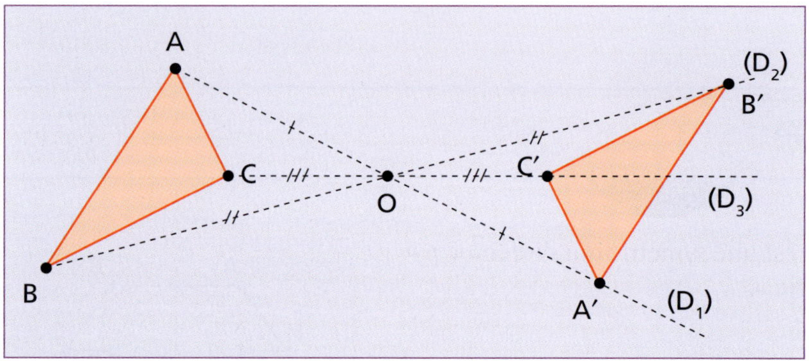

Le point A' est le symétrique du point A par rapport au point O (centre de symétrie).

Il est obtenu de la façon suivante.

– Tracer une demi-droite $[AD_1)$ passant par A et O.

– Mesurer à la règle ou au compas la distance AO et la reporter de l'autre côté du point O sur la demi-droite $[AD_1)$. On a le point A' tel que OA = OA'.

On effectue le même travail pour les deux autres points.

L'ESSENTIEL À RETENIR

- **Deux points M et N sont symétriques par rapport à un point I lorsque I est le milieu de [MN].**
- **Deux points M et N sont symétriques par rapport à une droite (D) lorsque (D) est la médiatrice de [MN].**
- **La médiatrice d'un segment partage perpendiculairement ce segment en son milieu.**
- **La bissectrice d'un angle partage cet angle en deux angles égaux.**

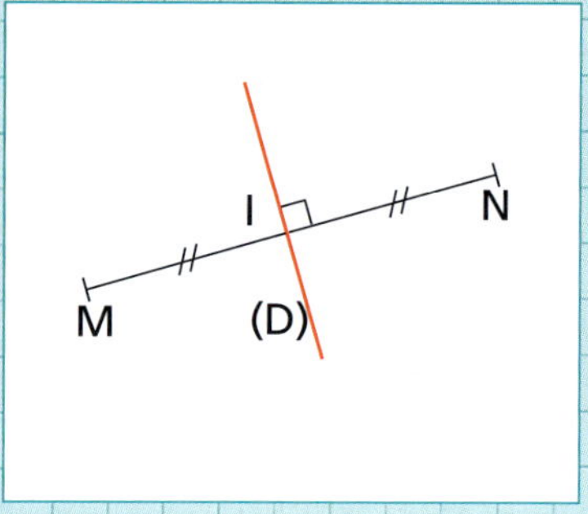

Je m'entraîne

QCM

	a	b	c
1. La mesure de l'angle est : 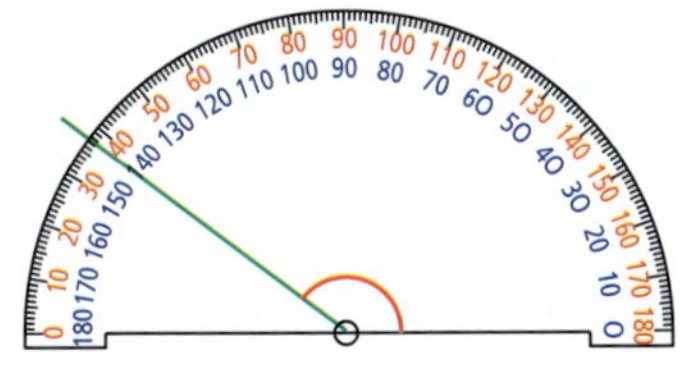	a. 37°	b. 143°	c. 43°
2. Les droites (D1) et (D2) sont : 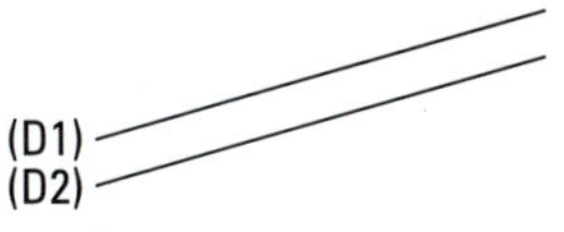	a. parallèles	b. sécantes	c. perpendiculaires
3. 3, 56 cm vaut en mm :	a. 35,6 mm	b. 0,356 mm	c. 356 mm
4. 41,2 mm vaut en m :	a. 0,412 m	b. 0,0412 m	c. 4,12 m
5. La droite (D) est la médiatrice de [AB] dans le cas :	a. 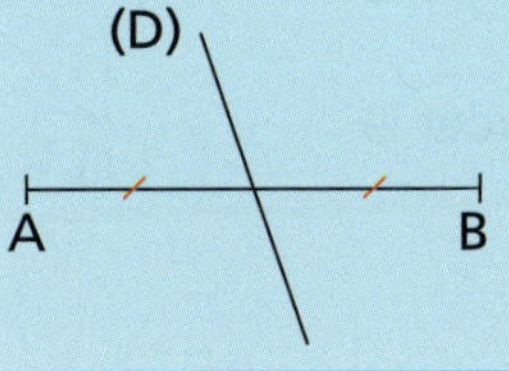	b. 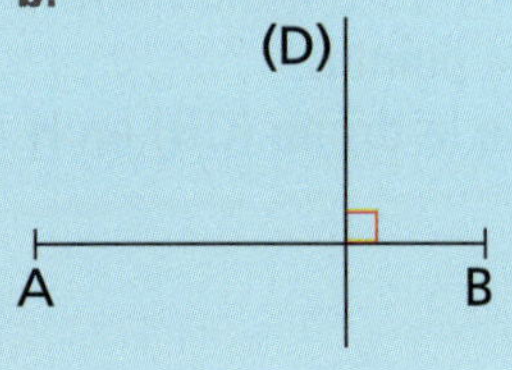	c. 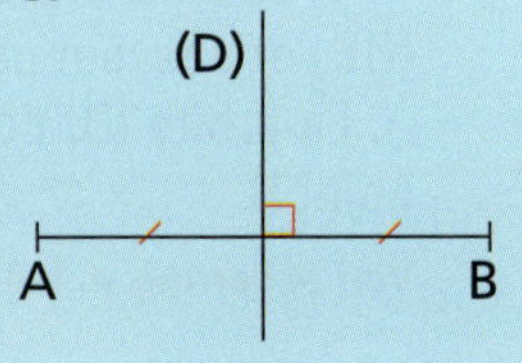

EXERCICES CORRIGÉS

1 : Construire une spirale

Lors de la confection d'une robe de mariée, une couturière doit réaliser des fleurs en soie. La fleur est réalisée à l'aide d'un fil de fronce positionné en spirale. Pour construire le gabarit de la spirale on utilise un triangle ABC tel que AB = BC = AC = 14 mm.

1. Construire le triangle ABC en vous servant de la règle et du compas comme le montre la figure1.

2. Tracer les demi-droites [A*z*), [B*x*) et [C*y*).

3. Placer le point O, centre du triangle ABC. Le centre du triangle est le point de concours des médiatrices.

4. Construire le cercle $\mathscr{C}$ de centre O et de rayon 5,5 cm.

5. Tracer l'arc de cercle $\overset{\frown}{CD}$ de centre A, de rayon AC tel que le point D appartient à la demi-droite [A*x*).

– Tracer l'arc de cercle $\overset{\frown}{DE}$ de centre B, de rayon BD tel que le point E appartient à la demi-droite [B*y*).

– Tracer l'arc de cercle $\overset{\frown}{EF}$ de centre C, de rayon CE tel que le point F appartient à la demi-droite [C*z*).

– Tracer l'arc de cercle $\overset{\frown}{FI}$ de centre A, de rayon AF tel que le point I appartient au cercle $\mathscr{C}$.

6. Tracer en couleur la spirale CDFEI sur laquelle sera positionné le fil de fronce.

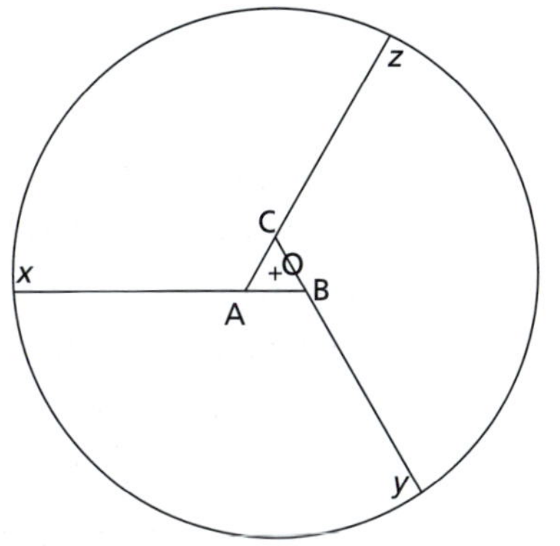

Figure 1 (*pas à l'échelle*)

Voir le corrigé, p. 147

2 : Construire un triangle

Un chariot élévateur peut prendre trois positions différentes. Elles sont représentées sur la figure 2.

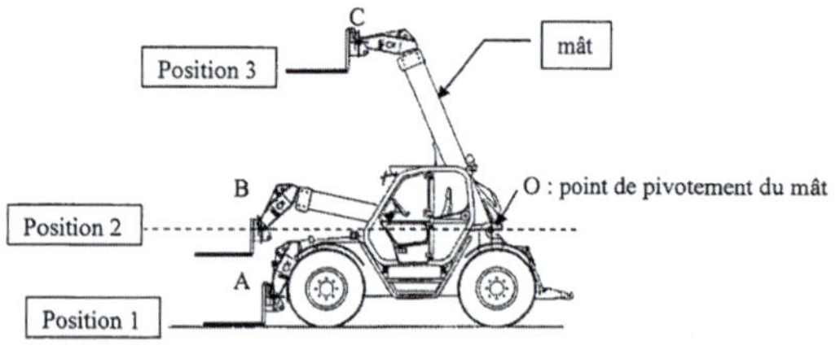

On va représenter sur un dessin les trois positions. On a : OB = 3,8 cm. Les points O et B sont alignés à l'horizontale.

1. Tracer le segment [OB].
2. Tracer le cercle $\mathcal{C}$ de centre O et de rayon OB.
3. Placer sur ce cercle le point C tel que BC = 3,5 cm.
4. Construire le triangle OBC.
5. Placer sur le cercle $\mathcal{C}$ le point A tel que AB = 1,2 cm.

En option :

6. Tracer la droite (D) perpendiculaire à la droite (OB) et passant par le point C.
7. La droite (D) coupe la droite (OB) en H. Placer le point H.

Voir le corrigé, p. 148

EXERCICES D'APPLICATION

3 : Utiliser une règle pour mesurer un segment

• Mesurer, en mm, les segments ci-dessous.

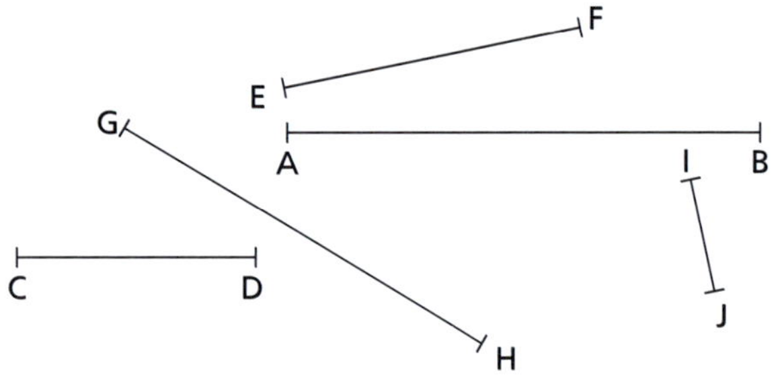

4 : Identifier un centre de symétrie

• Les figures ci-dessous possèdent-elles un centre de symétrie ?

5 : Utiliser un rapporteur

• Donner la mesure (en degré) pour chacun de ces trois angles.

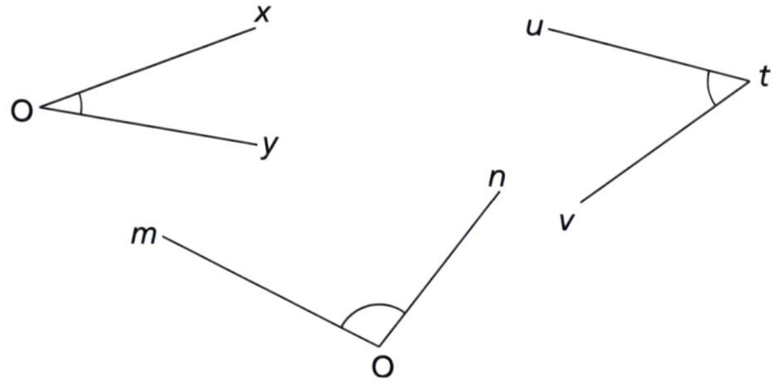

6 : Reconnaître des droites perpendiculaires et parallèles

• Parmi les droites représentées ci-dessous, nommer les droites perpendiculaires et les droites parallèles.

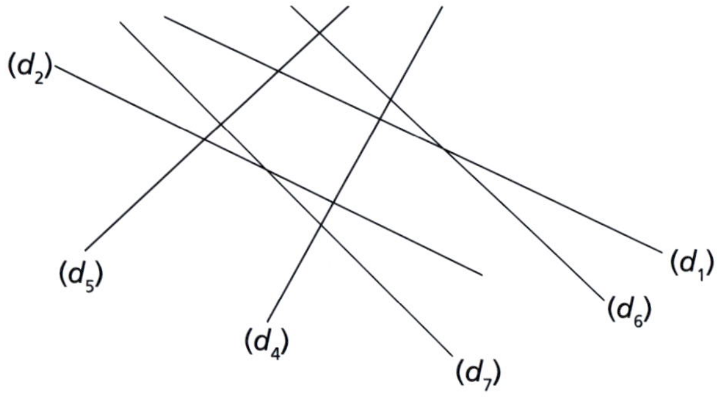

7 : Construire la bissectrice d'un angle

1. À l'aide du rapporteur, construire un angle $\widehat{xOy}$ de 70°.
2. Avec votre compas, tracer sa bissectrice [Oz). Laisser apparents les traits de construction.
3. Calculer la mesure des angles $\widehat{xOz}$ et $\widehat{yOz}$. Vérifier vos résultats sur votre dessin.

8 : Construire la médiatrice

Soit un segment [AB], tel que AB = 6,5 cm.

1. Le tracer puis à l'aide de votre compas, tracer sa médiatrice. Laisser apparents les traits de construction.

Cette médiatrice coupe [AB] en I.

2. Que peut-on dire des mesures de [IA] et [IB] ?

9 : Construire le symétrique d'une figure

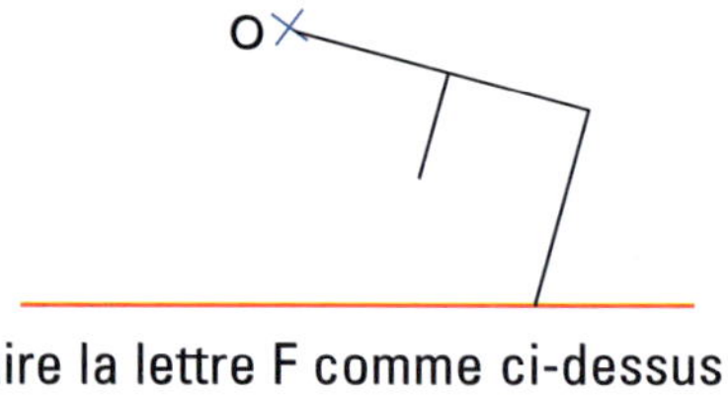

1. Construire la lettre F comme ci-dessus et un axe vertical touchant l'extrémité de F.

2. Construire en bleu le symétrique de la lettre F par rapport à cet axe rouge.
3. Construire également en vert le symétrique de F par rapport au centre de symétrie O.

10 : Convertir

1. Convertir en mètres les mesures suivantes : 12 mm ; 34 cm ; 345 mm ; 3,56 km ; 1,4 cm ; 13 dm.
2. Convertir en mm les mesures suivantes : 34 cm ; 5,75 m ; 7,8 cm ; 24,5 dm ; 0,35 m.

11 : Construire un triangle

1. Construire un triangle ABC ayant comme mesures : AB = 6 cm ; BC = 7 cm ; $\widehat{ABC} = 50°$.
2. À l'aide de la règle, mesurer, en mm, AC.
3. À l'aide du rapporteur, mesurer, en degrés, $\widehat{A}$ et $\widehat{C}$.

VERS L'EXAMEN

12 : Tracer une bissectrice, des droites parallèles

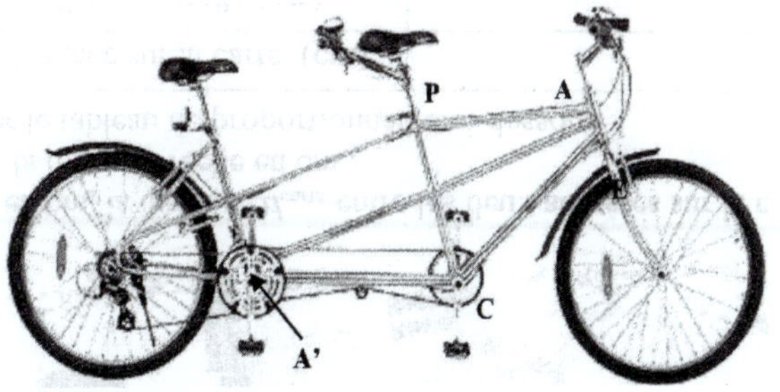

Le cadre de ce tandem peut être schématisé par un triangle APC isocèle en A.
On a AP = AC = 6,5 cm et $\widehat{PAC} = 35°$.

1. Construire le triangle APC.
2. Sur ce triangle, construire à la règle et au compas, la bissectrice de l'angle $\widehat{PAC}$ qui coupe [PC] en H. (Cette bissectrice est aussi médiatrice de [PC]). *Laisser apparents les traits de construction.*
3. Tracer le point A', symétrique du point A par rapport à H. *Laisser apparents les traits de construction.*
4. Tracer la parallèle à [PC] passant par A', puis la parallèle à [AA'] passant par P. Ces deux droites se coupent en D. Laisser apparents les traits de construction.
5. Calculer, en degrés, la mesure de l'angle $\widehat{PAH}$.

13 : Construire une médiatrice et des bissectrices

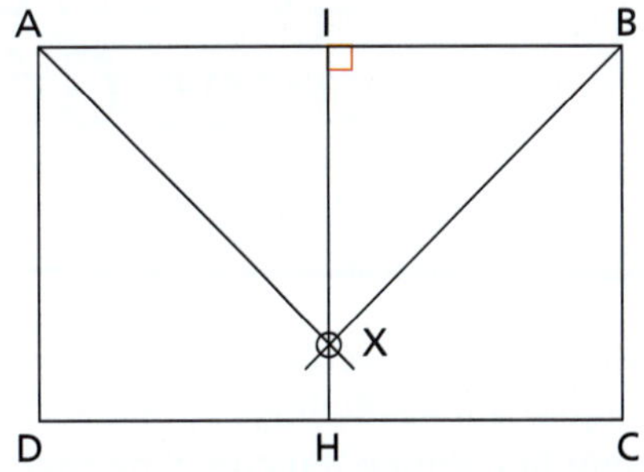

On désire installer un élevage de poules dans un bâtiment, dont la surface au sol et un rectangle ABCD de dimensions 8 m et 5 m.

Le système de chauffage est assuré par un convecteur infarouge suspendu au plafond. On appelle X le point au sol situé à la verticale du convecteur.

On veut que ce point X soit disposé à égale distance de trois des quatre murs selon le schéma ci-dessus.

1. Construire le rectangle ABCD avec les mesures données dans le texte.
2. Construire la médiatrice [IH] du segment [AB]. Laisser apparents les traits de construction.
3. Construire les bissectrices des angles $\widehat{A}$ et $\widehat{B}$ du rectangle. Laisser apparents les traits de construction.
4. Placer le point X.

14 : Tracer le plan d'une cuisine

La réalisation d'une cuisine se fait sous un toit. L'artisan veut réaliser un plan à partir des mesures faites sur le terrain.

Construire le plan à la règle et au compas en suivant le protocole ci-dessous.

1. Tracer un segment [GD] horizontal de 7 cm.
2. Tracer un triangle ADG rectangle en D avec AD = 10 cm et GD = 7 cm.
3. Tracer le segment [GJ] passant par D et tel que [DJ] ait pour mesure 4,5 cm et [GJ] ait pour mesure 11,5 cm.
4. Tracer le segment [AJ].
5. Placer le point C appartenant au segment [AD], tel que CD = 2,4 cm.
6. Placer le point B au milieu du segment [AD].
7. Tracer la droite parallèle à [GJ] passant par B et coupant respectivement les droites (AG) et (AJ) en E et H.
8. Tracer la droite parallèle à [GJ] passant par C et coupant respectivement les droites (AG) et (AJ) en F et I.

À vos souris !

Construction du logo de Renault avec Géogégra

1. Ouvrir une feuille de graphique de Géogébra.
2. Cliquer sur « **Affichage** », enlever « **axes** » er mettre «**grilles** ».

Fermer la colonne gauche. Il ne reste que la grille sur l'écran.

3. Dans la barre de saisie, taper **O=(0 ;0) ENTER**
4. Le point O se place sur la grille. Faire **clic droit** sur le point pour **afficher l'étiquette O**.
5. Faire de même pour créer les points **A (–2.3 ; 0)** et **B (–5.7 ;0)**. Nommer-les.
6. Cliquer sur l'icône **« Symétrie »**, prendre « **symétrie centrale** ». Placer les points **A′ et B′**, symétriques des points A et B par rapport à **O.**
7. Tracer **la droite (BB′)** en utilisant l'icône **« tracer une droite passant par 2 points ».**
8. À l'aide de la souris, cliquer sur l'icône **« placer un point »** et placer sur le graphique le point **C (0 ; –4.5)**.
9. Placer **le point C′** en utilisant **la symétrie centrale** par rapport au point **O**.
10. Placer les points **E (–1.9 ;-7.3) et D (1.9 :-7.3)**.
11. Par **symétrie axiale** par rapport à la droite **(BB′),** placer les points **E**′ et **D**′ symétriques des points E et D.
12. Il ne reste plus qu'à relier les segments [E′D′], [D′B′], [B′D], [DE], [EB], [BE′] pour obtenir l'extérieur du logo.
13. Puis les segments [C′A′], [A′C], [CA],[AC′] et [C′D′], [CE] pour le terminer.
14. Colorier l'intérieur en gris.

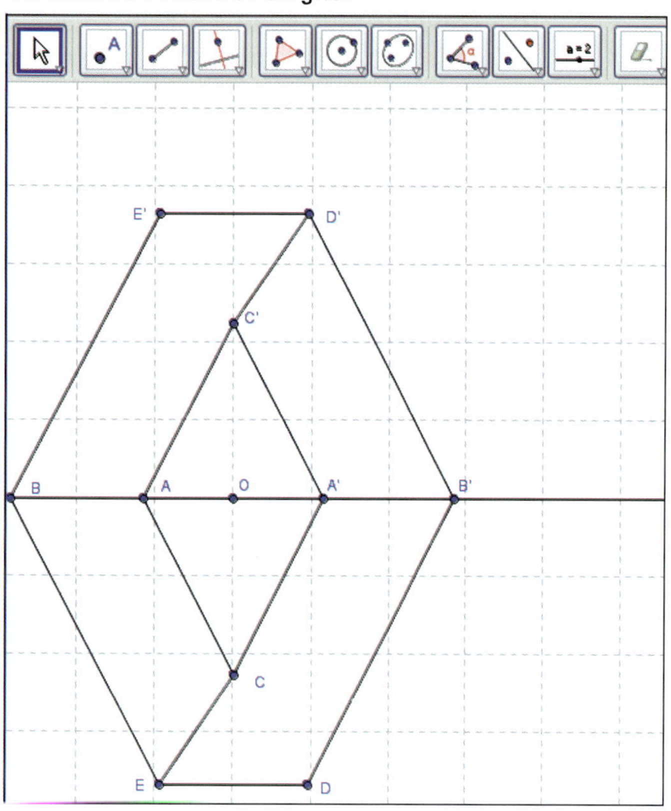

CHAPITRE 9

Figures planes
Périmètres et aires

Activité d'approche

Une entreprise de construction de chalets en bois massif est chargée d'une étude sur l'ouverture principale. Cette ouverture doit respecter les conditions suivantes :
– une baie vitrée à porte coulissante de format horizontal (la largeur est supérieure à la hauteur) ;
– les deux coins supérieurs de l'ouverture doivent se trouver en contact avec la lisse de chaînage.

Le pignon ACB et son ouverture DEFG sont représentés par la figure ci-contre.
La droite (CH) est un axe de symétrie de la figure.
Les cotes de cette figure sont exprimées en mètre.

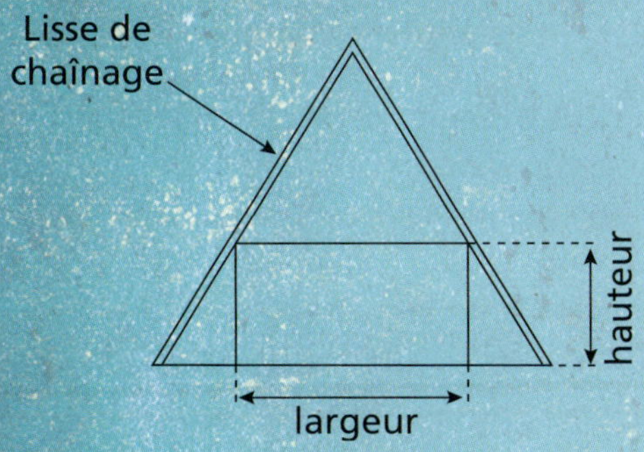

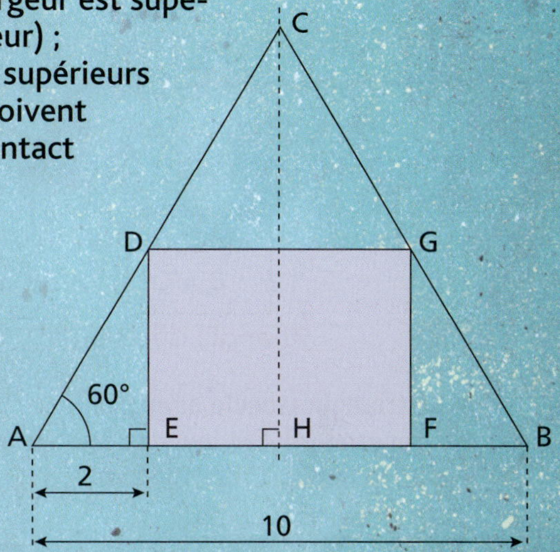

1. Quel nom porte la figure représentant l'ouverture EDFG ?

2. Quel nom porte le triangle ACB ?

3. Quel nom porte le triangle ADE ? En déduire la mesure de l'angle $\widehat{ADE}$.

4. Calculer la largeur EF de l'ouverture. En déduire DG.

On donne DE = 3,46 m à 0,01 m près. Le constructeur veut entourer l'ouverture d'une baguette en aluminium.

5. Calculer le périmètre de l'ouverture DEFG.

6. Le prix du mètre linéaire de la baguette est 35€/ m. Quel sera le coût d'achat de cette baguette ?

7. Calculer (en m²) l'aire de cette ouverture.

Je dois être capable :
- d'identifier une figure donnée comme un triangle isocèle ou équilatéral ou rectangle, un rectangle, un losange, un parallélogramme, un carré ;
- de tracer un triangle, un carré ou un rectangle, les mesures des côtés étant données ;
- de tracer un cercle de rayon et de centre donnés ;
- de calculer les périmètres et les aires des figures citées au-dessus.

1 Figures planes

Un polygone est une figure plane à plusieurs côtés.

a. Le triangle

Cet organigramme permet de visualiser l'évolution des propriétés géométriques du triangle.

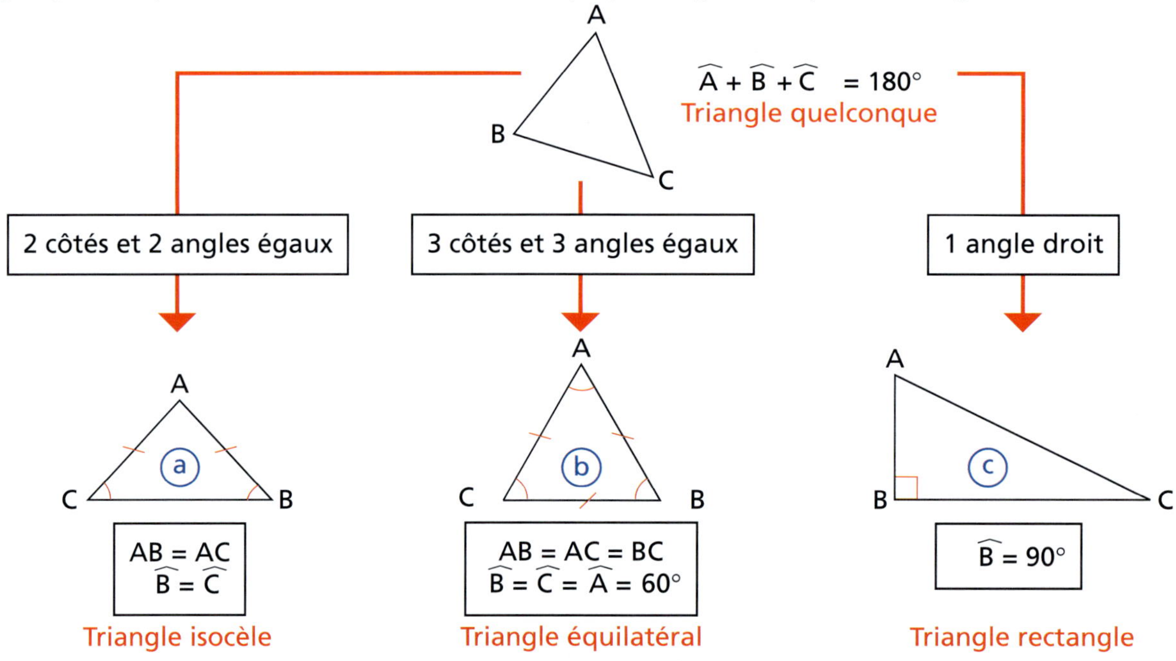

• **Le triangle isocèle** admet un axe de symétrie (d). Cet axe de symétrie est aussi la bissectrice de l'angle A et la médiatrice de [BC].

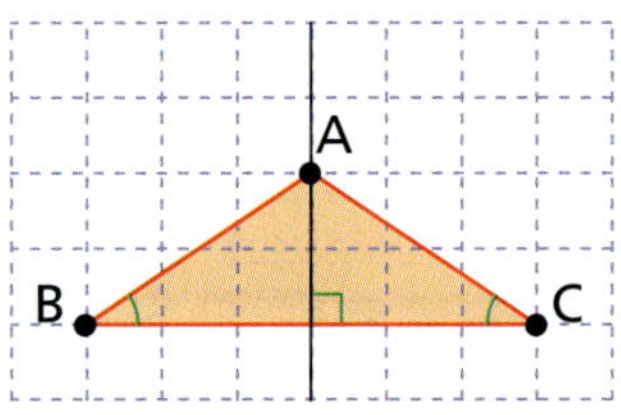

• **Le triangle équilatéral** admet trois axes de symétrie. Ces axes de symétries sont les bissectrices des angles et les médiatrices des trois côtés.

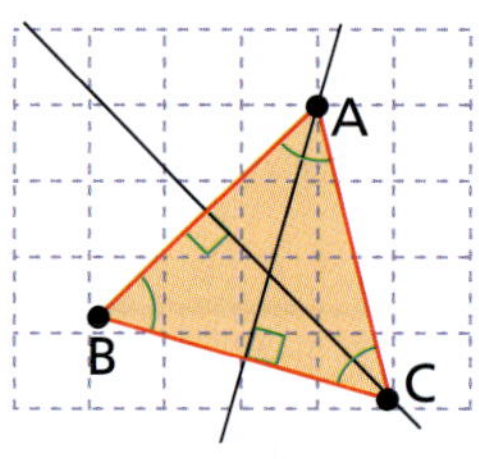

• **Un triangle rectangle** peut être inscrit dans un cercle.
Son hypoténuse est un diamètre de ce cercle.
On a OA = OB = OC.

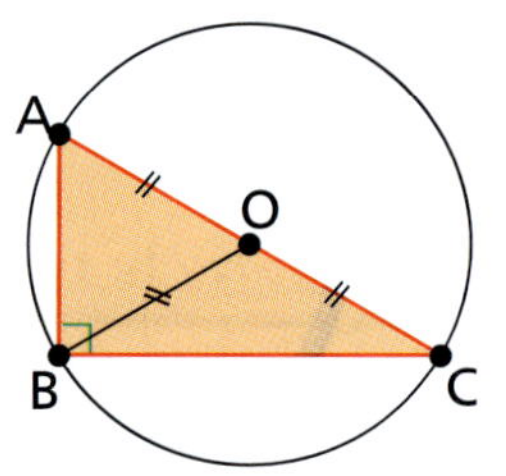

b. Le quadrilatère : un polygone a quatre côtés

• **Le parallélogramme** est un quadrilatère dont les côtés opposés sont parallèles et de même longueur.

Ses diagonales se coupent en leur milieu.

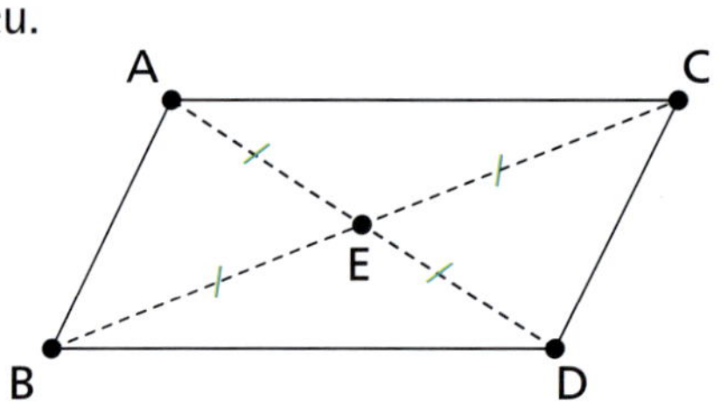

• **Le rectangle** est un quadrilatère ayant trois angles droits.

Ses diagonales se coupent en leur milieu et sont de même longueur.

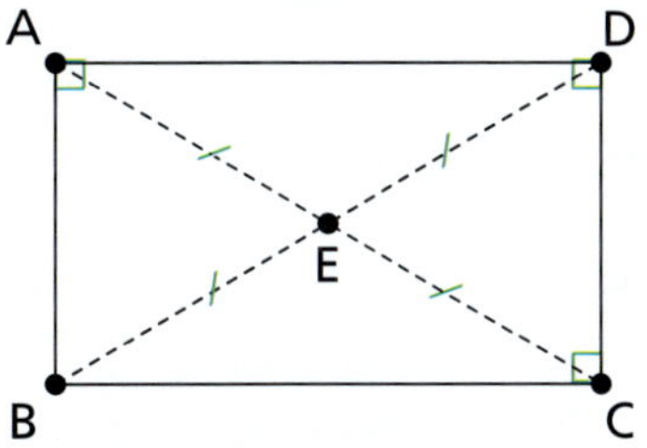

• **Le losange** est un quadrilatère dont les quatre côtés ont la même longueur.

Ses diagonales se coupent en leur milieu et sont perpendiculaires.

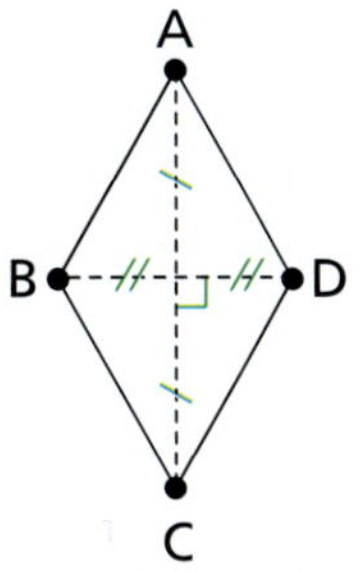

• **Le carré** est un parallélogramme dont les diagonales sont perpendiculaires et de même longueur.
Le carré est un rectangle dont deux côtés consécutifs ont la même longueur.
Le carré est un losange ayant un angle droit.

Ses diagonales se coupent en leur milieu, sont perpendiculaires et de même longueur.

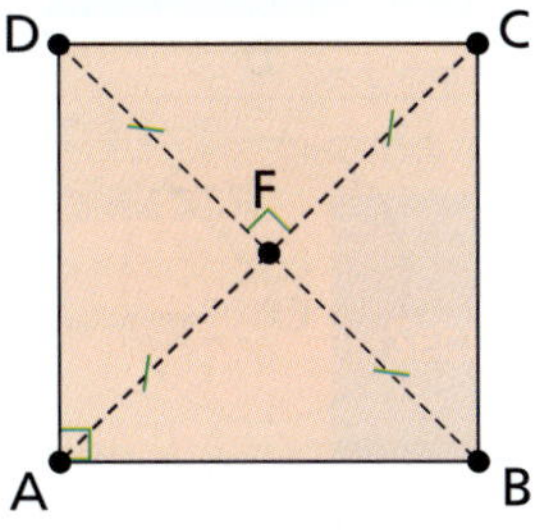

2 Périmètre

Le périmètre d'une figure plane représente le contour de cette figure.

Il se calcule en additionnant les mesures de chaque côté et s'exprime en mètre (m).
Exemples de calcul de périmètres :

Le rectangle

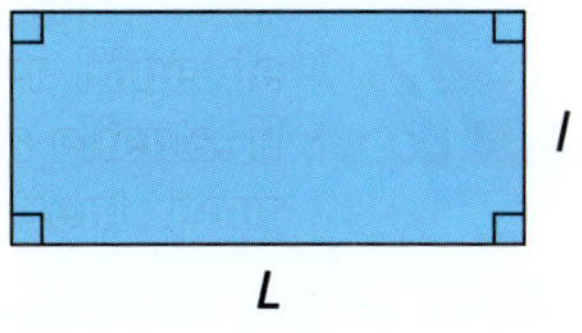

$P = 2L + 2\,l$

le carré

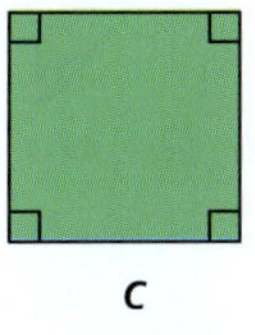

$P = 4 \times c$

le cercle de centre O et de rayon R

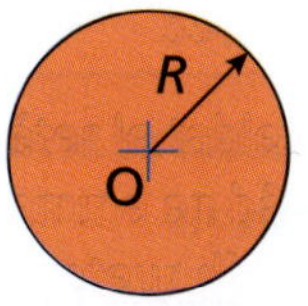

$P = 2\,\pi R$

3 Aire

L'aire représente la partie intérieure de la figure plane.

Elle s'exprime en mètre carré (m^2).

Rectangle	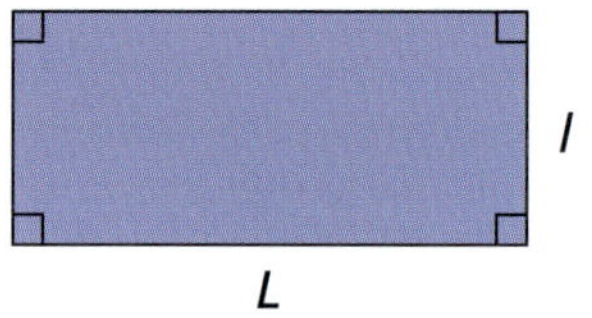	$A = L \times l$
Carré	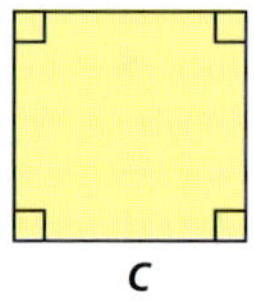	$A = c \times c$ $A = c^2$
Parallélogramme	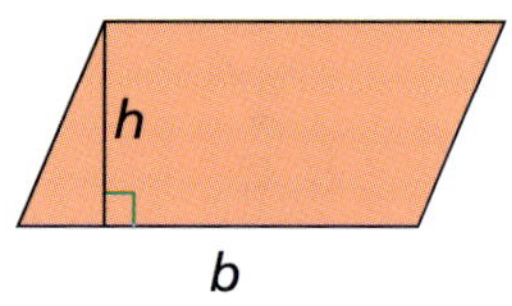	$A = b \times h$
Triangle	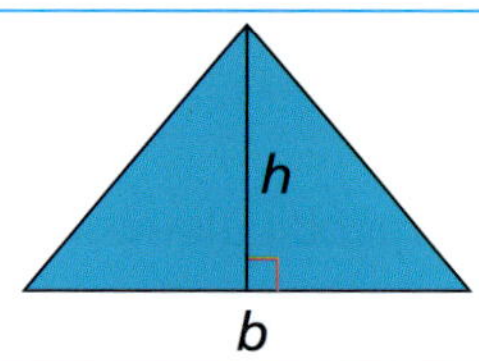	$A = \frac{1}{2}\, b \times h$
Disque	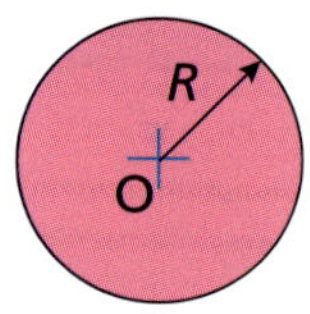	$A = \pi \times R^2$

L'ESSENTIEL À RETENIR

- **Je sais reconnaître un triangle isocèle, un triangle équilatéral ou un triangle rectangle.**
- **Je connais les propriétés, les formules de calcul des périmètres et des aires des figures planes.**
- **Je sais convertir les unités d'aires.**

Je m'entraîne

QCM

	a.	b.	c.
1. **Convertir 3,5 cm en m donne :**	a. 0,35 m	b. 0,035 m	c. 35 m
2. **Convertir 2 450 mm² en m² donne :**	a. 24,50 m²	b. 0,002 450 m²	c. 2,450 m²
3. **Le périmètre d'un rectangle de longueur 20 cm et de largeur 8 cm vaut :**	a. 56 cm	b. 5,6 dm	c. 28 cm
4. **L'aire d'un disque de centre O et de rayon R = 3 cm, arrondie à 0,01, est égale à :**	a. 28,27 cm²	b. 18,85 cm²	c. 9,42 cm²
5. **Un triangle isocèle possède :**	a. 2 angles égaux	b. 2 angles égaux à 45°	c. 2 côtés égaux

EXERCICE CORRIGÉ

1 : Calculer le coût de fabrication d'un polygone en verre

Un particulier décide d'installer un aquarium d'angle dans sa maison : cet aquarium est posé sur un meuble et recouvert d'un couvercle de protection.

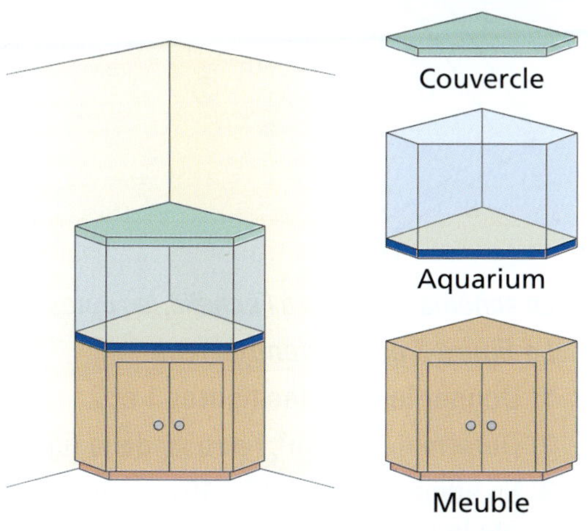

Pour terminer la réalisation de l'aquarium, il lui reste à achever le verre nécessaire pour fabriquer le fond. Le particulier présente au commerçant la figure ci-après dans laquelle le polygone ABCDE (en bleu sur la figure) représente le fond de l'aquarium. Le but de l'exercice est de déterminer le coût du fond de l'aquarium.

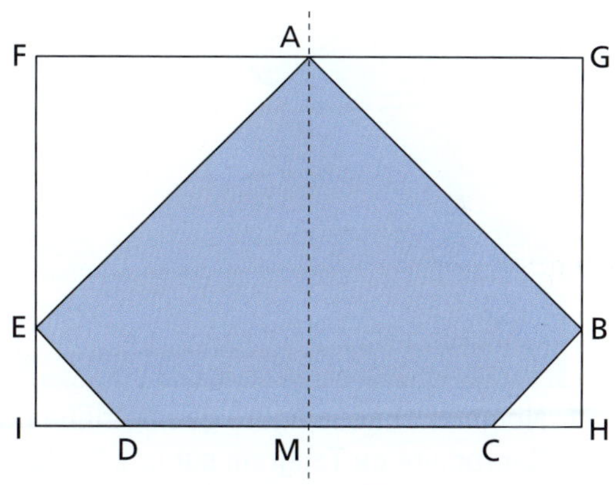

FGHI est un rectangle. Le point A est le milieu de [FG].
La droite (AM), perpendiculaire à la droite (FG), est l'axe de symétrie du polygone ABCDE.
On donne : EAB = 90° ; FG = 108,8 cm ; FI = 70 cm.

1.a. Justifier l'égalité $\widehat{EAM} = 45°$.
1.b. Calculer l'angle $\widehat{FAE}$.
2.a. Justifier que le triangle AEF, rectangle en F, est isocèle.
2.b. Calculer FA.
2.c. Calculer l'aire du triangle AEF.
3.a. Calculer l'aire du rectangle FAMI.
3.b. Sachant que l'aire du triangle EDI est 121,68 cm², calculer l'aire du polygone AMDE.
3.c. En déduire que l'aire du polygone ABCDE (en bleu sur la figure) est 4 413 cm² (arrondir au cm²).
3.d. Convertir ce résultat en m².

Voir le corrigé, p. 147

EXERCICES D'APPLICATION

2 : Convertir

Convertir en m² les données suivantes.

245 mm²	3 456,75 cm²	0,7890 km²
675 432 mm²	450 000 cm²	

3 : Identifier des figures géométriques

Le Tangram est un jeu très ancien, d'origine chinoise. Il permet de créer des figures complexes à partir de figures géométriques simples.

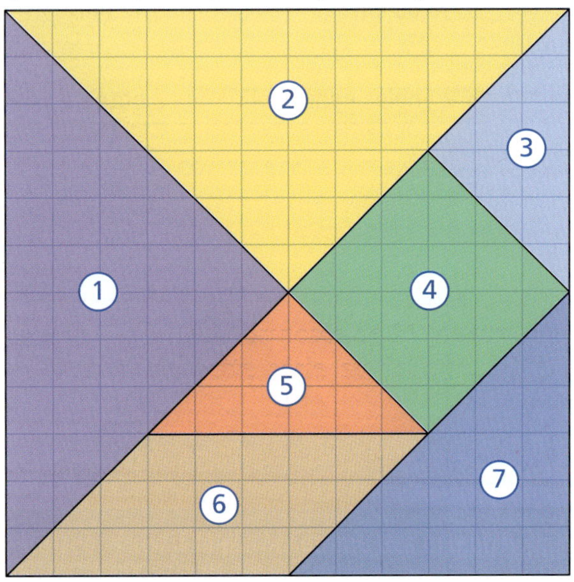

1. Nommer chaque figure géométrique numérotée.
2. Reproduire ce Tangram sur une feuille quadrillée, numéroter les figures, puis les découper. En utilisant chaque figure une seule fois, construire un rectangle.

4 : Construire un triangle équilatéral

1. Construire à la règle et au compas un triangle équilatéral de côté 4,2 cm.
2. Calculer son périmètre et l'aire de ce triangle.

5 : Construire un cercle de rayon donné

1. Construire le cercle $\mathscr{C}$ de centre O et de rayon R = 3,5 cm.
2. Calculer le périmètre du cercle $\mathscr{C}$.
3. Calculer l'aire du cercle $\mathscr{C}$.

6 : Calculer l'aire d'un comptoir

Un jeune couple souhaite s'installer dans la restauration rapide. Il réalise un plan vu de dessus de son présentoir constitué d'un comptoir et de deux vitrines. Les cotes sont en centimètres. *La figure ne respecte pas les proportions.*

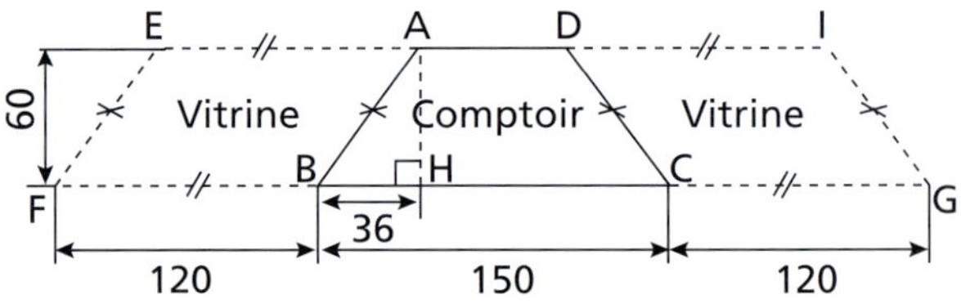

Le dessus du comptoir (ABCD) est en marbre. Le jeune couple doit connaître ses dimensions pour le commander.

1. Identifier les figures : ABFE ; ABCD ; AHB.
2. Calculer, en cm, la longueur AD.
3. Calculer, en cm², l'aire du dessus en marbre (ABCD).
4. On considère que l'aire d'ABCD est 6 840 cm². Le dessus en marbre a une épaisseur de 5 cm.

Calculer, en cm³, le volume V de marbre utilisé.

On donne : *Volume = Aire × épaisseur.*

7 : Calculer un coût de pose en fonction d'une surface

Un restaurateur a demandé un devis à un artisan pour évaluer le coût de la pose d'un parquer pour sa salle de restaurant.

Le schéma ci-dessous représente la surface au sol de la dalle.

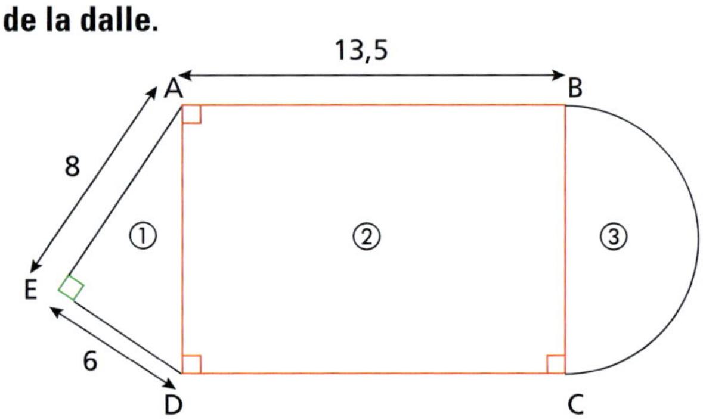

Le schéma n'est pas à l'échelle, les cotes sont en mètre.

La figure 3 est un demi-disque.

1. Donner le nom des figures 1 et 2.
2. Déterminer, en m², l'aire A_1 de la figure 1.
3. En admettant que BC = 10 m, calculer, en m², l'aire A_2 de la figure 2.
4. Calculer, en m², l'aire A_3 de la figure 3. Arrondir le résultat à 0,1.
5. En déduire, en m², l'aire totale A_T de la salle de restaurant.
6. Le tarif du parquet posé est de 45 € le m². Pour une aire de 198,3 m², calculer le montant du devis de l'artisan.

VERS L'EXAMEN

8 : Calculer la quantité de CO_2 absorbée par un parc paysager

Sujet CAP, 2009

L'entreprise Eco-Globe, spécialisée dans les problèmes d'écologie, achète un terrain rectangulaire représenté ci-dessous.

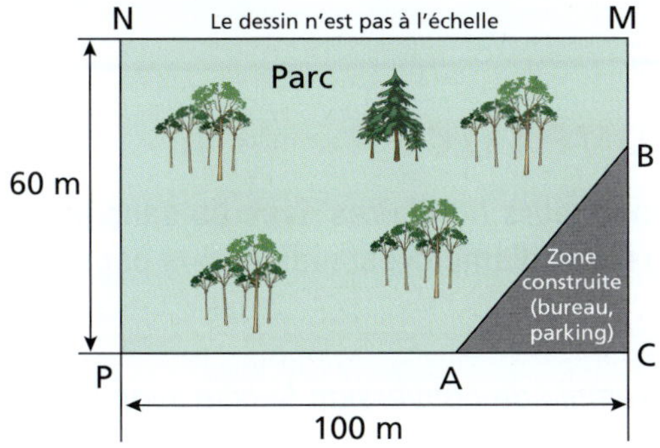

Ce terrain se divise en deux parties :
– un parc arboré APNMB ;
– une zone construite ABC (bureaux, parking).
On étudie la partie construite (ABC) représentée ci-contre.

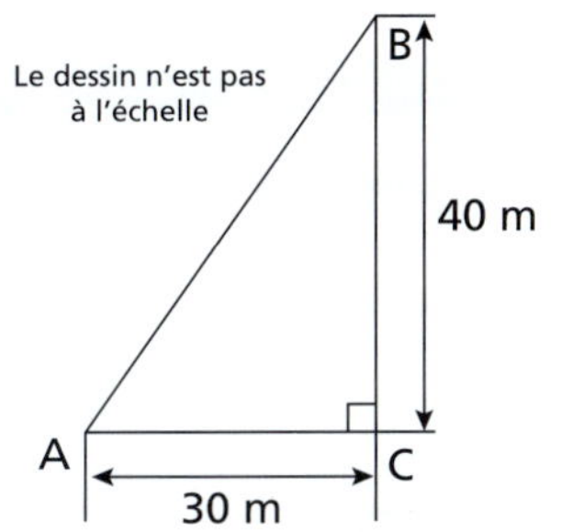

1. La figure ABC est-elle un triangle : quelconque ; rectangle ou isocèle ?

Conscients des effets néfastes du dioxyde de carbone (CO_2) sur la couche d'ozone, le directeur de la société Eco-Globe entretient un parc à proximité du bâtiment.

2. En utilisant la figure 1, calculer, en m², l'aire totale du rectangle CMNP.
3. En utilisant la figure 2, calculer, en m², l'aire ABC de la partie construite.
4. En déduire, en m², l'aire du parc APNMB.

Une surface arborée de 10 000m² absorbe 10 tonnes de CO_2 par an.

5. Calculer, en tonne, la masse de CO_2 absorbée par le parc de l'entreprise en une année.

9 : Calculer la surface d'un terrain de rugby

Le schéma ci-dessous représente la moitié d'un terrain de rugby.

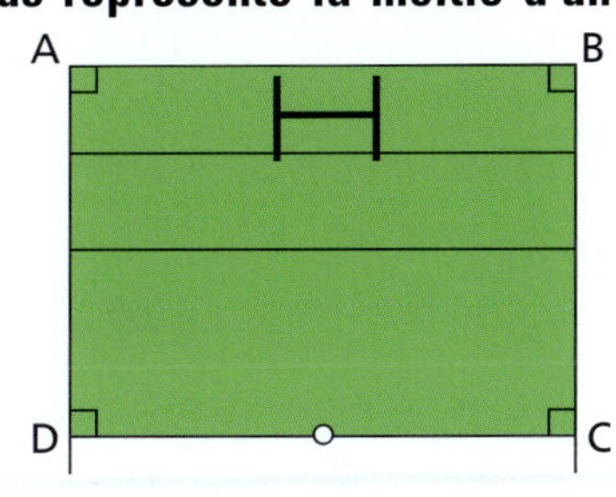

Régulièrement, la pelouse est remise en état en y répandant de l'engrais.
Le propriétaire du stade veut chiffrer le coût de cet entretien.
En premier, il doit déterminer l'aire totale du terrain. On considère que la largeur *l* représentée par [AB] est *l* = 67 m et que la longueur L du côté représentée par [BC] est L = 65 m.

1. Donner la nature exacte de la figure ABCD.
2. Calculer, en m², l'aire A de la moitié du terrain représentée par la figure ABCD.
3. En déduire, en m², l'aire totale A_T du terrain.

Ensuite, il souhaite déterminer le prix d'achat de l'engrais nécessaire.
L'engrais est répandu à raison de 4 kg par m². On prend 8 710 m² pour aire totale A_T du terrain.

4. Calculer, en kg, la masse d'engrais nécessaire. *Arrondir la valeur à l'unité.*
5. L'engrais est vendu par sac de 20 kg. Calculer n, le nombre minimum de sacs à acheter.
6. Le prix d'un sac de 20 kg est 85 €. Calculer, en €, le prix de l'engrais nécessaire pour entretenir cette pelouse.

10 : Rechercher les bonnes informations pour calculer une aire

Pour l'élaboration de certains champagnes, on verse le sucre dans une trémie qui a la forme suivante. *Les figures ne sont pas à l'échelle.*

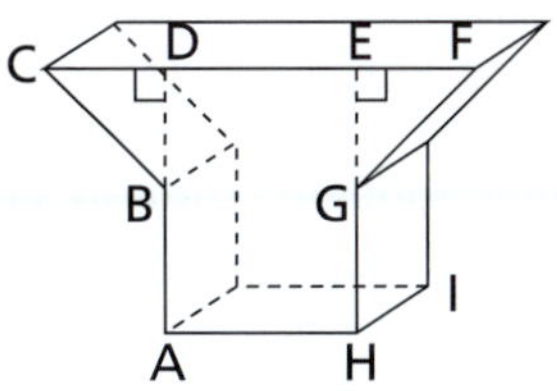

prisme droit

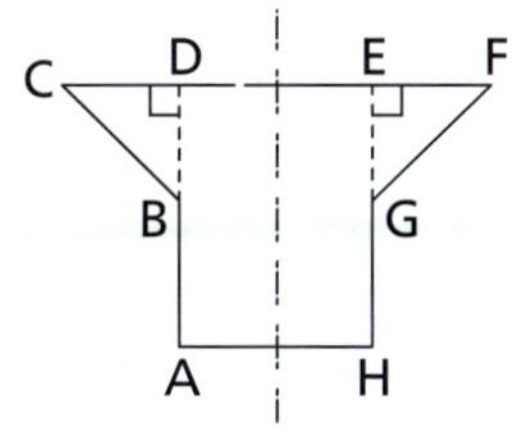

vue de face

Données : AB = 50 cm ; HG = 50 cm ; BD = 40 cm ; GE = 40 cm ; BC = 42 cm; GF = 42 cm ; AH = 140 cm ; HI = 150 cm.

La droite en pointillés est axe de symétrie de la figure.

1. Quelle est la nature du triangle CDF ? celle du triangle GEF ?

On donne CD = 12,8 cm.

2. Calculer l'aire du triangle CDF puis celle du triangle GEF.
3. Calculer la mesure AD, puis la mesure HE. Que constate-t-on ?
4. Quelle est la nature du quadrilatère ADEH ?
5. En déduire la mesure DE.
6. Calculer l'aire, en cm², du polygone ADEH puis toujours en cm², celle du polygone ABCDEFGH. Convertir le résultat en dm².

À vos souris !

Convertir et GEOM3D

1. Utilisation du logiciel Convertir

Ce logiciel permet l'apprentissage des conversions de longueurs ou d'aires avec ou sans un tableau de conversion. Il propose plusieurs niveaux de difficulté. Son mode d'emploi est indiqué à la page **À vos souris** du chapitre 8.

Exemple correct de conversions d'aires

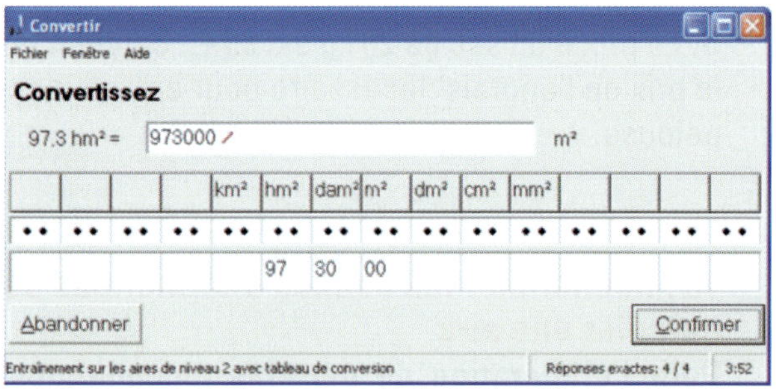

Exemple de conversion fausse avec la correction montrant le bon emplacement des chiffres dans le tableau

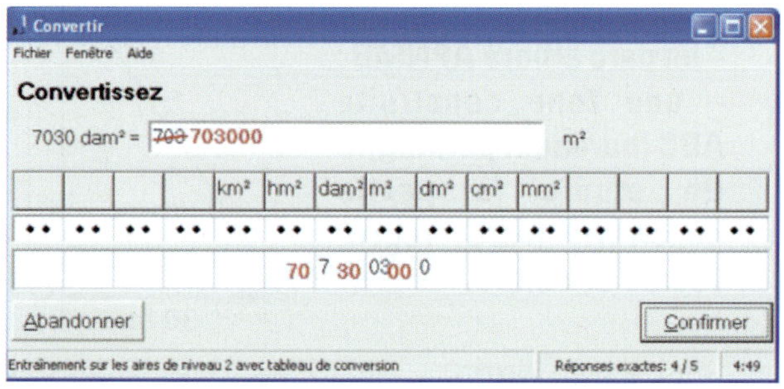

2. Utilisation du logiciel GEOM3D

Ce logiciel permet l'application des formules de calcul de périmètres et d'aires vues dans ce chapitre. Un résumé des propriétés de la figure est donné.

*En ouvrant la page **« L pour longueur »**, on choisit la figure plane sur laquelle on désire travailler.*

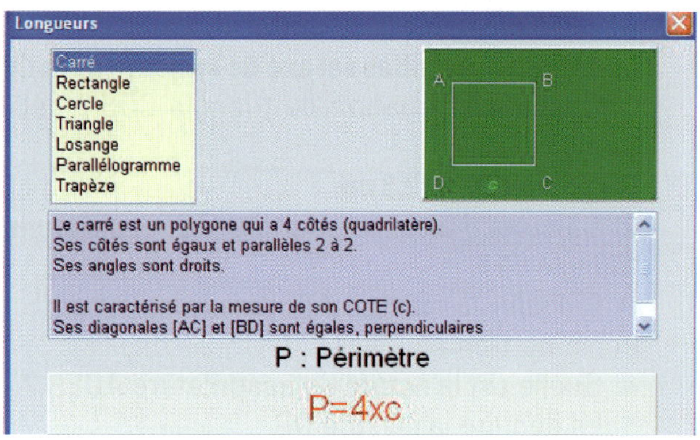

En ouvrant la page « A pour aire », on choisit les calculs d'aires des figures planes.

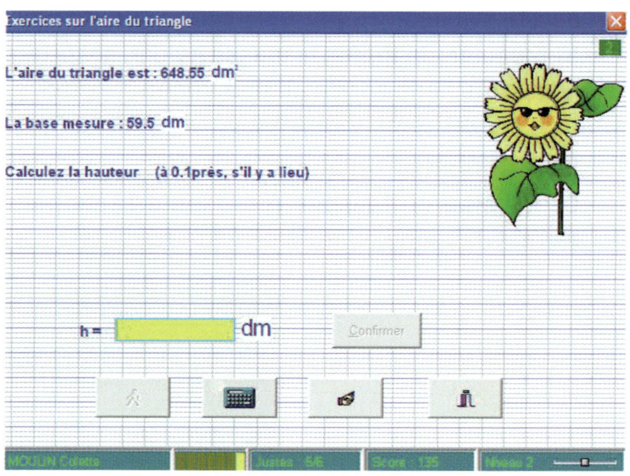

CHAPITRE 10 Les solides usuels

Activité d'approche

Le conteneur maritime, du mot anglais *container*, est une innovation de 1956 due à un transporteur routier américain, Malcom Mac Lean.

Il existe deux types de conteneurs selon leur longueur exprimée en pied (1 pied = 304,8 mm).

Les dimensions extérieures maximales, selon la norme ISO 668, sont données dans le tableau ci-dessous.

Conteneur	Longueur (mm)	Largeur (mm)	Hauteur (mm)
20 pieds	6 058	2 438	2 591
40 pieds	12 192	2 438	2 591

On s'intéresse à un conteneur de 20 pieds.

1. **Convertir sa longueur, sa largeur et sa hauteur en mètre.**

Un conteneur de 20 pieds peut être assimilé à un parallélépipède rectangle.

2. **Calculer l'aire (à 0, 01 m²) de la base formée par le rectangle composé de la longueur et de la largeur.**
3. **Calculer le volume utile (en m³), d'un conteneur. On donne V = Base × hauteur.**

En novembre 2009, la compagnie CMA CGM a mis en service son plus gros porte-conteneur, le *Christophe Colomb*. Sa capacité est donnée à 13 830 EVP (Équivalent Vingt Pieds). Ce géant mesure 365 mètres de long pour une largeur de 51,2 mètres.

4. **Calculer l'aire de la surface du bateau. On utilise la longueur et la largeur entièrement.**
5. **Connaissant l'aire de la base d'un conteneur calculée en 2., calculer le nombre de conteneurs qui peuvent être rangés sur cette surface en une seule couche.** ***Arrondir le résultat à l'unité.***
6. **Dans le texte, il est écrit que le bateau peut porter jusqu'à 13 830 conteneurs. Calculer le nombre de couches de conteneurs possible. Arrondir le résultat à l'unité.**
7. **Calculer (en m³) le volume total de marchandises que peut transporter ce navire. Convertir ce volume en tonnes.**

Je dois être capable :
- d'identifier des solides : cube, parallélépipède rectangle, cylindre de révolution, sphère, cône de révolution ;
- de convertir des aires et des volumes ;
- de calculer l'aire et le volume d'un cube, d'un parallélépipède rectangle ou d'un cylindre de révolution.

1 Solides usuels

Les jeux de construction des jeunes enfants utilisent des solides ayant des formes connues et faciles à mémoriser.
Quels solides reconnaît-on sur l'image ci-contre ?

Nom du solide	Dessin	Volume	Représentation
Le parallélépipède rectangle : – 8 sommets ; –12 arêtes ; – 6 faces.	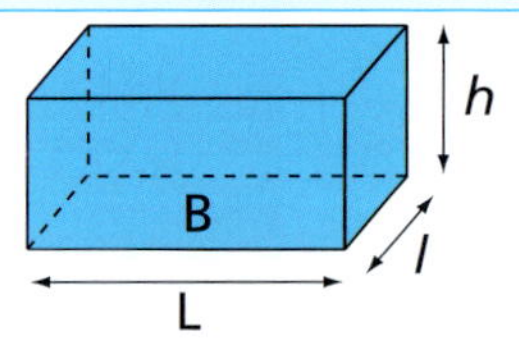	$V = B \times h$ avec $B = L \times l$	
Le cube : – les 6 faces sont des carrés.	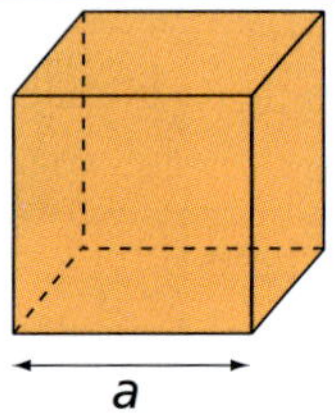	$V = a \times a \times a$ $V = a^3$	
Le cylindre de révolution	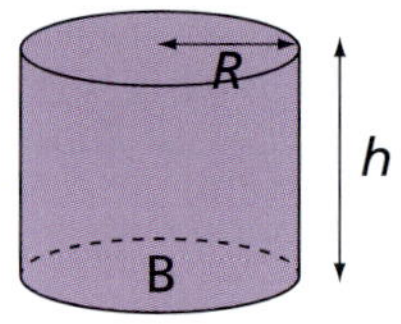	$V = B \times h$ avec $B = \pi \times R^2$	
Le cône de révolution	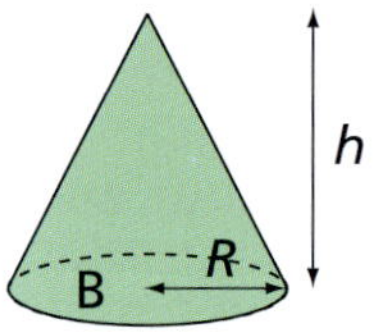		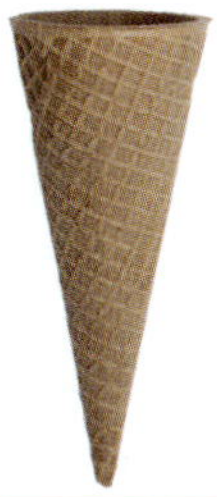
La sphère	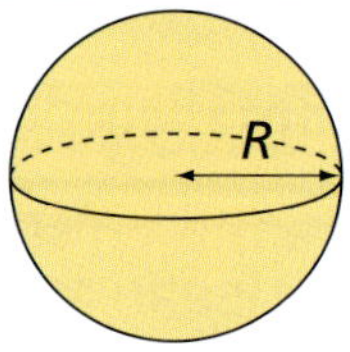		

2 Unités

L'unité de volume est le **mètre cube (m^3).**
Lorsqu'on travaille sur **les liquides ou les gaz**, leur volume est souvent exprimé en **litre (L)**, on parle alors de **capacité (L)**. La correspondance entre les deux unités est : 1L = 1dm³.

Tableau de conversion

m^3			dm^3			cm^3			mm^3		
		kL	hL	daL	L	dl	cL	mL			
		1	0	0	0						
		0	0	0	1						

Exemples : 1 000 L = 1 000 dm³ = 1 m³ ; 1 L = 1 dm³ = 0, 001 m³ = 10^{-3} m³.

3 Développements (ou patrons) et aires

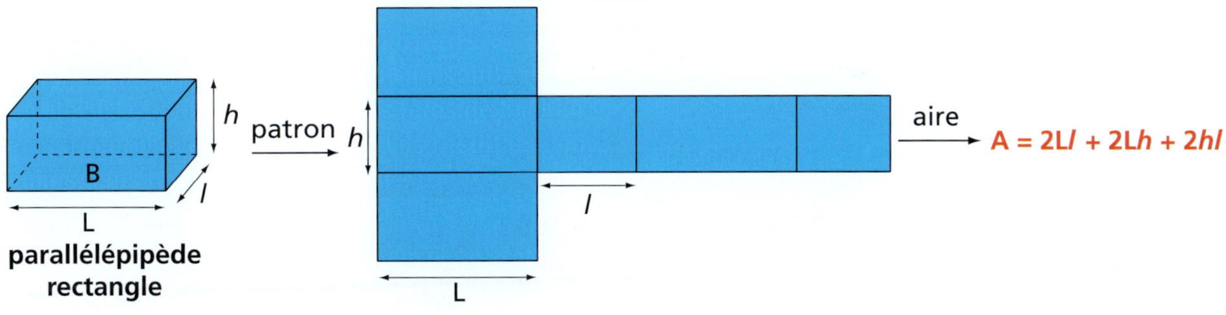

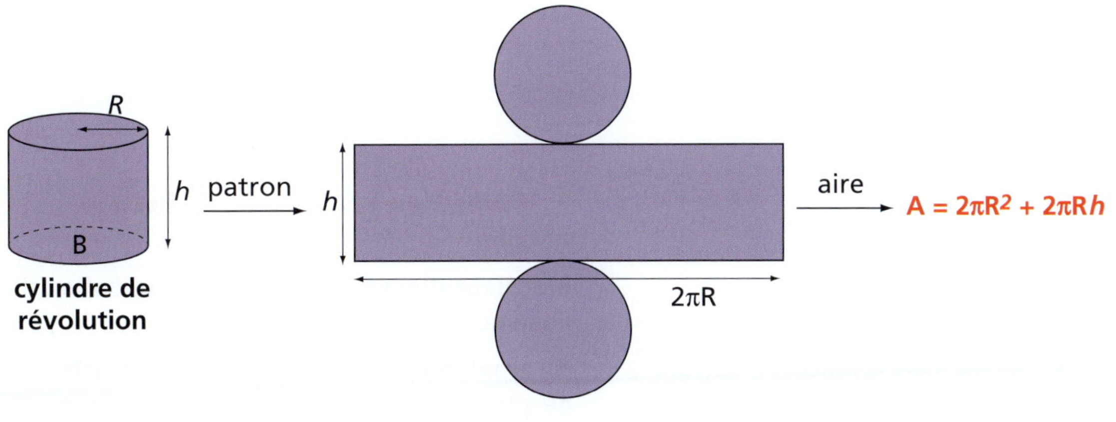

Exemples :

- Aire du patron d'un cube de côté 5 cm : A = 6 × 5^2 = 150 cm^2
- Aire du patron d'un cylindre de hauteur 64 mm et de rayon 12 mm.
- Aire de la base (arrondie à 0,01) : 2π R^2= 2 × π × 12^2 = 904,77 mm^2
- Aire du rectangle (arrondie à 0,01) : 2π R h = 2 × π × 12 × 64 = 4 825,49 mm^2
- Aire du patron (arrondie à 0,01) : 904,77 + 4825,49 = 5 730,26 mm^2

L'ESSENTIEL À RETENIR

• Le parallélépipède rectangle, le cube, le cylindre, le cône de révolution et la sphère sont des solides.
• leur volume se calcule en m^3.
• volume du parallélépipède rectangle : V = B × *h* avec B = L × *l*.
Volume du cube V = a^3.
Volume du cylindre de révolution V = B × *h* avec B = π × R².

Je m'entraîne

QCM

1. Un biberon contient 270 mL de lait, cela donne :	a. 2,7 L	b. 0,27 L	c. 0,27 dm^3
2. La base d'un cône est :	a. un cercle	b. un disque	c. un triangle isocèle
3. Dans le cube ci-dessous : 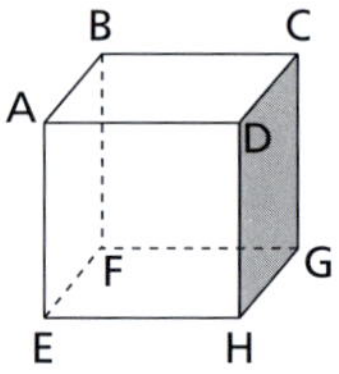	a. la face ADHE est un carré	b. la face DCGH est un rectangle	c. la face ABFE est un carré
4. Le cube précédent possède :	a. 4 faces	b. 6 faces	c. 9 faces
5. Le cube précédent mesure 5 cm de côté. Son volume est :	a. 15 cm^3	b. 125 cm^3	c. 125 cm^2

EXERCICES CORRIGÉS

1 : Calculer des volumes de petits pois

Les petits pois, utilisés dans la cuisine d'une école élémentaire, sont conditionnés dans des grandes boites de conserve de hauteur 30 cm et de diamètre 17 cm.

1. Calculer (en cm) le rayon de la boite de conserve.
2. Calculer (en cm^3) le volume arrondi à l'unité, de petits pois contenu dans une boite.

Pour confectionner un repas, la cuisinière utilise huit boites de conserve.

3. Calculer, le volume total (en cm^3) de petits pois consommés.
4. Convertir ce volume en dm^3.

Elle répartit ce volume total en barquettes de hauteur 6 cm, de longueur 20 cm et de largeur 15 cm.

5. Calculer le volume (en cm^3) d'une barquette. Convertir ce volume en dm^3.
6. Avec le volume total (en dm^3) de petits pois, combien peut-elle remplir au maximum de barquettes ?

Voir le corrigé, p. 147

2 : Vérifier la capacité d'un ballon d'eau chaude

Monsieur Pleindo doit changer son ballon d'eau chaude.

Au préalable, il effectue une étude de prix auprès de plusieurs magasins. À chaque fois, les vendeurs lui demandent la capacité de son ancien ballon.

Mais M. Pleindo n'a plus la documentation et répond au hasard.

Ce ballon est assimilable à un cylindre de 50 cm de diamètre et 1,53 m de hauteur.

1. Calculer l'aire de la base en cm^2 puis en dm^2. Arrondir à l'unité.
2. Calculer le volume du ballon en dm^3.

Le volume d'eau contenu dans un ballon est toujours donné en litres.

3. Convertir ce volume en litres.
4. Quelle sera la réponse que pourra dorénavant donner M. Pleindo aux vendeurs ?

Voir le corrigé, p. 148

3 : Calculer le temps de recyclage d'un volume d'air

Pour recycler l'air d'une cuisine, un particulier fait installer une hotte d'aspiration.

Plan de la cuisine

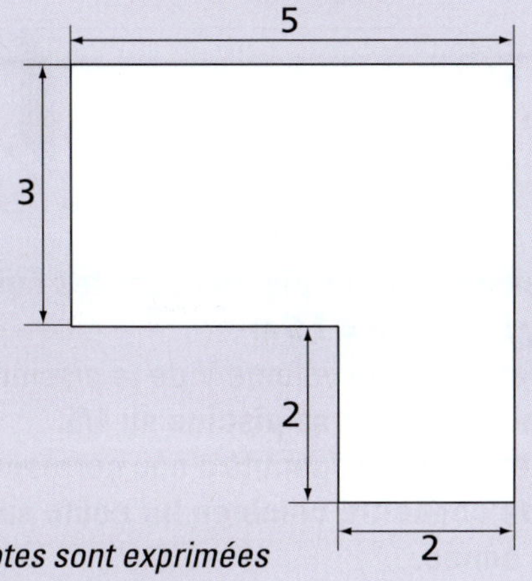

Les cotes sont exprimées en m. Tous les angles de la figure sont droits.

1. Calculer l'aire de la cuisine (préciser l'unité).
2. Calculer le volume de la cuisine si sa hauteur est de 2,5 m (préciser l'unité).
3. On admet que le volume de la cuisine est de 47,5 m^3. La hotte d'aspiration doit renouveler 12 fois le volume de la pièce en une heure. Calculer le débit de la hotte en m^3/h.
4. Pour un débit d'air de 9,5 m^3/min, calculer le temps nécessaire en minutes pour recycler un volume d'air de 47,5 m^3.

Voir le corrigé, p. 148

EXERCICES D'APPLICATION

4 : Convertir dans l'unité demandée les volumes suivants

3 m^3 = ... dm^3 = ...L

657mL = ...L

2,5 L = ... cL

45 cL = ...L

1,5 dm^3 = ...m^3

380 cm^3= …….. mm^3

0,643 m^3 = ... cm^3

1 234 cm^3= ... m^3

5 : Reconnaître des solides

Recopier et compléter le tableau à l'aide des figures ci-dessous.

N°	Nom de la figure	Nombre total de faces	Nombre total de sommets	Nombre total d'arêtes	Nature de la base	Nature des faces latérales
1						
2						
3						
4						
5						
6						

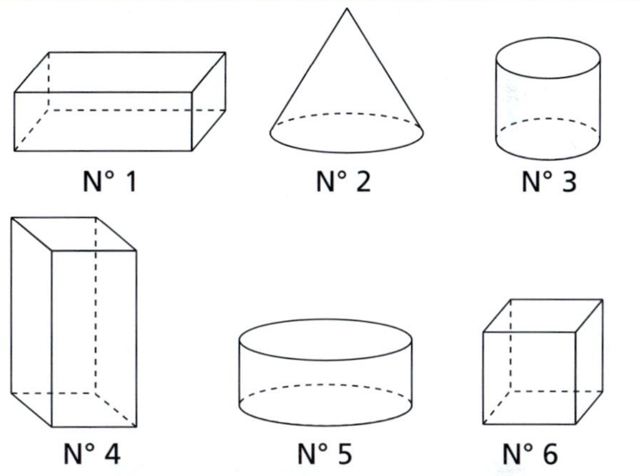

6 : Calculer le volume et la masse d'un fil à plomb

Un fil à plomb en laiton est formé d'une partie cylindrique et d'une partie conique comme le montre le schéma ci-contre.

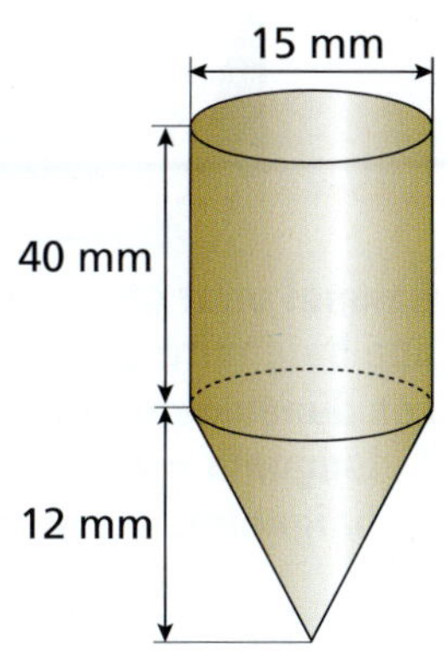

1. Calculer l'aire du disque constituant la base du cylindre. *Arrondir le résultat au cm^2.*
2. Calculer (en cm^3), le volume de la partie cylindrique. *Arrondir le résultat au cm^3.*

Le volume de la partie conique est de 707 cm^3.

3. Calculer, en cm^3, le volume de ce fil à plomb.
4. Calculer sa masse, en grammes, sachant que la masse volumique du laiton est de 8,6 g/cm^3.

On donne la formule : $\rho = m/V$ avec m : la masse en gramme, V le volume en cm^3 et ρ la masse volumique en g/cm^3.

7 : Calculer le volume de lait utilisé pour la confection de crêpes

Une recette indique que pour faire une pâte à crêpes bien légère, il faut :

– 250 g de farine – 4 cuillères à soupe de bière
– 250 mL de lait – 5 cuillères à soupe d'huile.

Une cuillère à soupe contient environ 3 cL de liquide, quelque soit le liquide. Avec ces quantités, on confectionne environ 15 crêpes.

Pour fêter son anniversaire, Julien souhaite confectionner des crêpes pour l'ensemble de sa classe de 24 élèves. Il voudrait que chaque élève mange 2 crêpes.

1. Combien doit-il faire de crêpes en tout ?
2. Quelle quantité (en mL) doit-il utiliser de lait ? *Utiliser vos connaissances sur la proportionnalité.*

Dans son réfrigérateur, Julien trouve une bouteille d'un litre de lait.

3. Est-ce que ce sera suffisant pour la pâte à crêpes ?
4. Quelle quantité de bière doit-il mesurer ?
5. Quelle quantité d'huile doit-il mesurer ?
6. Convertir ces deux résultats en litre.

8 : Calculer le volume d'une baignoire

Samuel veut changer sa salle de bains. Il choisit une baignoire de forme ovale.

Les dimensions sont les suivantes :

***L* : longueur = 170 cm, *l* : largeur = 60 cm.**

La baignoire, vue de dessus à la forme suivante :

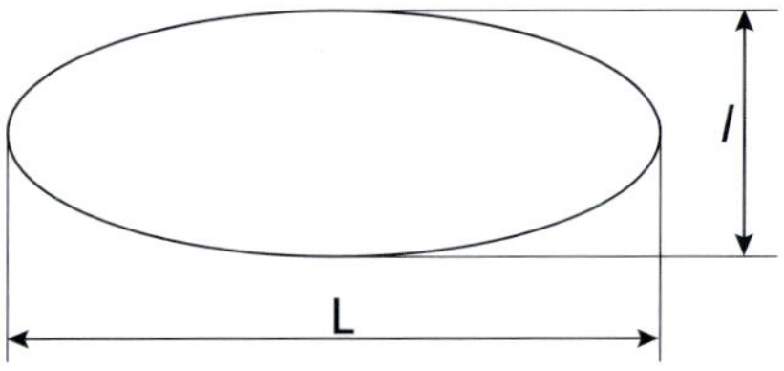

1. Calculer le volume de la baignoire à l'aide de l'expression : $V = \dfrac{\pi \times l^2 \times (3L - 2l)}{12}$.

Arrondir le résultat au cm³.

Samuel remplit sa baignoire au ¾.

2. Calculer (en cm³) le volume d'eau utilisé. Convertir ce résultat en dm³ puis en litres.

VERS L'EXAMEN

9 : Calculer le volume d'eau d'une piscine

Monsieur Senvatalo a construit sa piscine selon le dessin ci-dessous :

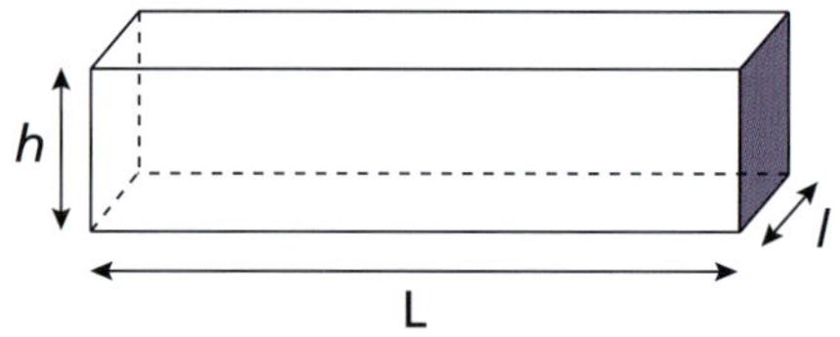

Les dimensions de la piscine sont les suivantes :
L = 10 m ; l = 4 m ; h = 1,5 m

1. Calculer, en m³, le volume V de la piscine.

M. Senvatalo remplit sa piscine au 4/5.

2. Calculer, en m³, la quantité d'eau correspondante.

Il souhaite connaître combien lui coûte sa piscine pour une année.

Il renouvelle une fois le volume d'eau de la piscine durant la période estivale.

3. Calculer, en m³, la consommation d'eau utilisée pour la piscine en un été.

Le prix du m³ d'eau est de 2,43 euros.

4. Calculer le prix d'utilisation de la piscine en un été. *(On négligera les autres frais).*

10 : Calculer le volume d'une tente

Un couple et leur fils partent camper pendant leur semaine de vacances. Leur tente est représentée par le schéma ci-contre :

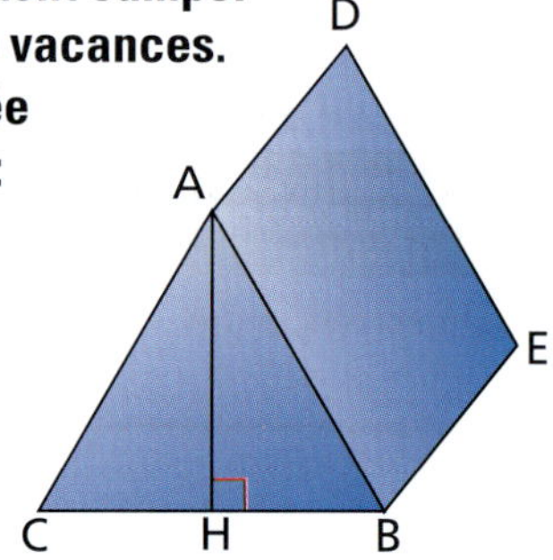

1. Quelle est la nature des triangles identiques ACH et ABH ?

Pour dormir, ils ont chacun un matelas pneumatique identique de 70 cm de large et 190 cm de long.

2. Sachant que CB = 2,20 m, peuvent-ils installer les matelas ? Justifier la réponse.

Pour lutter contre les moustiques, les campeurs achètent un anti-moustique en plaquette. Une plaquette est active pour un volume maximum de 5 m³.

3. Calculer le volume de la tente (on donne : $V = \dfrac{(L \times l \times h)}{2}$; L = 2,20 m ; l = 2 m ; h = 1,50 m).
4. Une plaquette suffit-elle ? Justifier la réponse.

11 : Calculer le volume d'un fil à coudre

Un fil a une forme cylindrique. On utilise un fil de longueur L = 100 m et de diamètre D = 0,4 mm.

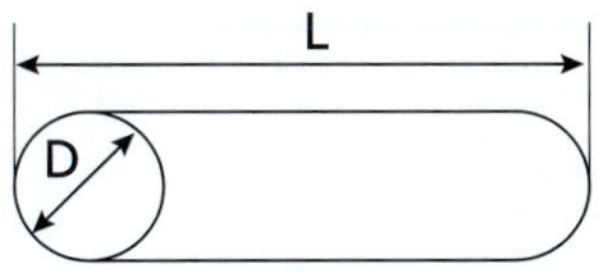

1. Convertir, en cm, la longueur L et le diamètre D de ce fil.
2. Calculer, en cm, le rayon R du fil.
3. Calculer, en cm^3, le volume de ce fil. Arrondir le résultat à 0,01.

Le fil utilisé est un fil de polyester. Sa masse volumique ρ est 1,38 g/cm³.

4. En utilisant la relation $\rho = \frac{m}{V}$, calculer, en gramme, la masse de ce morceau de fil. Arrondir le résultat à 0,01.

Le titre est la masse de ce fil pour une longueur de un mètre, elle s'exprime en tex (1 tex = 1 g/m).

5. Indiquer, en tex, la valeur du titre de ce fil.

12 : Calculer le volume de béton pour une dalle

Pour réaliser un abri à bois, Eric doit couler une dalle de béton rectangulaire.

Cette dalle aura pour longueur 5,20 m et 1,10 m de largeur. Pour vous aider, voici un croquis qui n'est pas à l'échelle.

AB désigne la longueur et BC la largeur.

Pour coffrer correctement la dalle, il faut connaître son périmètre et son aire.

1. Calculer le périmètre de la dalle.
2. Calculer l'aire de la dalle.

Pour passer une commande exacte de béton, il faut calculer le volume de béton nécessaire sachant que la dalle a une épaisseur de 10 cm.

3. Calculer le volume de la dalle.

13 : Construire une piscine

Monsieur Hykse souhaite implanter dans son jardin une piscine enterrée dont la forme, en vue de dessus, est représentée ci-dessous. AIF est un demi-cercle. *Ce dessin n'est pas à l'échelle.*

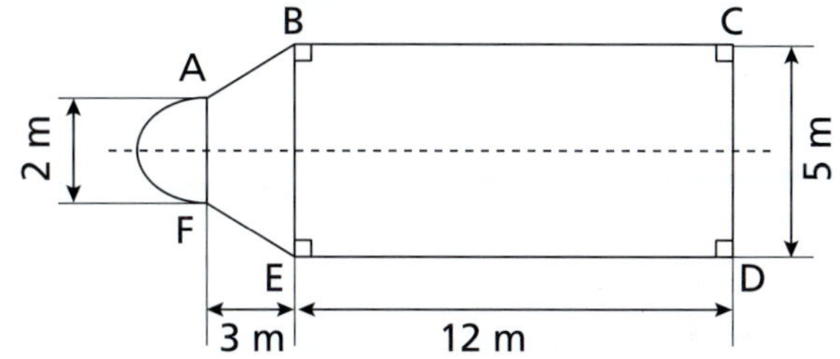

1. La surface de la piscine est composée de trois figures géométriques. On sait que ABEF est un trapèze. Donner le nom des deux autres figures géométriques AIF et BCDE.
2. Calculer les aires A_1 et A_2 de chacune de ces deux figures, en m^2.

On sait que l'aire de ABEF est 10,5 m².

3. La piscine doit avoir une profondeur de 2,20 m sur toute sa surface. Calculer le volume total (en m^3) de terre qui doit être enlevé.

14 : Calculer un volume d'huile

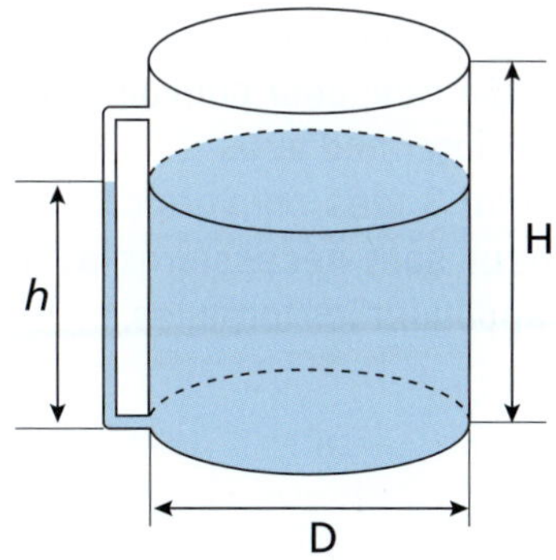

Pour le stockage de l'huile végétale produite, une coopérative agricole utilise des cuves ayant la forme d'un cylindre. La hauteur d'huile visible dans le tube transparent permet de contrôler le niveau de remplissage.

1. Le diamètre intérieur de la cuve est D = 2,99 m et sa hauteur est H = 3,5 m.

a) Calculer, en mètre, le rayon R de la cuve.

b) Calculer, en mètre carré, l'aire A de la surface du fond de la cuve.

Arrondir la valeur à l'unité.

2. Calculer, en mètre cube, le volume V_c de la cuve.
3. Exprimer V_c en litre.

À vos souris !

Geom3D et Convertir

1. Le logiciel Geom3D

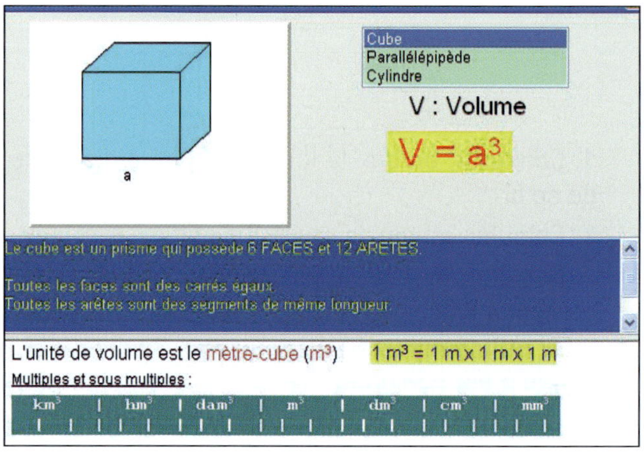

Ce logiciel permet d'effectuer le calcul des volumes des solides usuels demandés au programme des élèves de CAP : le cube, le parallélépipède rectangle et le cylindre.
Pour chacun de ces solides, un rappel des propriétés, de la formule de calcul et des unités utilisées sont proposés.

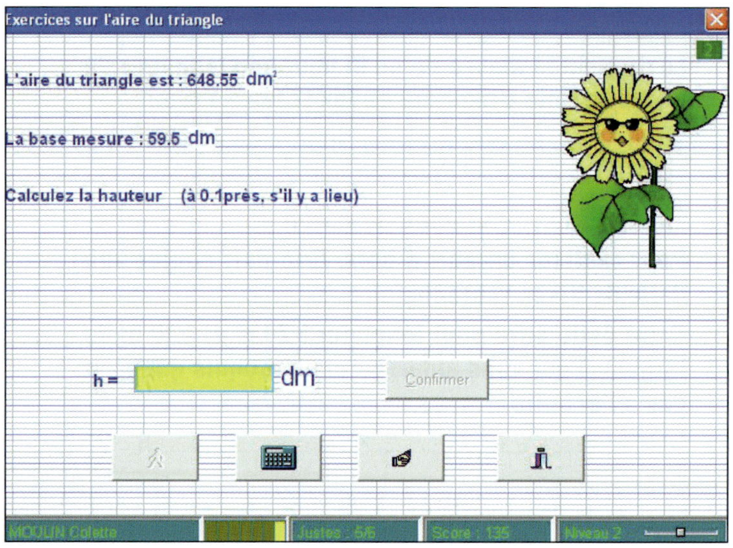

Un tableau de conversion est à la disposition de l'élève.
– Trois niveaux de difficulté sont proposés.
– L'élève doit avoir à côté de lui une feuille et sa calculatrice, pour pouvoir effectuer les calculs intermédiaires.
– Au niveau 3, des conversions d'unité de longueur sont nécessaires avant de pouvoir appliquer les formules.

2. Le logiciel CONVERTIR

Il permet également de travailler sur les unités de volume avec ou sans tableau de conversion.

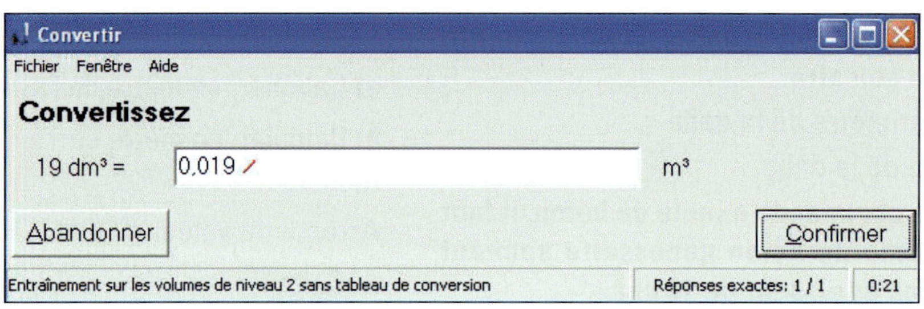

CHAPITRE 11 La propriété de Pythagore et sa réciproque

Activité d'approche

Le projet pédagogique d'une classe de CAP Bois consiste à construire la maquette d'une maison à l'échelle 1/10e.

Pour fabriquer le toit du pignon, Théo doit calculer les mesures AC et AB du côté du toit.

Le schéma ci-contre montre le dessin de la maquette. Les cotes sont en mm. (AH) est un axe de symétrie du pignon.

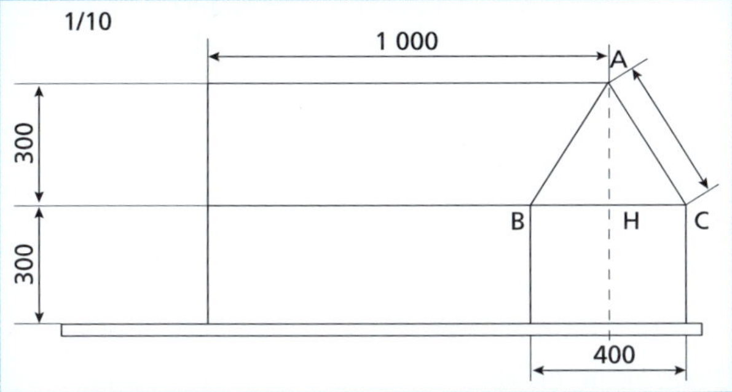

1. Indiquer la nature du triangle ABC. Justifier la réponse. En déduire une relation entre AC et AB.

2. Que représente le point H pour [BC] ? Que peut en déduire Théo quant à la mesure de HC ?

Théo s'intéresse, maintenant, uniquement au triangle AHC.

Première méthode pour trouver AC: par le calcul

3. Quelle est la nature du triangle AHC ? Justifier la réponse.

4. Quelles sont les mesures connues de ce triangle ? Quelle est la mesure inconnue ?

Théo ne connaît pas de méthode de calcul lui permettant d'obtenir cette mesure. Il décide de faire un graphique.

Deuxième méthode pour trouver AC : graphiquement

5. Théo trace sur son cahier le triangle AHC à l'échelle 1/5. Il représente [AH] par un segment de 6 cm et [HC] par un segment de 4 cm. Faire le même travail sur votre cahier.

6. À l'aide de sa règle, il mesure AC. Combien trouve-t-il ?

En utilisant l'échelle donnée, il retrouve la valeur réelle AC (en mm). Quel est le résultat de son calcul ?

Conclusion

Cette deuxième méthode vous paraît-elle la plus simple à mettre en œuvre pour calculer la mesure d'un côté d'un triangle rectangle ?

Je dois être capable :
- de calculer la longueur d'un côté d'un triangle rectangle ;
- d'identifier un triangle rectangle.

1 La propriété de Pythagore

La propriété de Pythagore permet, **dans un triangle rectangle**, de calculer la mesure d'un côté connaissant les mesures des deux autres côtés.

REMARQUE Un triangle rectangle est un triangle qui possède **un angle droit**.

Le côté opposé à l'angle droit est appelé l'**hypoténuse**. C'est aussi le côté du triangle qui a **la plus grande mesure.**

a. Propriété

Dans un triangle rectangle, le carré de l'hypoténuse est égal à la somme des carrés des deux autres côtés.
Appliqué à un triangle ABC rectangle en A :

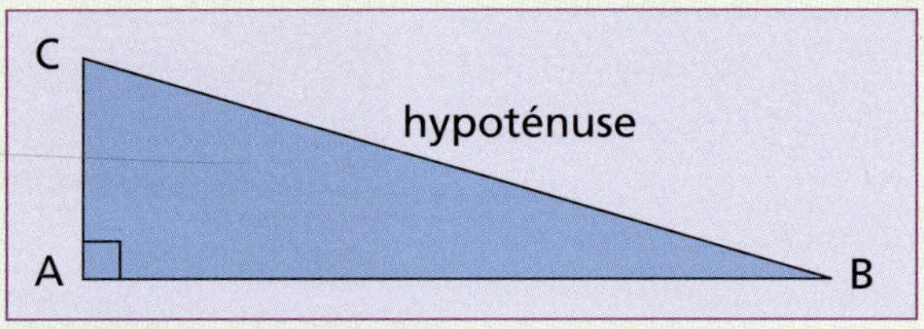

La relation de Pythagore s'écrit : $BC^2 = AB^2 + AC^2$.

b. Méthode

> Calculer la mesure de l'hypoténuse

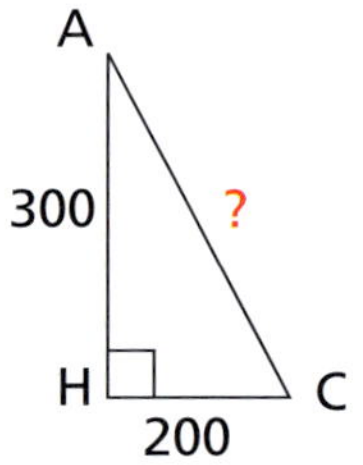

Théo devait calculer la mesure du côté AC.
AC est le côté opposé à l'angle droit, c'est donc l'hypoténuse du triangle AHC.
Il applique la propriété de Pythagore dans le triangle AHC rectangle en H.

- Il sait que AH = 300 mm et HC = 200 mm, ce sont les deux côtés de l'angle droit.
- Il écrit la relation de Pythagore appliquée au triangle : AHC : $AC^2 = AH^2 + HC^2$.
- Il remplace par les valeurs : $AC^2 = 300^2 + 200^2$.
- Il calcule : $AC^2 = 90\,000 + 40\,000 = 130\,000$.
- Il applique la racine carrée à son résultat pour trouver AC : $AC = \sqrt{130\,000}$.
- Il trouve en arrondissant à l'unité : $AC \approx 361$ mm.

> Calculer la mesure d'un des côtés de l'angle droit

Dans le triangle CDE rectangle en D, on cherche la mesure de DE, un des deux côtés de l'angle droit D. On connaît :
– la mesure de l'hypoténuse : CE = 20 cm,
– la mesure de l'autre côté de l'angle droit : CD = 15 cm.

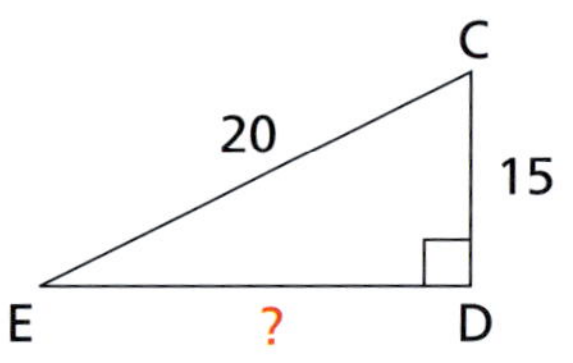

- On applique la propriété de Pythagore dans le triangle CDE rectangle en D.
- On écrit la relation de Pythagore : $CE^2 = CD^2 + DE^2$.
- On remplace par les valeurs : $20^2 = 15^2 + DE^2$.
- On calcule : $400 = 225 + DE^2$.
- On transforme l'égalité : $400 - 225 = DE^2$, soit $DE^2 = 175$.
- On applique la racine carrée au résultat pour trouver : $DE = \sqrt{175}$.
- On trouve en arrondissant à l'unité : $DE \approx 13$ cm.

2 La réciproque de la propriété de Pythagore

La réciproque de la propriété de Pythagore permet **de savoir si un triangle est rectangle** connaissant la mesure des trois côtés.

a. Réciproque

Si dans un triangle, le carré de la mesure du plus grand côté est égal à la somme des carrés des mesures des deux autres côtés, alors le triangle est rectangle.
Dans un triangle ABC avec [BC] ayant la plus grande mesure, si la relation de Pythagore : $BC^2 = AB^2 + AC^2$ est vérifiée, alors le triangle ABC est rectangle en A.

b. Méthode pour savoir si un triangle est rectangle

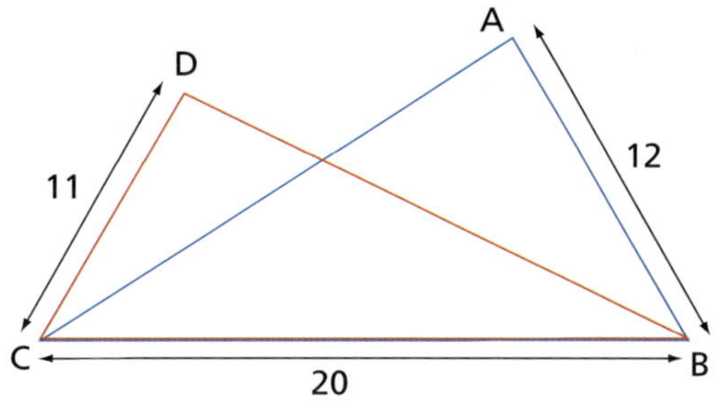

On veut savoir si l'un des deux triangles est rectangle. Pour cela, on utilise la réciproque de la propriété de Pythagore.

> Le triangle ABC est-il rectangle ?

- On repère le côté de plus grande mesure : $BC = 20$.
- On élève cette mesure au carré : $BC^2 = 20^2 = 400$.
- On additionne **les carrés** des deux autres mesures : $AB^2 + AC^2 = 12^2 + 16^2$
  $AB^2 + AC^2 = 144 + 256$
  $AB^2 + AC^2 = 400$.
- On compare BC^2 et $AB^2 + AC^2$. On observe : $BC^2 = AB^2 + AC^2$.
- On conclue : **la propriété de Pythagore est vérifiée, je peux conclure que le triangle ABC est rectangle en A.**

> Le triangle BCD est-il rectangle ?

- On repère le côté de plus grande mesure : B   C = 20.
- On élève cette mesure au carré : $BC^2 = 20^2 = 400$.
- On additionne **les carrés** des deux autres mesures : $DB^2 + DC^2 = 15^2 + 11^2$
  $DB^2 + DC^2 = 225 + 121$
  $DB^2 + DC^2 = 346$.
- On compare BC^2 et $DB^2 + DC^2$. On observe : $BC^2 \neq DB^2 + DC^2$.
- On conclue : **la propriété de Pythagore n'est pas vérifiée, je peux conclure que le triangle BCD n'est pas rectangle.**

L'ESSENTIEL À RETENIR

- **Si le triangle ABC est rectangle en A, alors $BC^2 = AB^2 + AC^2$.**
- **Si dans un triangle ABC, on a $BC^2 = AB^2 + AC^2$, alors ce triangle est rectangle.**

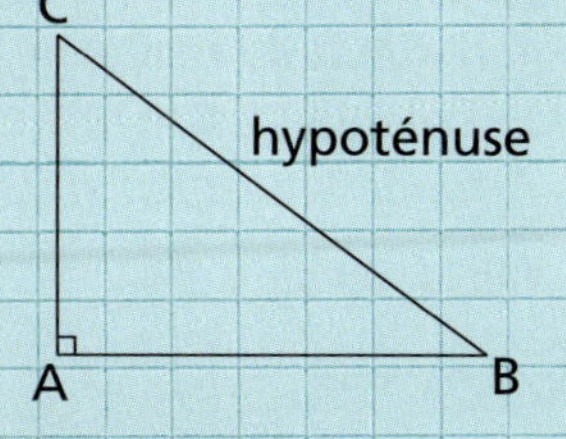

Je m'entraîne

QCM

1. Dans le triangle NRJ, rectangle en N :	a. [RJ] est l'hypoténuse	b. [NJ] est l'hypoténuse	c. [NR] est un des côtés de l'angle droit
2. Dans le triangle KLM, rectangle en L, la propriété de Pythagore s'écrit :	a. $KL^2 = LM^2 + KM^2$	b. $KM^2 = KL^2 + LM^2$	c. KM = LM + LK
3. Dans le triangle RIF, rectangle en I, on a RI = 10 ; IF = 6 et RF = 8. L'hypoténuse est :	a. [RI]	b. [IF]	c. [RF]
4. AMI est un triangle rectangle en A, on donne AM = 1,58 m et AI = 5 m. La longueur du segment [IM] est :	a. 6,58 m	b. 13,16 m	c. 5,24 m
5. Un triangle EPS est tel que : $PS^2 = EP^2 + ES^2$. Ce triangle est rectangle en :	a. P	b. E	c. S

EXERCICES CORRIGÉS

1 : Construire une rampe d'accès

Dans un lycée, on doit transformer un escalier en une rampe afin de faciliter l'accès aux personnes à mobilité réduite. Sur le schéma, les proportions ne sont pas respectées.

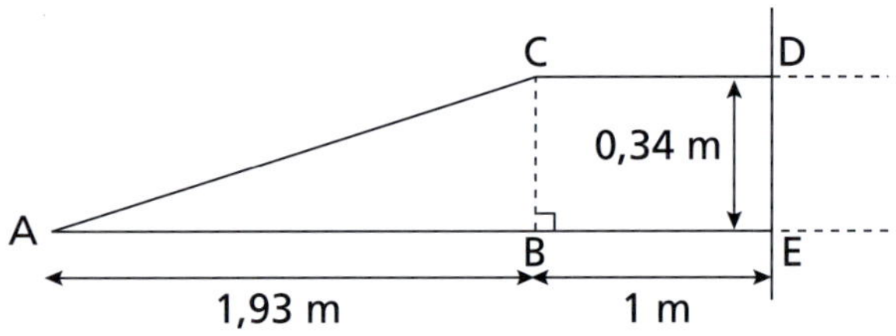

1. Définir la nature du triangle ABC : isocèle, équilatéral ou rectangle.
2. Calculer, en mètre, à l'aide du théorème de Pythagore, la longueur AC. Détailler les calculs. *Arrondir le résultat au centième.*
3. Calculer, en mètre carré, l'aire du triangle ABC. *Arrondir le résultat au centième. Détailler les calculs.*

Voir le corrigé, p. 148

2 : Fabriquer un cerf-volant

Mathilde veut offrir un cerf-volant à son petit frère Léo pour son anniversaire.
Elle décide de le fabriquer elle même avec des baguettes de bois, du papier coloré et du papier collant. En premier, elle fait un schéma du cerf-volant sur une feuille A4.
Elle le représente en réduction et sait qu'elle devra multiplier par 4 ses mesures.

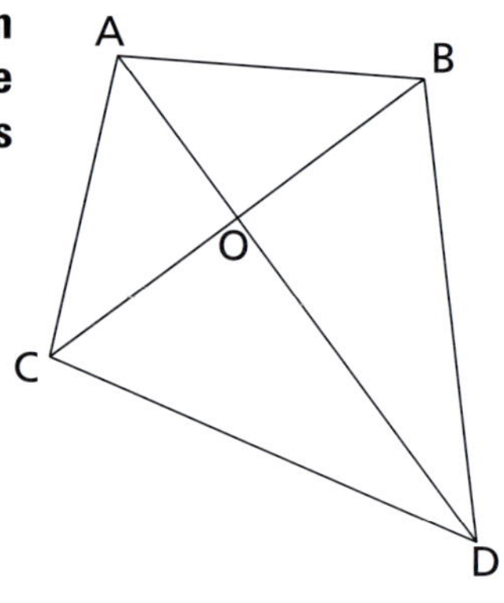

Mesures réduites :
AB = 10 cm ; AO = 6 cm ; BC = 16 cm
O est le point d'intersection de [AD] et [BC].

Pour que le cerf volant soit rigide, il est indispensable que les 2 baguettes de bois représentées par [BC] et [AD] se croisent en formant un angle droit.

1. En utilisant la réciproque du théorème de Pythagore, montrer que le triangle AOB est rectangle en O.

(AD) est axe de symétrie de la figure et OD vaut 18 cm.

2. Dans le triangle BOD rectangle en O, calculer BD.
3. Calculer la longueur, en mesures réduites, de baguettes nécessaires pour fabriquer l'armature du cerf volant constituée par le quadrilatère ABDC et les deux baguettes représentées par [AD] et [BC].
4. Calculer la longueur réelle des baguettes de bois. Convertir cette longueur en mètre.

Voir le corrigé, p. XXX

EXERCICES D'APPLICATION

3 : Calculer la longueur de l'hypoténuse d'un triangle rectangle

ABC est un triangle rectangle en A tel que AB = 15 cm et AC = 8 cm. On veut calculer BC.

Aide : faire un croquis sur votre cahier sans respecter les mesures données.

Recopier les phrases ci-après et les compléter.

1. Puisque .... est un triangle rectangle en ...., alors d'après la propriété de Pythagore :
.... + ... = ...
2. 15^2 + ... = ...
3. 225 + ... = ...
.... = ...
4. .... = ...
5. .... = ...cm

4 : Calculer la longueur de l'un des deux côtés de l'angle droit

ABC est un triangle rectangle en B tel que AB = 3 cm et AC = 5 cm. On veut calculer BC.

Aide : faire un croquis sur votre cahier sans respecter les mesures données.

Recopier les phrases ci-après et les compléter.

1. Puisque .... est un triangle rectangle en ....., alors d'après la propriété de Pythagore :
.... + ... = ...
2. .... + BC^2 = ...
3. .... + BC^2 = ...
4. BC^2 = ... − ....
BC^2 = ...
5. BC = ... BC = ... cm

5 : Construire un triangle rectangle et calculer un des trois côtés

Un triangle ABC est rectangle en A ; les mesures de deux côtés sont connues. On recherche la mesure du 3e côté.

Dans un 1er cas : AB = 6 cm et AC = 5 cm.

1. Construire ce triangle à la règle et au compas.
2. Mesurer BC.
3. Calculer BC (arrondi au mm).

Dans le 2d cas : AB = 6 cm et BC = 8 cm.

4. Construire ce triangle à la règle et au compas.
5. Mesurer AC.
6. Calculer AC *(arrondi au mm).*

6 : Vérifier qu'un triangle est rectangle

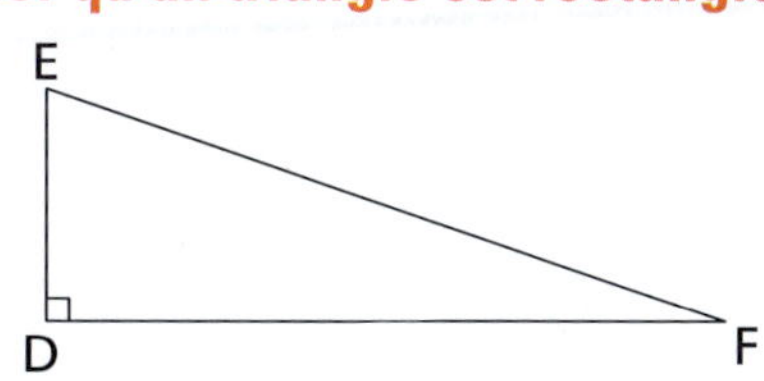

En utilisant la réciproque de la propriété de Pythagore, dire si le triangle DEF tel que DE = 5cm, DF = 12 cm et EF = 13 cm est rectangle.

Les côtes ne sont pas respectées sur la figure.

7 : Calculer une distance

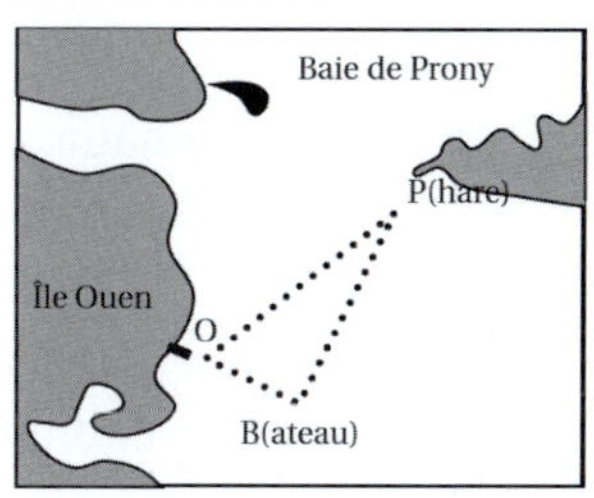

Cette figure est donnée à titre indicatif et n'est pas en vraie grandeur.

La distance entre le phare P du cap N'Doua et le ponton O de la tribu des Ouara est égale à environ 4,65 km. Un bateau B se trouve au large de ce ponton. Ce bateau se trouve aussi à environ 4 027 m du phare P.

Le triangle OBP est rectangle en B.

1. Montrer que la distance séparant le bateau B du ponton O est égale à 2 325 m.
2. Sachant que le bateau B se déplace à une vitesse moyenne de 6 noeuds, déterminer le temps (en minutes) qu'il lui faudra pour rejoindre le ponton (1 noeud = 1,852 km/h).

On rappelle que : $\text{vitesse} = \dfrac{\text{distance}}{\text{temps}}$.

8 : Construire un tremplin de skateboard

On construit un tremplin de skateboard de 2 mètres de haut.

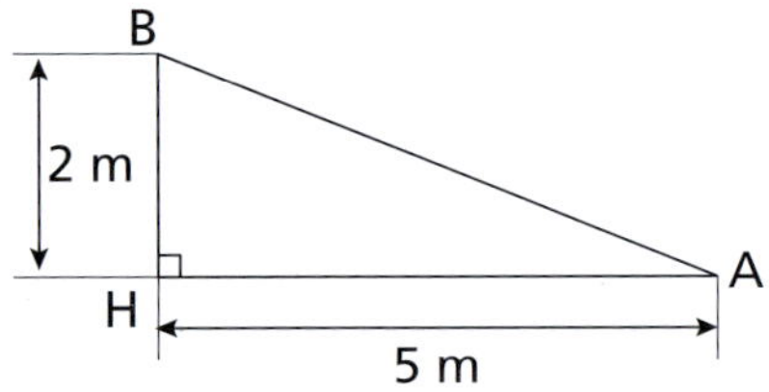

Le triangle ABH est rectangle en H.

En utilisant le théorème de Pythagore, calculer en mètre, la longueur AB. *Arrondir le résultat au dixième.*

9 : Installer un panier de basket

On utilise une échelle schématisée par le segment [AC] pour installer un panier de basket dans un jardin (voir figure ci-dessus).

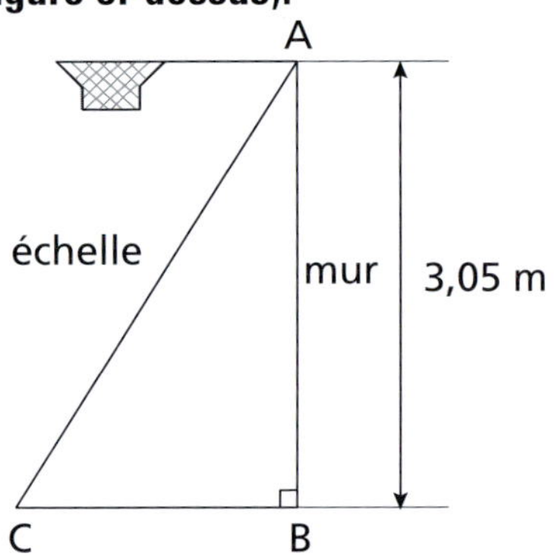

AB = 3,05 m ; AC = 3,50 m.

En utilisant la propriété de Pythagore, calculer en mètres, la distance CB. *Arrondir le résultat au centième.*

10 : Montrer qu'un triangle est rectangle

1. Construire un triangle ABC de hauteur AH sachant que :
BC = 5 cm ; BH=1 cm ; HC=4 cm et AH = 4 cm.
2. Quelle est la nature du triangle AHC ? Justifier.
3. Calculer AC *(arrondir à 0,1 cm)*.
4. Sachant que $AB^2 = 17$ et $AC^2 = 32$, le triangle ABC est-il rectangle en A ?

11 : Aller de Nantes à Lyon

Afin de vendre ses produits, M. Martin se déplace régulièrement en avion entre Paris, Lyon et Nantes. Sur la carte ci-dessous :

- **Lyon est symbolisé par la lettre L,**
- **Paris par la lettre P**
- **Nantes par la lettre N.**

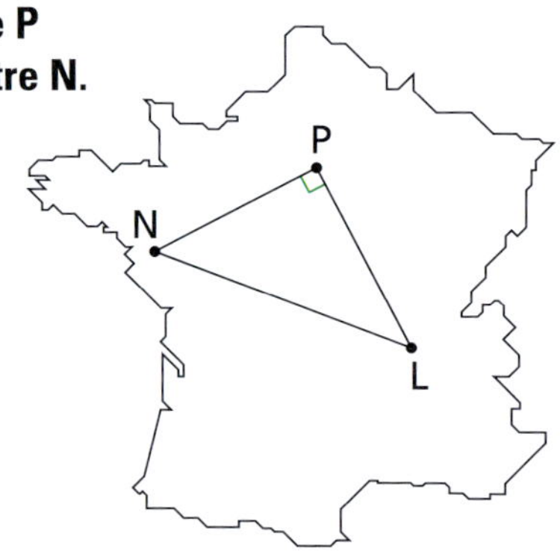

La carte ne respecte pas les proportions

1. Donner la nature du triangle LPN.

Les distances à vol d'oiseau sont :

Lyon-Paris LP = 432 km,

Paris-Nantes PN = 324 km.

2. Calculer, en km, la distance à vol d'oiseau Nantes-Lyon NL.

VERS L'EXAMEN

12 : Calculer la longueur d'un tube lumineux

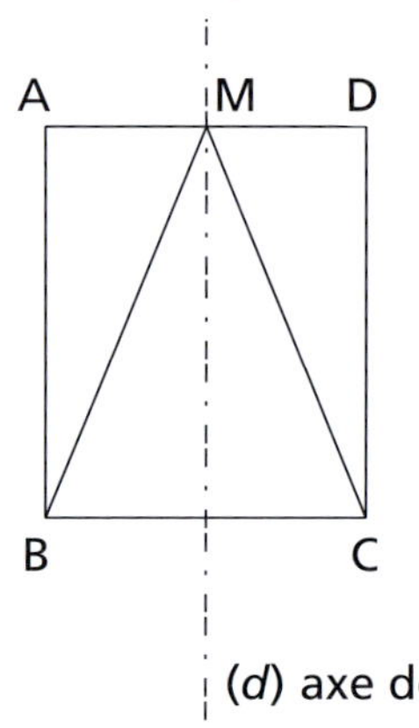

Une enseigne est constituée d'une armature métallique et d'un tube lumineux contrefaisant la lettre A. On a : AB = 1,3 m et AD = 0,8 m.

La figure n'est pas à l'échelle.

ABCD est un rectangle.

1. Calculer, en mètre, la longueur MD, sachant que M est le milieu de [AD].
2. Quelle est la nature du triangle MDC. Justifier.
3. Calculer, en mètre, à l'aide de la propriété de Pythagore, la longueur MC. Arrondir au centième.
4. En déduire, en mètre, la longueur *l* du tube BMC.

13 : Construire sa piscine

Voici le croquis à main levée de la piscine que madame Théodore veut construire.

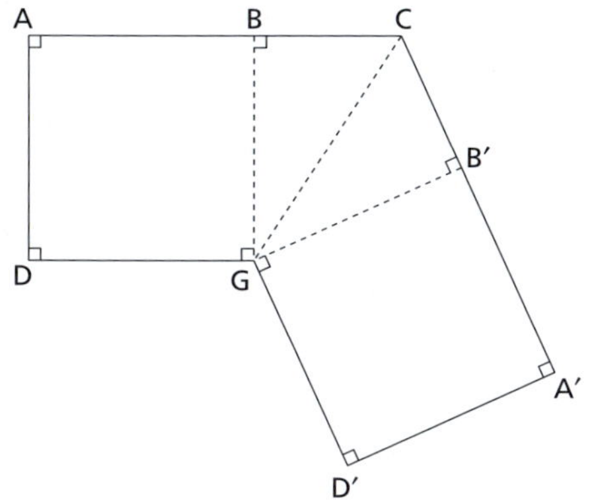

Données :

ABGD et GB′A′D′ sont des carrés.

AB = GB′ = 4 BC = CB′ = 3

Les proportions ne sont pas respectées.

1. Calculer, en m², l'aire A^1 du carré ABGD.
2. Calculer, en m², l'aire A^2 du triangle BCG rectangle en B. Détailler le calcul.
3. Calculer, en m², l'aire total A^t de la piscine représentée par le polygone ACA′D′GD. Détailler le calcul.
4. Calculer, en m, la longueur GC en utilisant le théorème de Pythagore. Détailler le calcul.

14 : Calculer une surface de moquette

Madame Soprano décide de construire une estrade comportant deux marches dans un coin de son salon afin de pouvoir mettre en valeur son piano. Voici le schéma en perspective de cette estrade.

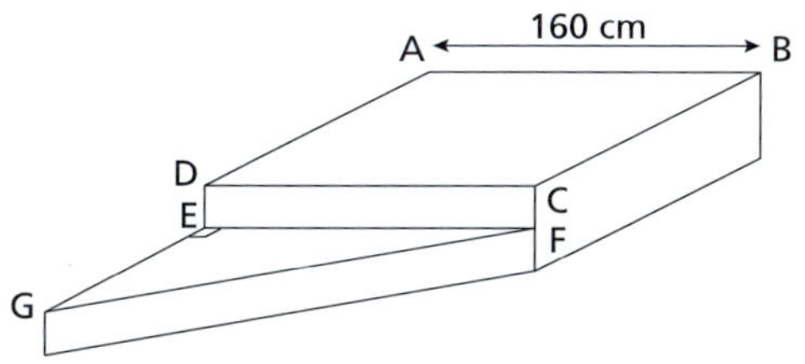

Elle désire recouvrir cette estrade de moquette. Elle vous demande de l'aider à calculer la surface de moquette nécessaire qui correspond à l'aire du carré ABCD, plus l'aire du rectangle DEFC et celle du triangle GEF.

1. Le dessus de l'estrade ABCD est un carré de côté 160 cm. Calculer l'aire (en cm²) de ce carré.
2. La première contremarche est un rectangle DEFC avec DE = 18 cm. Calculer l'aire (en cm²) de ce rectangle.
3. En mesurant son estrade, Madame Soprano a mesuré la longueur du côté GF du triangle GEF rectangle en E. Elle trouve GF=172cm. Utiliser le théorème de Pythagore pour calculer (en cm) la longueur du côté GE de ce triangle. *(arrondir à l'unité)*.
4. Calculer l'aire (en cm²) du triangle EFG. On prendra GE = 63 cm.
5. Quelle est alors la surface totale de moquette nécessaire en cm² ?
6. Convertir cette surface en m². *Arrondir à 0,01*.

15 : Faire un schéma à une échelle donnée

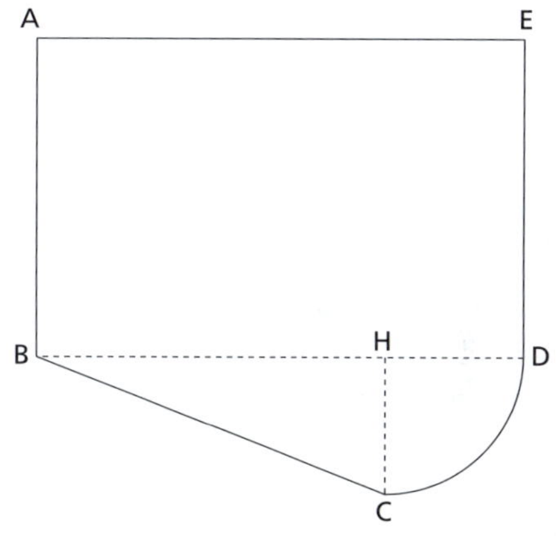

La figure ci-dessus représente le schéma d'une terrasse. Le schéma n'est pas à l'échelle.

On donne AE = 7 m ; AB = 3,5 m.

– ABDE est un rectangle ;

– BHC est un triangle rectangle en H ;

– $\overset{\frown}{CD}$ est un quart de cercle de centre H et de rayon 1,5 m.

On désire représenter cette terrasse à l'échelle 1/100.

1. Que signifie « échelle 1/100 » ?
2. Sur le dessin à l'échelle, quelle sera :
   - la longueur de AE ?
   - la longueur de AB ?
   - la longueur de HD ?
3. Représenter la terrasse, à l'échelle 1/100.
4. Citer une hauteur du triangle BHC.
5. Calculer, en m, la longueur BC.
6. Donner la mesure en dm.

À vos souris !

Mathenpoche

Ce logiciel permet de travailler la connaissance et l'utilisation de la propriété de Pythagore du début jusqu'à la fin des calculs.

→ Aller sur un moteur de recherche et taper « Mathenpoche ». Sélectionner le niveau CAP puis Géométrie.
→ Cliquer sur **S1** pour travailler **le théorème de Pythagore** et ensuite sur **S2** pour travailler **la réciproque de Pythagore.**

1. Le vocabulaire du triangle rectangle

Cette première étape permet à l'élève, en toute autonomie, de reprendre les notions élémentaires du vocabulaire du triangle rectangle.

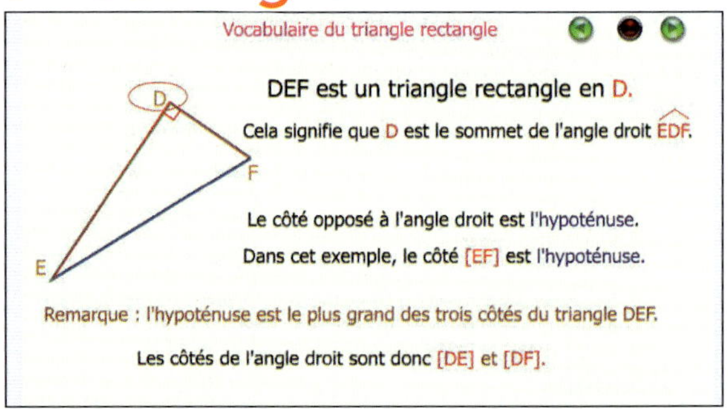

2. La relation avec un triangle tracé

Après avoir revu le vocabulaire du triangle rectangle, vous êtes à même d'écrire la relation en s'aidant de la figure tracée.

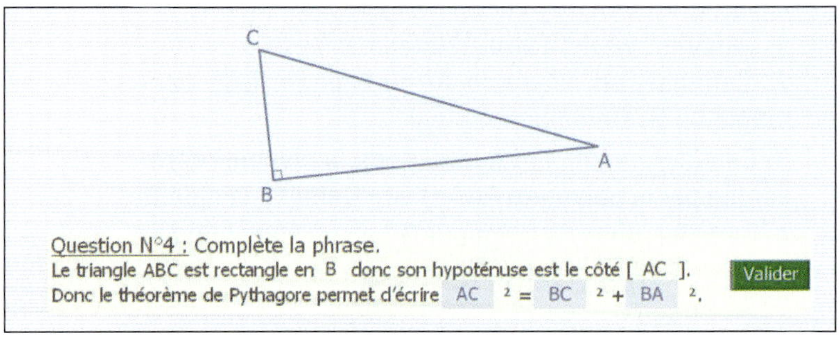

3. La relation sans le triangle tracé

Vous n'avez plus la figure tracée, vous devez maîtriser la reconnaissance de l'hypoténuse, en fonction de l'angle droit donné et trouver la relation qui convient.

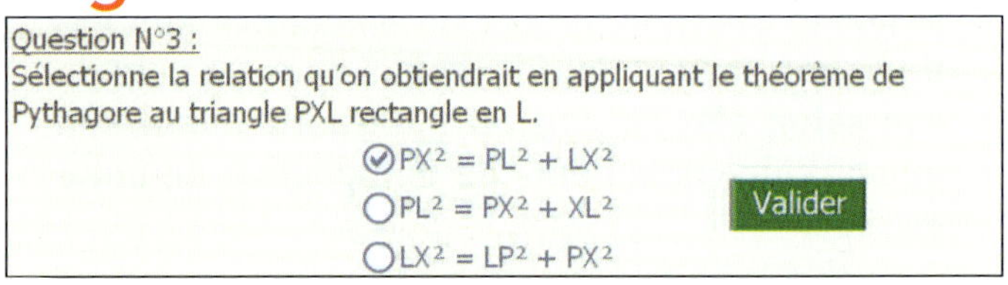

4. Calcul à partir de la relation écrite

Vous travaillez à partir d'une relation mathématique correcte.

Vous devez maintenant effectuer les calculs demandés : calcul de la longueur de l'hypoténuse ou calcul de la longueur de l'un des deux côtés de l'angle droit.

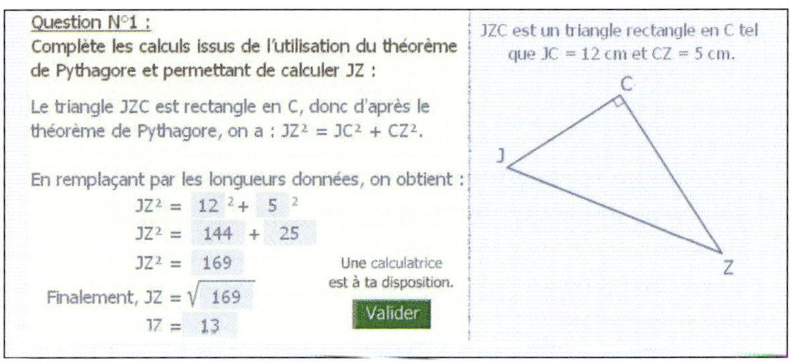

CHAPITRE 12

La propriété de Thalès

Activité d'approche

La hauteur de la pyramide de Khéops semblait impossible à mesurer. Pourtant Thalès y parvint avec l'aide du soleil et beaucoup d'imagination...

Il dit la chose suivante : « le rapport que j'entretiens avec mon ombre est le même que celui de la pyramide avec la sienne ».

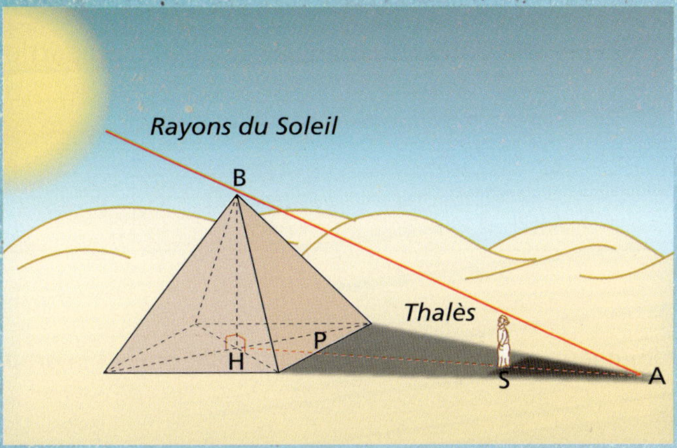

Schématisation de la situation

Thalès a une taille de 1m 73, donc :
TS = 1,73 m
Il mesure son ombre (SA)
et l'ombre (PA) de la pyramide :
SA = 3 m ; PA = 140 m

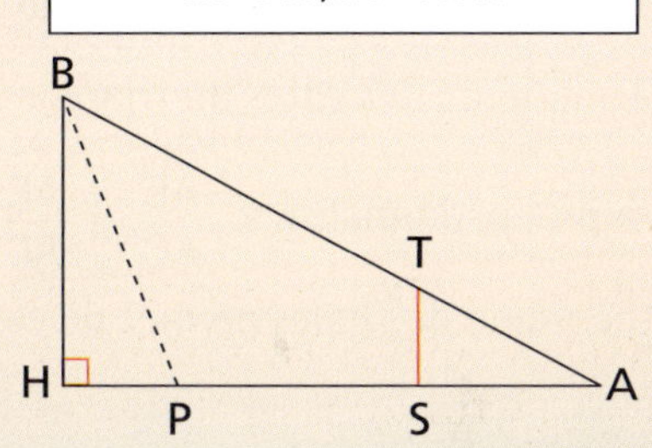

La pyramide de Khéops est une pyramide régulière à base carrée de côté 230 m.

1. **Calculer la longueur HP et en déduire la longueur HA.**

« Le rapport que j'entretiens avec mon ombre est le même que celui de la pyramide avec la sienne », cette parole signifie que la taille d'un objet et celle de son ombre sont proportionnelles.

2. **Recopier et compléter le tableau de proportionnalité suivant :**

	Thalès	Pyramide
Taille objet (*m*)	TS = ?	BH
Taille ombre (*m*)	SA = ?	HA = ?

La proportionnalité entre la taille de l'objet et la taille de l'ombre se traduit par l'égalité :

$$\frac{SA}{TS} = \frac{HA}{BH}$$

3. **En déduire BH, la hauteur de la pyramide.**

Je dois être capable :
- de calculer la longueur d'un segment.

1 Le théorème de Thalès

Soit un triangle ACC′ dont les droites (BB′) et (CC′) sont parallèles.

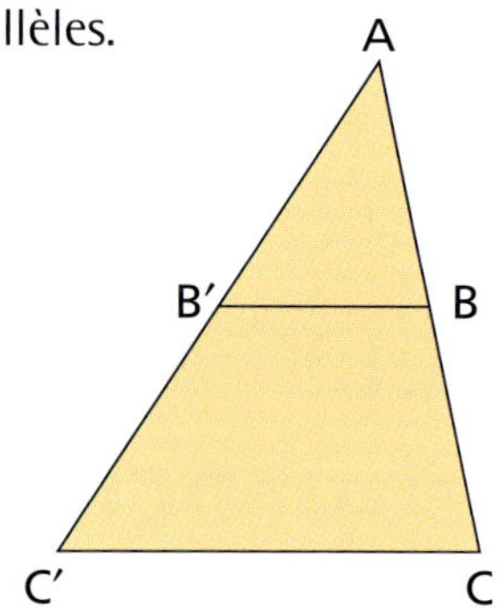

Si dans un triangle ACC′, (BB′) est parallèle à (CC′) alors :

$$\frac{AB}{AC} = \frac{AB'}{AC'} = \frac{BB'}{CC'}$$

Écrire $\frac{AB}{AC} = \frac{AB'}{AC'} = \frac{BB'}{CC'}$ signifie que les longueurs des côtés du triangle ACC′ sont **proportionnelles** aux longueurs des côtés du triangle ABB′.

Longueurs des côtés du triangle ACC′	AC	AC′	CC′
Longueurs des côtés du triangle ABB′	AB	AB′	BB′

Il y a proportionnalité si $\frac{AB}{AC} = \frac{AB'}{AC'} = \frac{BB'}{CC'}$.

Le théorème de Thalès permet de calculer une longueur en utilisant à la fois le parallélisme et la proportionnalité.

2 Méthode

Soit un triangle ABC dont les droites (B′C′) et (BC) sont parallèles.

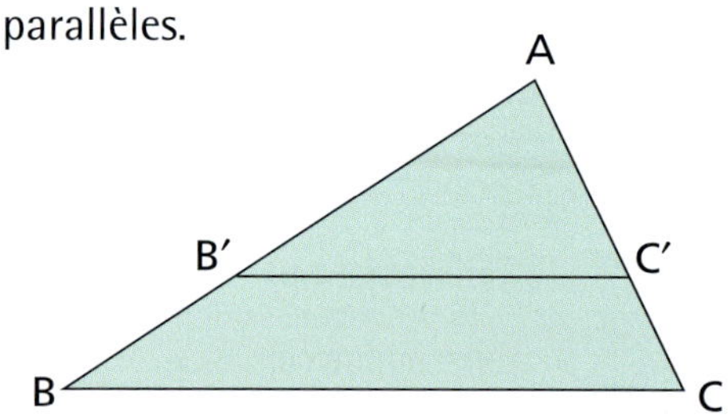

Méthode

Je désire calculer AB′.
Je connais : AB = 10 m, AC = 4 m et AC′ = 3 m.

→ J'écris la relation de Thalès au triangle ABC : $\frac{AC'}{AC} = \frac{AB'}{AB} = \frac{B'C'}{BC}$.

→ Je remplace : $\frac{3}{4} = \frac{AB'}{10} = \frac{B'C'}{BC}$.

Méthode

→ J'isole les deux rapports où j'ai seulement comme inconnue la longueur AB′ que je cherche : $\frac{3}{4} = \frac{AB'}{10}$.

→ J'effectue le produit en croix : $3 \times 10 = AB' \times 4$.

→ Je calcule : $30 = AB' \times 4$.

→ Je résous l'équation : $AB' = \frac{30}{4}$.

→ Je donne le résultat avec l'unité : $AB' = 7{,}5$ m.

3 Application : agrandissement ou réduction

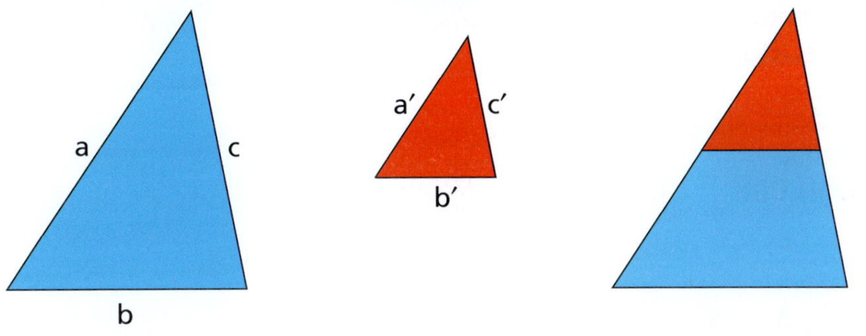

Le triangle rouge est une réduction du triangle bleu si $\frac{a}{a'} = \frac{b}{b'} = \frac{c}{c'} = k$

Une réduction ou un agrandissement s'obtient en multipliant toutes les dimensions par un même nombre *k*.

Si on superpose les deux triangles, on obtient un triangle avec deux droites parallèles.

L'ESSENTIEL À RETENIR

Dans un triangle ABC, si (B′C′) est parallèle à (BC) alors :

$$\frac{AB'}{AB} = \frac{AC}{AC'} = \frac{B'C'}{BC}$$

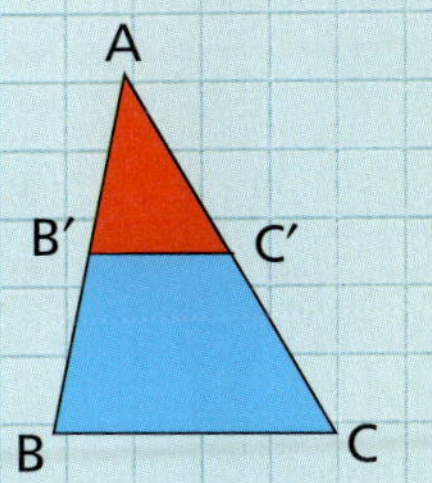

Je m'entraîne

QCM

1. La propriété de Thalès s'utilise dans un triangle :	a. quelconque	b. rectangle	c. isocèle
2. Si $\frac{4}{5} = \frac{AB}{7}$ alors :	a. $AB = \frac{4 \times 7}{5}$	b. $AB = 4 \times 7 - 5$	c. $AB = 0{,}8 \times 7$
3. 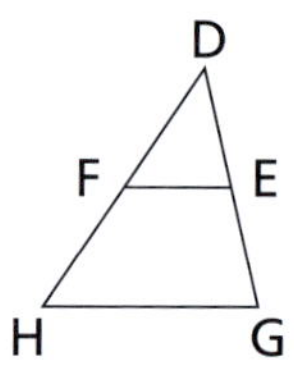 **Dans le triangle DGH les droites (FE) et (HG) sont :**	a. perpendiculaires	b. parallèles	c. sécantes
4. La relation de Thalès appliqué au triangle DGH donne :	a. $\frac{DE}{DG} = \frac{DF}{DH} = \frac{FE}{HG}$	a. $\frac{DE}{DG} = \frac{DF}{DH} = \frac{HG}{FE}$	c. $\frac{DE}{DG} = \frac{DH}{DF} = \frac{FE}{HG}$
5. Le « produit en croix » appliqué à l'égalité $\frac{5}{9} = \frac{4}{AC}$ donne :	a. $5AC = 36$	b. $20 = 9AC$	c. $9 \times 4 = 5 \times AC$

EXERCICES CORRIGÉS

1 : Calculer la hauteur d'un pilier

La tribune basse du stade de Reims est constitué d'un système de crémaillères en béton. Chaque crémaillère supporte un gradins, comme indiqué sur la figure.

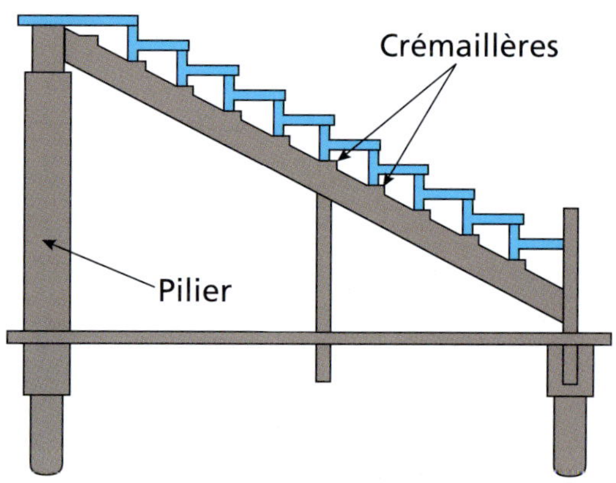

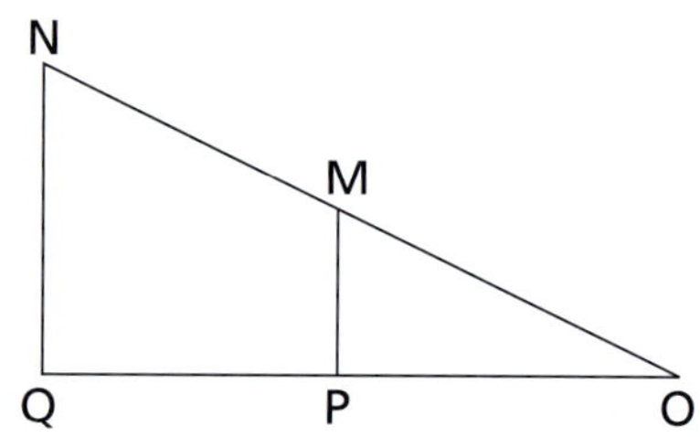

L'ensemble est schématisé par deux triangles (OMP) et (ONQ).

On donne : OM = 386,8 cm, MN = 388,5 cm, PM = 226 cm et (MP) // (NQ)

- Calculer, en cm, la longueur QN correspondant à la hauteur du pilier supportant l'ensemble.

Arrondir la valeur au dixième.

Voir le corrigé, p. 148

2 : Calculer des longueurs de tube

Certaines éoliennes sont montées sur des pylônes métalliques. Le pylône de l'éolienne est représenté par le schéma ①. On utilisera la figure ② pour résoudre le problème.

(BE) // (CF) // (DG)
AB = 960 mm
BC = 1 440 mm
CF = 500 mm
La droite (AH) est un axe de symétrie

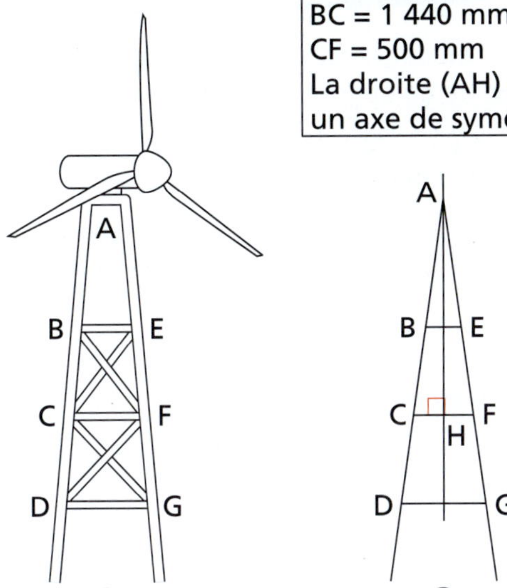

① ②

1. Parmi les trois tubes horizontaux : BE, CF et DG, quels sont ceux dont on peut connaître la longueur. Justifier la réponse.

2. Calculer en mm la longueur du tube BE.

Voir le corrigé, p. 148

EXERCICES D'APPLICATION

3 : Écrire la relation de Thalès

Soit ABCD un rectangle avec (EF) // (BC).

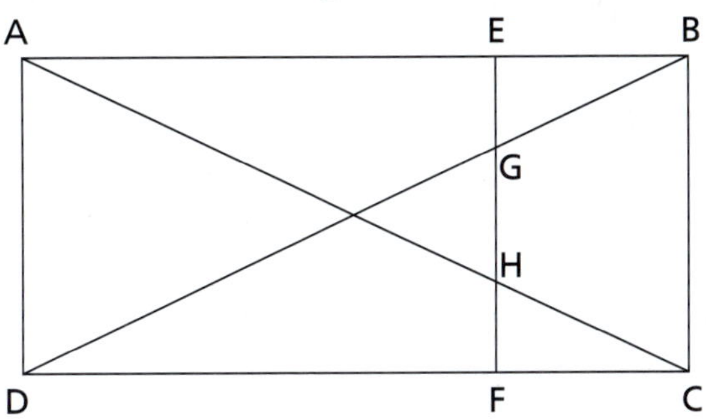

Écrire la relation de Thalès appliquée :

1. au triangle BCD.

2. au triangle ACD.

3. au triangle ABC.

4. au triangle ABD.

4 : Calculer une longueur

On souhaite déterminer la mesure de [BB′] pour que l'écartement au pied de l'échelle de peintre soit de 1,63 m afin d'obtenir une inclinaison de 75°.

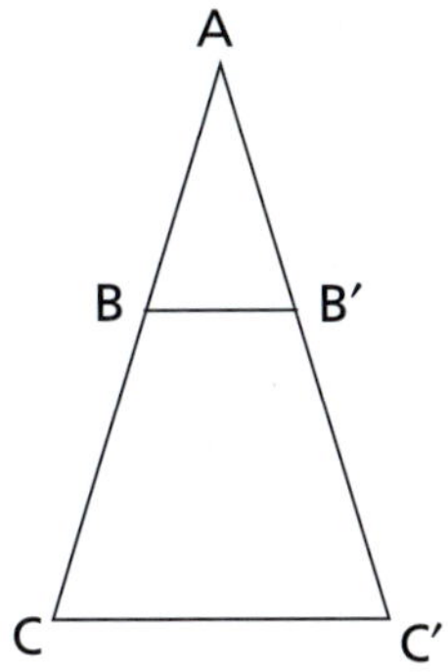

On donne : (BB′) // (CC) ; *AB* = 1,16 m ; *AC* = 3,15 m ; *CC′* = 1,63 m.

• Calculer la mesure du segment *BB′*. Donner la valeur arrondie au centième.

5 : Régler des feux

Pour effectuer un réglage rapide des feux de croisement d'un véhicule, on place celui-ci devant un mur vertical comme l'indique le schéma ci-dessous :

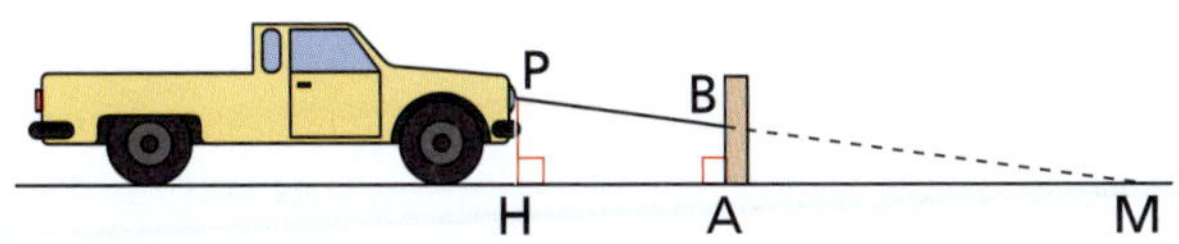

Le schéma n'est pas à l'échelle

On donne

– la portée des feux de croisement est HM = 30 m ;

– la hauteur des feux est HP = 0,8 m ;

– la distance entre le mur et la voiture est AH = 3 m ;

Calculer :

1. la distance AM ;

2. la hauteur de réglage AB.

6 : Manipuler les rapports

La propriété de Thalès à été appliquée à quatre triangles et l'on arrive aux égalités suivantes :

$\frac{AB}{9} = \frac{6}{15}$; $\frac{25}{20} = \frac{AB'}{17}$; $\frac{4}{AC} = \frac{7}{9}$; $\frac{3}{2} = \frac{13}{AC'}$.

Calculer la distance manquante et arrondir au dixième si nécessaire.

VERS L'EXAMEN

7 : Calculer une hauteur de dépôt

Un clarificateur permet de purifier un liquide en faisant se déposer au fond tous les agrégats et particules en suspension.

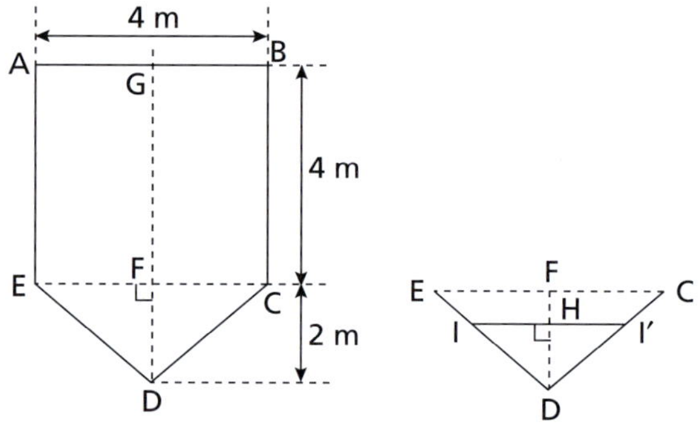

On étudie un clarificateur formé d'un cylindre de révolution et d'un cône de révolution, placés comme l'indique le dessin, dans lequel on verse de l'eau boueuse. (GD est l'axe de révolution).

1. Calculer la longueur ED. Arrondir au dixième.

La boue se dépose au fond du clarificateur et occupe le cône II'D. On peut mesurer ID et l'on trouve 1,5 m.

2. Calculer la mesure de HD et arrondir à 0,1.

8 : Déterminer des longueurs

Le train, composé d'une locomotive PACIFIC et d'un wagon est posé sur une rampe d'accès inclinée [AB] de 3 m de longueur. Pour soutenir le plan incliné, on utilise trois piliers EE' ; DD' ; CB.

On donne :

L_3 = 36 cm ;

(EE') // (DD')

(DD') // (CB).

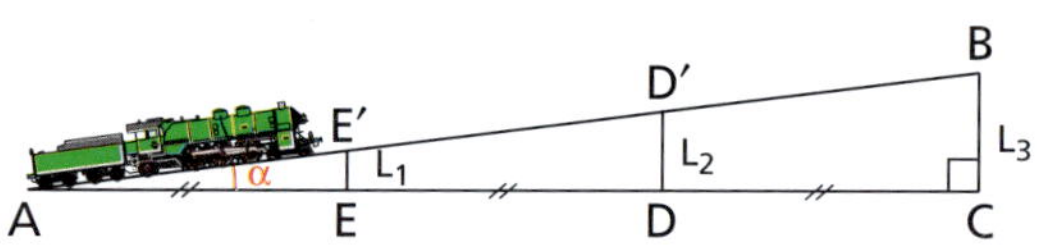

• Calculer, en centimètres, les longueurs L_1 et L_2 des deux piliers intermédiaires.

9 : Caractériser une dénivelé

Le dénivelé de la voie ferrée ne peut pas dépasser 3,5 %. Les cotes sont en mètre. La figure ne respecte pas les proportions.

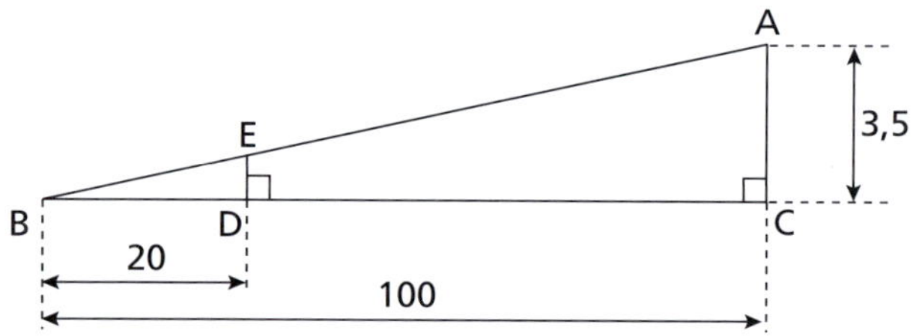

1. Calculer en degré, la valeur, de l'angle $\widehat{B}$. Arrondir au dixième de degré.
2. Calculer en mètre, la longueur ED. Arrondir le résultat au centième.

10 : Calculer la longueur d'une poutre et d'un poteau

La façade de la maison a été construite avec la technique « poteaux-poutres ».

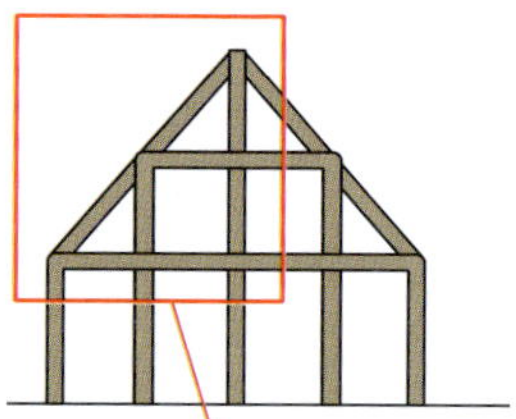

Figure 1

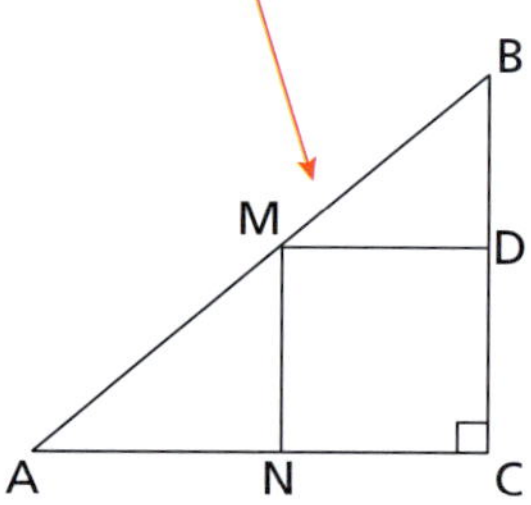

Figure 2

La figure 1 représente l'ossature de cette façade.

La partie de la façade est décrite par le triangle ACB de la figure 2.

AC = 3 m ; BC = 3,20 m

La droite (MN) est parallèle à la droite (CB) ; le point N est le milieu du segment [AC].

1. Calculer, en m, la longueur AB. Indiquer les différentes étapes du calcul. Arrondir le résultat au dixième.
2. Calculer, en m, la longueur MN.

11 : Coter une étagère

Dans la bibliothèque d'un centre de jeunesse, on souhaite installer un meuble triangulaire comportant deux tablettes IR et LE, selon le schéma suivant :

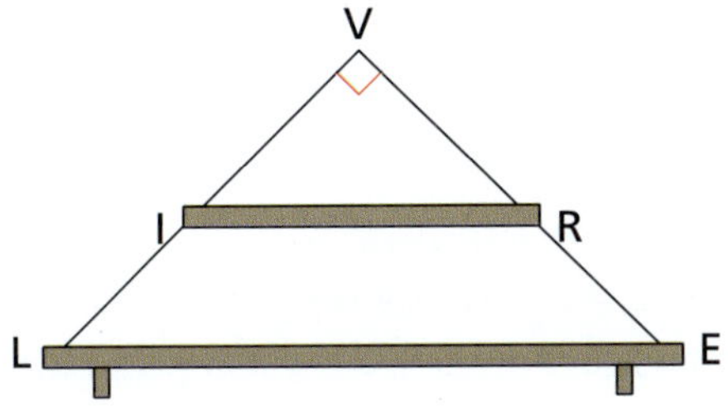

Données: LVE est un triangle rectangle isocèle.

VL = 1,60 m

(IR) // (LE)

1. Calculer, en degrés, la mesure de l'angle $\widehat{VEL}$.

2. Calculer en m la longueur LE, base de l'étagère. Arrondir le résultat au cm.

3. On admet que LE = 2,30 m et VI = 0,90 m. Calculer, en m, la longueur de la tablette IR. Arrondir le résultat au cm.

12 : Exploiter un plan

Dans une ville, une entreprise doit placer une ligne électrique souterraine tout au long de la rue entre les points A et B (voir plan ci-dessous).

Sur le plan et grâce à l'échelle, on a pu déterminer les longueurs AC et BC et l'angle $\widehat{ACB}$.

AC = 494 m ; BC = 264 m ; $\widehat{ACB}$ = 90°

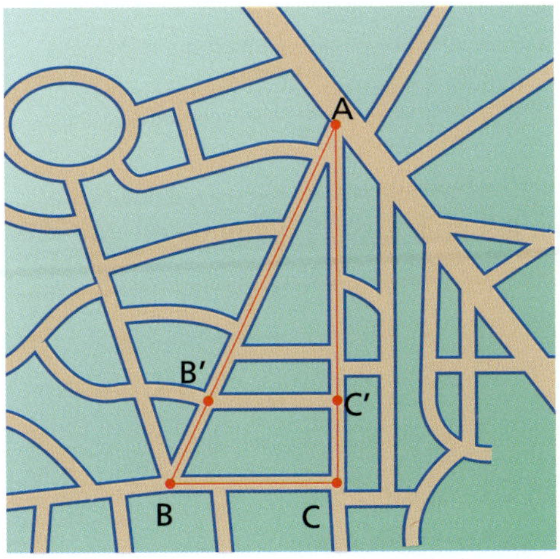

1. Écrire la relation de Pythagore pour le triangle rectangle ABC. En déduire la longueur AB arrondie au mètre.

2. La rue (B′C′) est parallèle à la rue (BC). La longueur de AC′mesure 358 m.

En appliquant la propriété de Thalès dans le triangle ABC, calculer la longueur AB′.

3. a. Reproduire le plan correspondant au triangle ABC à l'échelle 1/5000[e].

3. b. Sur ce plan, tracer le segment [B′C′].

13 : Exploiter un plan

Voici le plan à l'échelle du studio de M. Pabol.

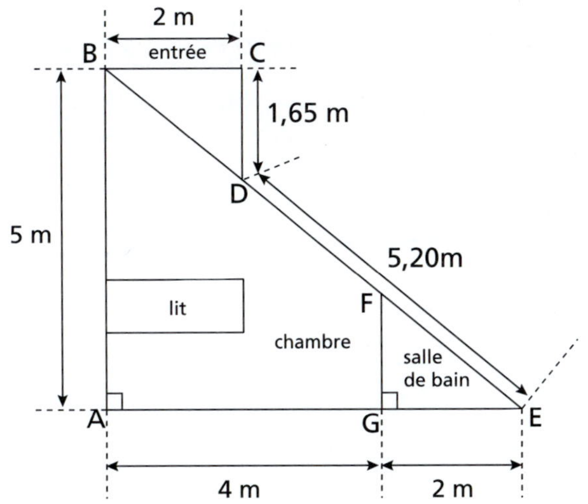

1. Calculer la longueur BE. Arrondir le résultat à 0,1 m.

2. Calculer la longueur du mur FG de séparation entre la chambre et la salle de bain. Arrondir au mm le résultat trouvé. Préciser le théorème utilisé, en justifiant.

3. Calculer l'aire totale du studio (entrée + salle de bain + chambre).

14 : Raisonner

Une table à repasser est constituée d'une planche et de deux pieds [AE] et [BF] articulés en O (voir figures ci-dessous).

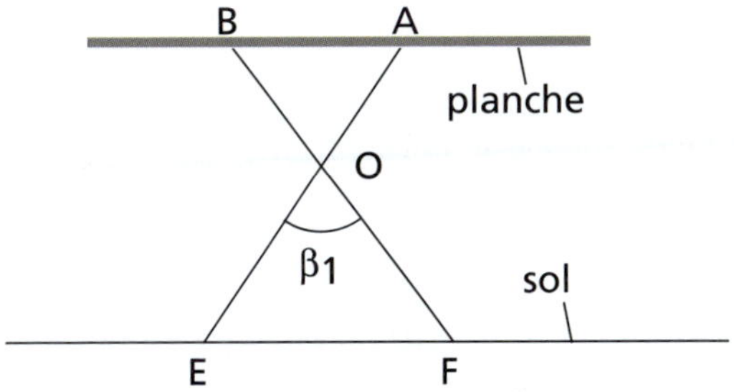

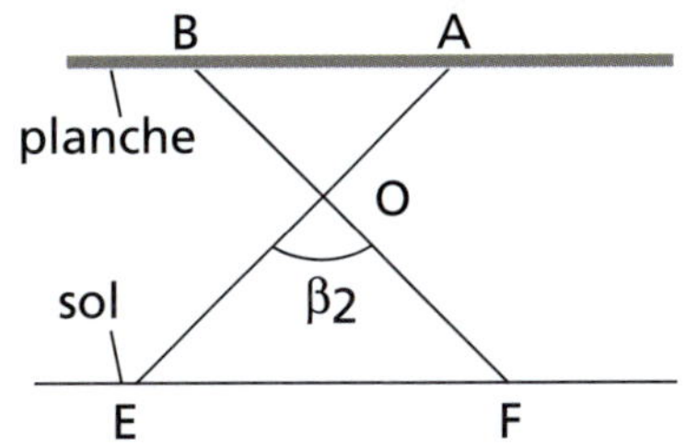

On donne : OA = 40 cm ; OB = 37,5 cm ; OE = 64 cm ; OF = 60 cm.

1. Calculer les rapports $\frac{OA}{OE}$ et $\frac{OB}{OF}$. Les comparer.

2. Indiquer la position des droites (AB) et (EF) l'une par rapport à l'autre.

3. Expliquer pourquoi la planche reste parallèle au sol quand la mesure de l'angle β des pieds varie.

À vos souris !

GeoGebra

Avec ce logiciel de géométrie dynamique, il est facile d'obtenir très rapidement un nombre important de cas en faisant varier la position d'un ou plusieurs point(s).

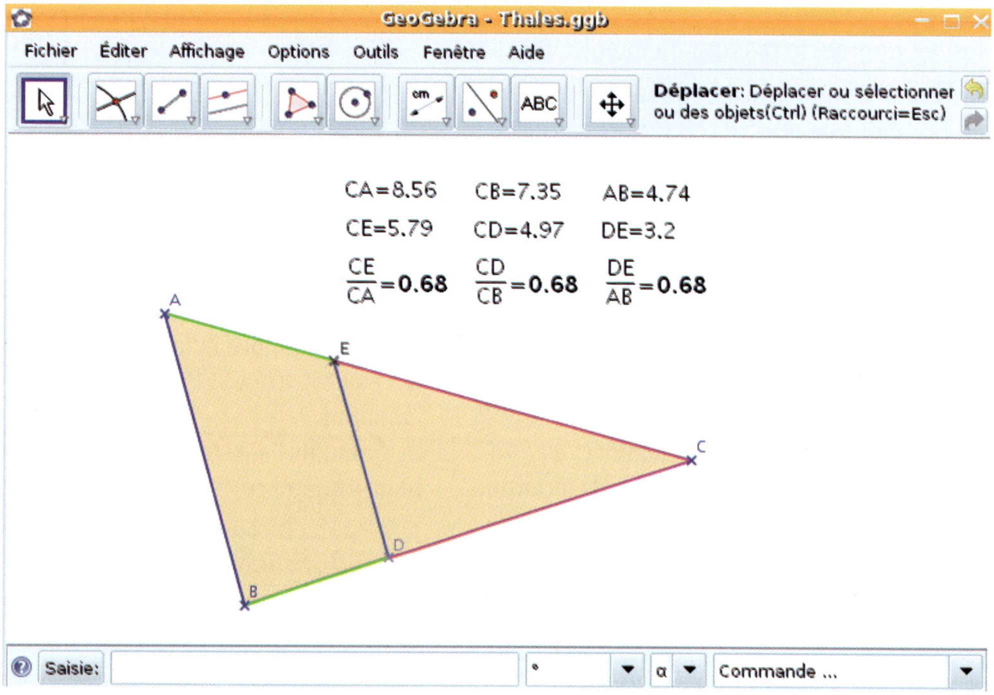

→ Ouvrir le fichier Thales. gbb.

→ À l'aide de , faire varier la position des points (seuls les points en bleus peuvent voir leur position varier).

- Les droites (ED) et (AB) restent-elles parallèles ?
- Les trois rapports restent-ils égaux ?
- Comment varient les trois rapports lorsque les points A, B et C bougent ?
- Sur quel point peut-on agir pour avoir une valeur des trois rapports différente ?
- Existe-t-il des cas où les trois rapports ne sont pas égaux.
- En déduire la relation de Thalès appliquée au triangle ABC.

CHAPITRE 13

Relations trigonométriques dans le triangle rectangle

Activité d'approche

La pente des toits dépend du climat (pluies, neige et vent). Mais la pente d'un toit, est-ce la même chose que l'angle d'inclinaison ?

La pente exprimée en pourcentage est le rapport entre l'élévation verticale et le déplacement horizontal.

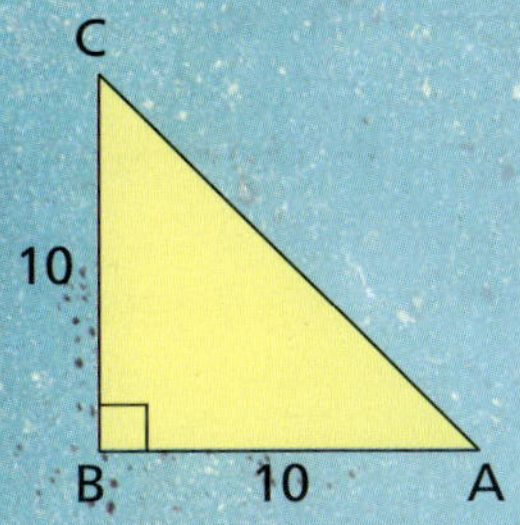

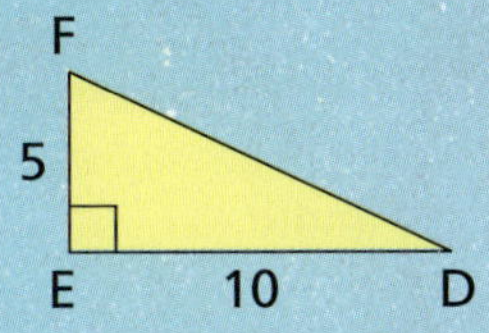

1. Calculer la pente AC dans le triangle ABC.
2. Indiquer la nature du triangle ABC.
3. En déduire la valeur de l'angle $\widehat{A}$.
4. Calculer la pente DF dans le triangle DEF.
5. Reproduire la figure et mesurer l'angle $\widehat{D}$.
6. La détermination précédente est-elle précise ?
7. Résumer les résultats précédents dans le tableau suivant.

Horizontale	Verticale	Pente (%)	Angle (°)
10	10		
10	5		

8. À l'aide du tableau, peut-on affirmer que la pente est égale à l'angle d'inclinaison ?
9. Évaluer la pente du toit de la photo. Que dire de l'angle correspondant ?

Je dois être capable :
- de donner la valeur d'un cosinus, d'un sinus, d'une tangente ;
- de donner la valeur d'un angle à partir d'un cosinus, d'un sinus, d'une tangente ;
- de déterminer la mesure d'un angle dans un triangle rectangle ;
- de déterminer la longueur d'un côté dans un triangle rectangle.

La trigonométrie est l'étude des triangles et des relations qui existent entre les angles et les côtés d'un triangle.

1 Cosinus, sinus et tangente d'un angle

Soit un triangle ABC rectangle en B.

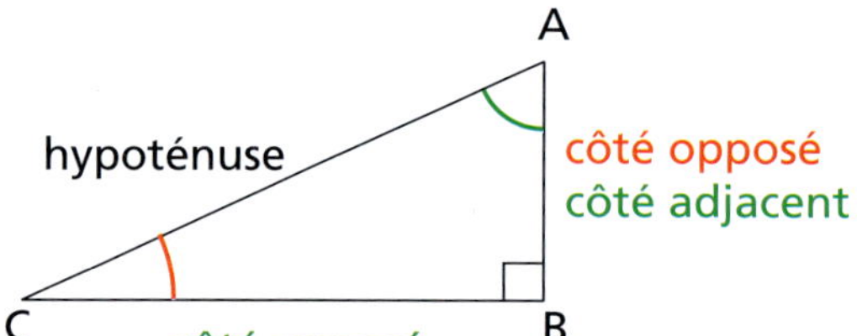

L'hypoténuse est le côté opposé (côté qui fait face) à l'angle droit.
Les deux autres côtés, côté opposé et côté adjacent, dépendent de l'angle considéré.

Les **rapports trigonométriques** sont des relations entre les angles et les côtés d'un triangle rectangle.

$$\text{sinus d'un angle} = \frac{\text{longueur du côté opposé à cet angle}}{\text{longueur de l'hypoténuse}}$$

$$\text{cosinus d'un angle} = \frac{\text{longueur du côté adjacent à cet angle}}{\text{longueur de l'hypoténuse}}$$

$$\text{tangente d'un angle} = \frac{\text{longueur du côté opposé à cet angle}}{\text{longueur du côté adjacent à cet angle}}$$

Appliquées à la figure précédente, ces formules donnent :

- **pour l'angle $\widehat{C}$**

$\sin \widehat{C} = \frac{AB}{AC}$; $\cos \widehat{C} = \frac{BC}{AC}$; $\tan \widehat{C} = \frac{AB}{BC}$

- **pour l'angle $\widehat{A}$**

$\sin \widehat{A} = \frac{BC}{AC}$; $\cos \widehat{A} = \frac{AB}{AC}$; $\tan \widehat{A} = \frac{BC}{AB}$

Ces rapports trigonométriques permettent :
- de déterminer la valeur d'un côté ;
- de calculer la mesure d'un angle

2 Détermination d'un angle

Soit un triangle ABC rectangle en B, dont on souhaite connaître la valeur de l'angle $\widehat{A}$.

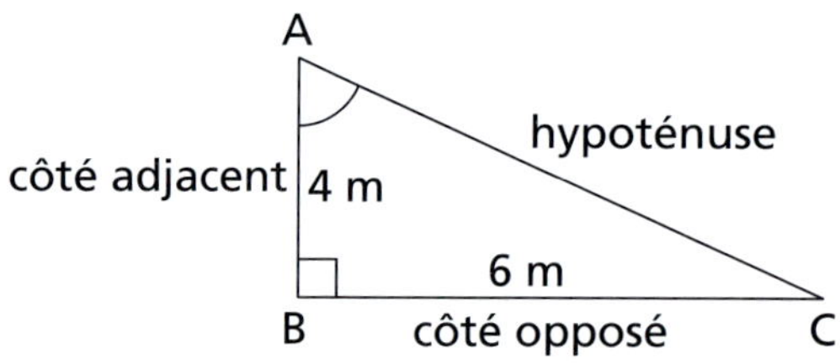

L'un des trois rapports trigonométriques va permettre de déterminer l'angle $\widehat{A}$.

Méthode

→ Par rapport à l'angle $\widehat{A}$ que je cherche, je repère le côté opposé, le côté adjacent et l'hypoténuse en annotant la figure ci-dessus.
→ Je fais le bilan : je connais le côté opposé et le côté adjacent, il me faut donc un rapport trigonométrique qui utilise le côté opposé et le côté adjacent, il s'agit de la tangente
→ J'écris la tangente de l'angle $\widehat{A}$ — $\tan \widehat{A} = \frac{BC}{AB}$.
→ Je remplace — $\tan \widehat{A} = \frac{6}{4}$, soit $\tan \widehat{A} = 1{,}5$.
→ J'applique la fonction inverse de la fonction tangente, c'est-à-dire $\tan^{-1}$ — $\widehat{A} = \tan^{-1}(1{,}5)$.
→ Je règle ma calculatrice en degrés, j'effectue le calcul et je note mon résultat avec l'unité — $\widehat{A} = 56{,}3°$.

3 Détermination d'un côté

Soit un triangle ABC rectangle en B dont on souhaite connaître la mesure de [AB].

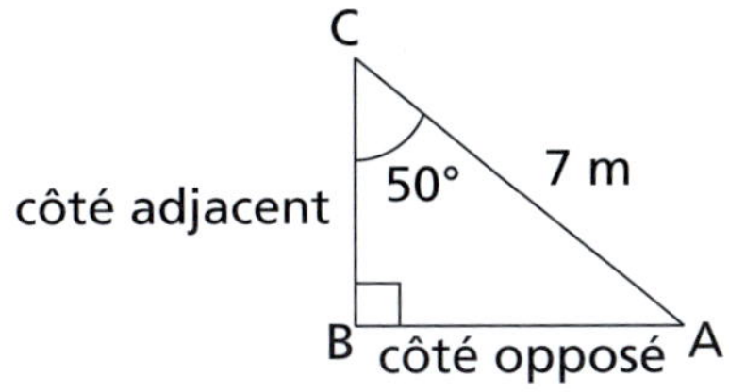

L'un des trois rapports trigonométriques va permettre de déterminer AB.

Méthode

→ Par rapport à l'angle $\widehat{C}$, je repère le côté opposé, le côté adjacent et l'hypoténuse en annotant la figure ci-dessus.
→ Je fais le bilan : je connais l'hypoténuse et je veux calculer le côté opposé, il me faut donc un rapport trigonométrique qui utilise le côté opposé et l'hypoténuse, il s'agit du sinus.
→ J'écris le sinus de l'angle $\widehat{C}$: — $\sin \widehat{C} = \frac{AB}{AC}$.
→ Je remplace — $\sin 50° = \frac{AB}{7}$.
→ J'effectue le produit en croix : — $AB = 7 \times \sin 50°$.
→ Je règle ma calculatrice en degrés, j'effectue le calcul et je note mon résultat avec l'unité — AB = 5,4 cm.

Voir rabats calculatrices pour les calculs trigonométriques.

L'ESSENTIEL À RETENIR

*** Mémotechnique pour retenir les trois rapports trigonométriques**

SOCATO
H H A

S = sinus	**O = opposé**
C = cosinus	**A = adjacent**
T = tangente	**H = hypoténuse**

*** Sinus d'un angle ou valeur d'un angle**

C'est le même type de procédure pour tangente et cosinus.

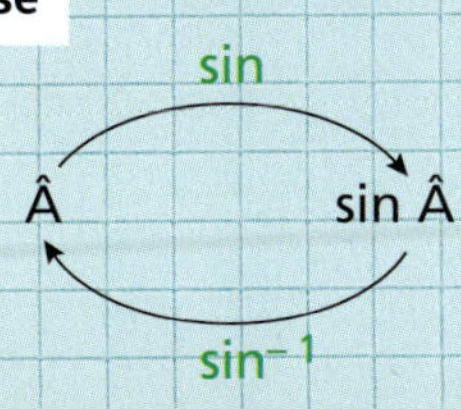

QCM

1. Si $\sin \widehat{A} = 0,5$ alors l'angle $\widehat{A}$ a pour valeur :	a. 30°	b. $8,73.10^{-3}$	c. 0,52°
2. Le côté opposé à l'angle droit est :	a. le côté qui fait face à l'angle droit	b. l'hypoténuse	c. le côté opposé
3. sin 90° est égal à :	a. 0,9	b. 1	c. 0
4. Les rapports trigonométriques s'utilisent dans un triangle :	a. rectangle	b. quelconque	c. isocèle
5. Si $\tan 30° = \frac{6}{AB}$ alors la valeur de AB est (arrondie à 0,1) :	a. 3,5	b. 3,1	c. 10,4

EXERCICES CORRIGÉS

1 : Déterminer la nature d'un triangle

La styliste d'un atelier envisage de confectionner le motif représenté ci-dessous pour ensuite le coudre sur une jupe.

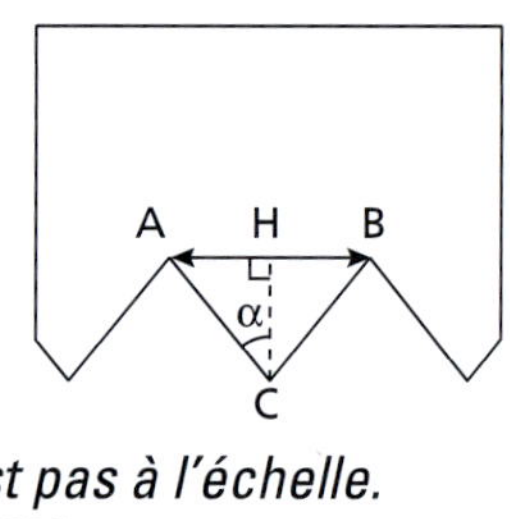

Le dessin n'est pas à l'échelle.

On a mesuré : HC = 4 cm et $\alpha = 39°$

On donne : la droite (HC) est un axe de symétrie.

1. Calculer, en cm, la longueur AH. Arrondir le résultat au dixième.
En déduire la longueur AB.

2. Calculer, en cm, la longueur AC. Arrondir le résultat au dixième.

3. Donner la nature du triangle ABC.

Voir le corrigé, p. 148

2 : Déterminer des angles d'un gabarit

Pour réaliser un parapluie, un fabricant utilise le gabarit représenté par la figure ABCF ci-dessous :

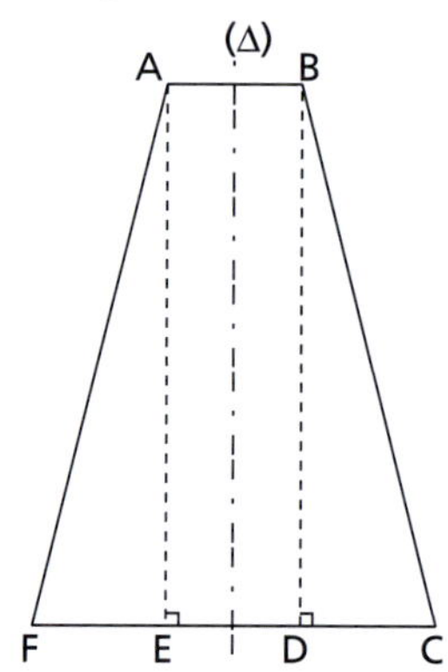

Le schéma n'est pas à l'échelle.

Les longueurs sont exprimées en centimètre.

On a mesuré : AF = BC = 56,5 cm.

AB = 1,4 cm

FC = 39,2 cm

La droite (Δ) est un axe de symétrie

1. Calculer, en cm, la longueur DC.

2. En prenant DC = 18,9 cm, calculer, en cm, la hauteur BD. Arrondir le résultat au dixième.

3. Calculer, en degré, la mesure de l'angle $\widehat{C}$. Arrondir le résultat au dixième.
En déduire la mesure de l'angle $\widehat{B}$.

Voir le corrigé, p. 149

3 : Calculer une distance

Un panneau de signalisation pour autoroute a les caractéristiques suivantes :

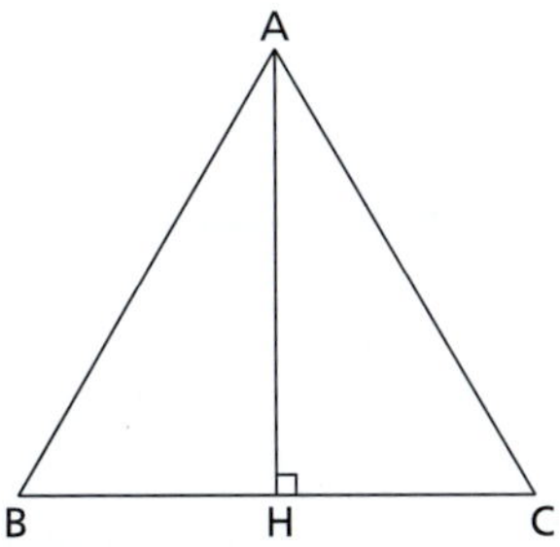

On a : AB = BC = AC = 150 cm.

1. Calculer, en cm, la hauteur AH du triangle. Arrondir le résultat à l'unité.

Pour qu'un objet soit facilement identifiable par l'œil humain, il doit apparaître sous un angle supérieur à 0,03°.

2. Calculer, en m, la distance d maximale pour que le panneau soit facilement identifiable pour une hauteur de 130 cm. Arrondir le résultat à l'unité.

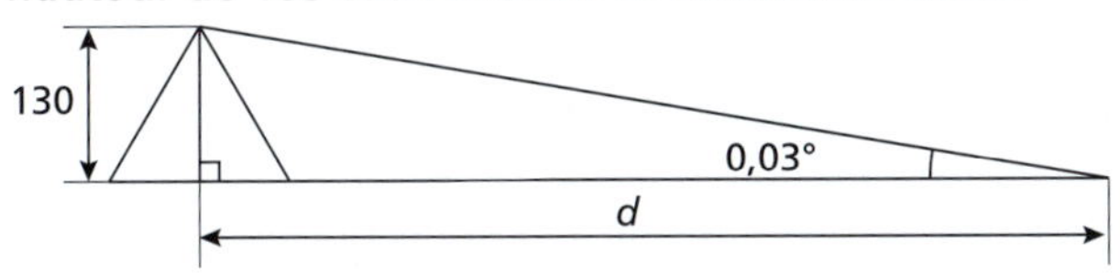

Voir le corrigé, p. 149

EXERCICES D'APPLICATION

4 : Utiliser la calculatrice

Recopier et compléter le tableau suivant à l'aide de la calculatrice.

α (°)	50	?	?	?
$\cos \alpha$	?	0,3	?	?
$\sin \alpha$	?	?	?	0,5
$\tan \alpha$	?	?	1	?

Arrondir les résultats au dixième.

5 : Se repérer dans un triangle

Soit le triangle ABC rectangle en B.

1. Faire un schéma.
2. Annoter le schéma précédent en indiquant :

– l'hypoténuse ;
– le coté opposé par rapport à l'angle $\widehat{A}$;
– le coté adjacent par rapport à l'angle $\widehat{A}$.

3. Donner l'expression de sin $\widehat{A}$.
4. Avec AC = 3 cm et $\widehat{A}$ = 35 °, calculer BC et arrondir à 0,1.

6 : Calculer une cote

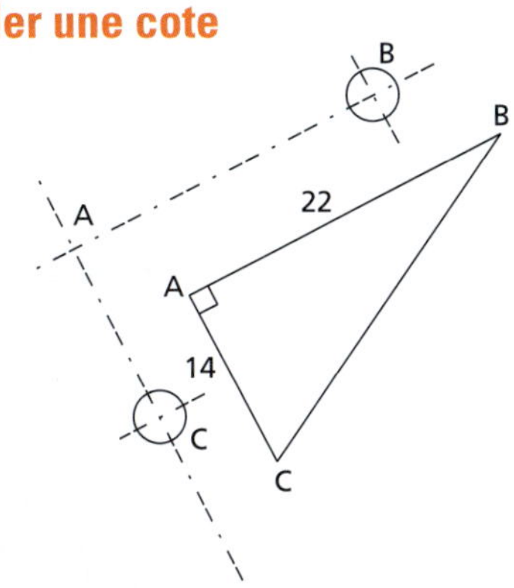

Pour fixer le moteur de la hotte, il faut percer trois trous centrés en A, B et C suivant la figure géométrique ci-dessus (cotes en cm). Le monteur souhaite s'assurer de la longueur du segment [BC].

1. Dans le triangle rectangle ABC, calculer la mesure de l'angle $\widehat{ACB}$ arrondie à 0,1 degré.
2. En déduire la mesure de l'angle $\widehat{ABC}$ arrondie à 0,1 degré.
3. Dans le triangle rectangle ABC, calculer la mesure du côté [BC] arrondie à l'unité.

7 : Calculer un angle

Voici deux panneaux :

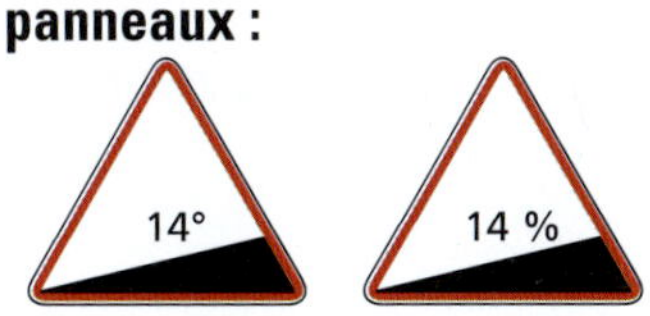

1. Indiquer l'angle de la pente pour le premier panneau.
2. Calculer l'angle d'inclinaison α correspondant au deuxième panneau sachant que tan α = 14 %.
3. En déduire la route la plus pentue.

8 : Déterminer un angle

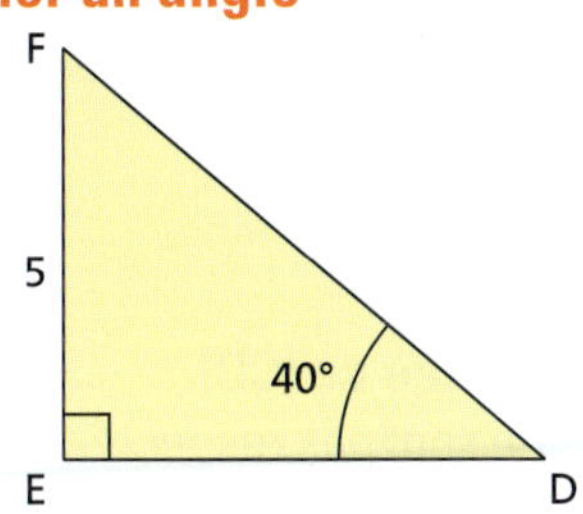

1. Peut-on déterminer l'angle $\widehat{F}$ à l'aide de la trigonométrie ?
2. Donner le rapport trigonométrique qui permettra de calculer ED.
3. Calculer ED.
4. Est-il désormais possible de calculer l'angle $\widehat{F}$ à l'aide de la trigonométrie ?
5. A-t-on réellement besoin de la trigonométrie pour calculer l'angle $\widehat{F}$? Dans l'affirmative, énoncer la propriété à utiliser.

9 : Calculer un angle d'inclinaison

La Tour de Pise penche et pour calculer l'angle d'inclinaison, les géomètres mesurent l'écartement du sommet avec la verticale. Le schéma suivant représente la situation :

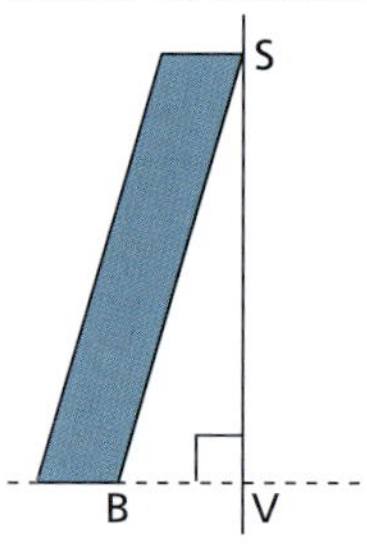

SV : hauteur de la Tour
BV : écartement du sommet avec la verticale
$\widehat{S}$: angle d'inclinaison
Un dernier relevé de mesures fait en 2008 donne BV = 3,99 m.
• Sachant que la tour a pour hauteur 54,5 m, calculer l'angle $\widehat{S}$.

VERS L'EXAMEN

10 : Vérifier une donnée constructeur

Une étagère de la bibliothèque est représentée par la figure ci-dessous. L'étagère, en verre transparent, est éclairée par un spot lumineux placé en B. La zone éclairée est représentée par le triangle BCD.

***Données* :**
EH = 2 m ; EF = 1,8 m
IE = IF = AH = AG
(BA) est la médiatrice de [CD].
Les proportions ne sont pas respectées sur le schéma.

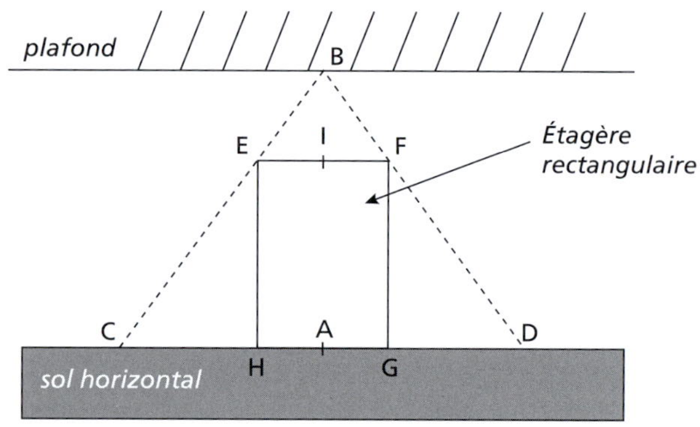

1. On donne CH = GD = 1,2 m. Calculer, en m, la longueur réelle CD. Justifier la réponse.
2. Indiquer la nature du triangle ABC. Justifier la réponse
3. On donne BI = 1,64 m. Calculer les longueurs réelle AB et AC.
4. Calculer tan $\widehat{C}$. Arrondir la valeur au millième.
5. Déduire de la question précédente la mesure, en degré, de l'angle . Arrondir la valeur à l'unité.
6. Calculer, en degré, la mesure de l'angle $\widehat{C}$.
7. La caractéristique technique fournie avec le spot par le fabricant est la suivante : « *Angle du cône lumineux compris entre 57° et 62°* »
8. Justifier par une phrase, si le fabriquant a respecté cette caractéristique.

11 : Caractériser une pièce

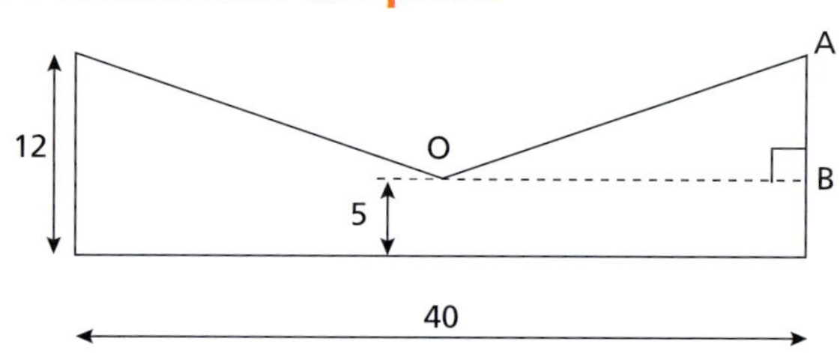

Les cotes sont en cm.

Pour fixer le chauffe-eau au mur, l'installateur utilise une pièce métallique ayant la forme suivante (qui admet pour axe de symétrie une droite verticale passant par O) :
1. Déterminer, en cm, la longueur AB.
2. Calculer, en cm, la longueur OA. Arrondir le résultat au dixième.
3. Calculer, en degré, la mesure de l'angle $\widehat{A}$. Arrondir à l'unité.

12 : Déterminer la nature d'un triangle

Le schéma suivant représente une patte de fixation pour un radiateur.

Les cotes sont données en mm et les proportions ne sont pas respectées.

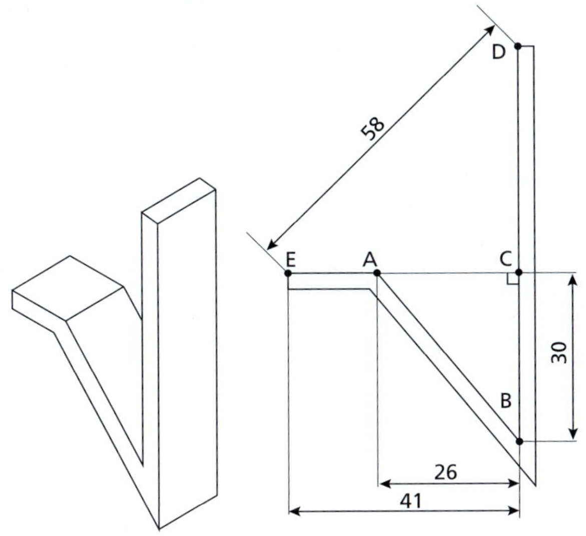

1. Calculer, en mm, la longueur *AB*. Arrondir la valeur à l'unité.
2. Calculer cos $\widehat{E}$. Arrondir la valeur au millième.
3. En déduire, en degré, la mesure de l'angle $\widehat{E}$. Arrondir la valeur à l'unité.
4. Parmi les propositions suivantes, recopier celle qui caractérise le mieux le triangle DEC.
triangle isocèle / triangle équilatéral / triangle rectangle isocèle

13 : Rechercher des angles et des cotes

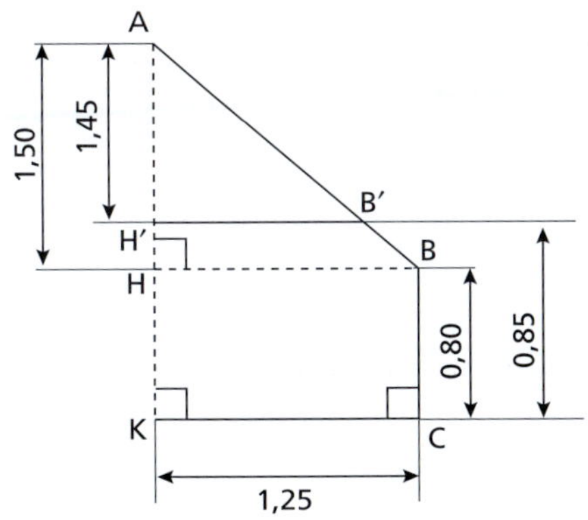

1. Dans le triangle ABH, rectangle en H, calculer la valeur de l'angle $\widehat{ABH}$.
Arrondir à 0,1°.
2. Dans le triangle ABH, calculer AB.
Le résultat sera arrondi à 0,01 m.

Le plateau H′B′ d'une table de travail sera positionné parallèlement à (HB) à 0,85 m du sol.

3. Calculer la largeur H′B′ du plateau. Arrondir à 0,01m.

14 : Calculer l'aire d'un trapèze

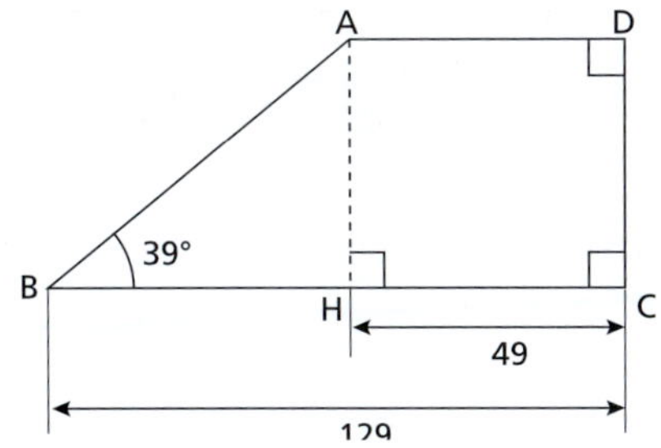

Les cotes sont en mm ; le dessin n'est pas à l'échelle.

1. Nommer la hauteur du trapèze ABCD
2. Déterminer BH.
3. Calculer AH et arrondir à l'unité.
4. En déduire l'aire du trapèze ABCD.

Aire du trapèze : $\dfrac{(B+b)h}{2}$ avec B : grande base et *b* : petite base.

15 : Dimensionner un escalier métallique

On s'intéresse au dimensionnement d'un escalier métallique sans palier intermédiaire représenté sur la figure ci-dessous. Ses dimensions suivent la loi du pas moyen : $2h + g = 630$ avec *h* la hauteur de marche et *g* le giron (largeur d'une marche), exprimés en mm.

Une hauteur trop faible présente un danger en descente tandis qu'une hauteur trop forte est très fatigante en montée.

Les normes imposent que $16 < h < 19$ et $26 < g < 30$ (les mesures sont en cm).

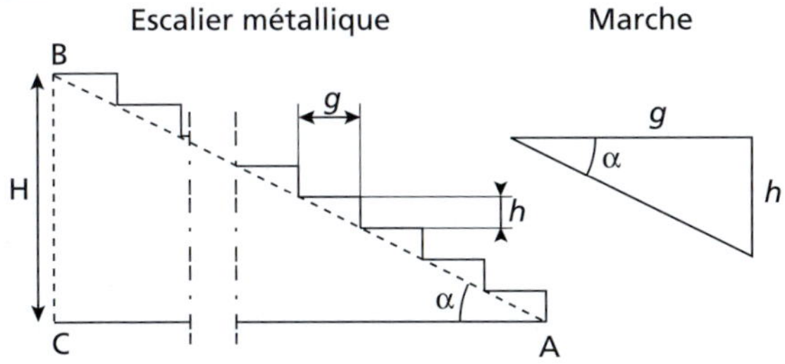

La plate-forme se situe à H = 4 m au-dessus du sol. La distance AC est de 6 m.

1. Calculer l'angle d'inclinaison α de l'escalier. Arrondir au degré.
2. Établir une relation entre tan α, *h* et *g*. Montrer que $g = 1{,}5h$.
3. En utilisant la relation précédente et la loi du pas moyen, déterminer la hauteur de marche *h*. En déduire le giron *g*.
4. Les normes sont-elles respectées ?

À vos souris !

Mathenpoche

Des petits exercices permettant de d'acquérir les connaissances de base.

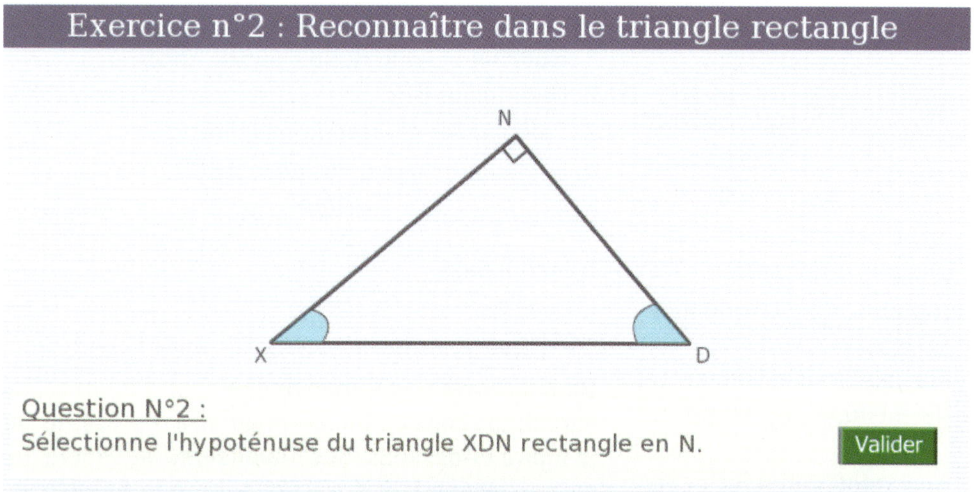

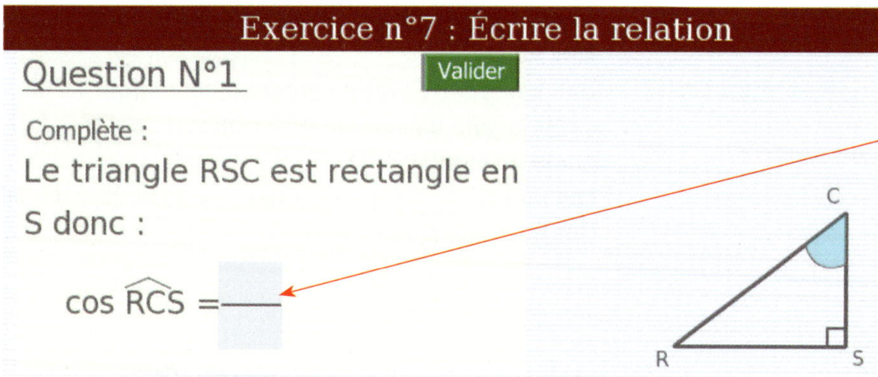

Les zones grisées sont à remplir.

Des exercices où la méthode de résolution est imposée pas à pas.

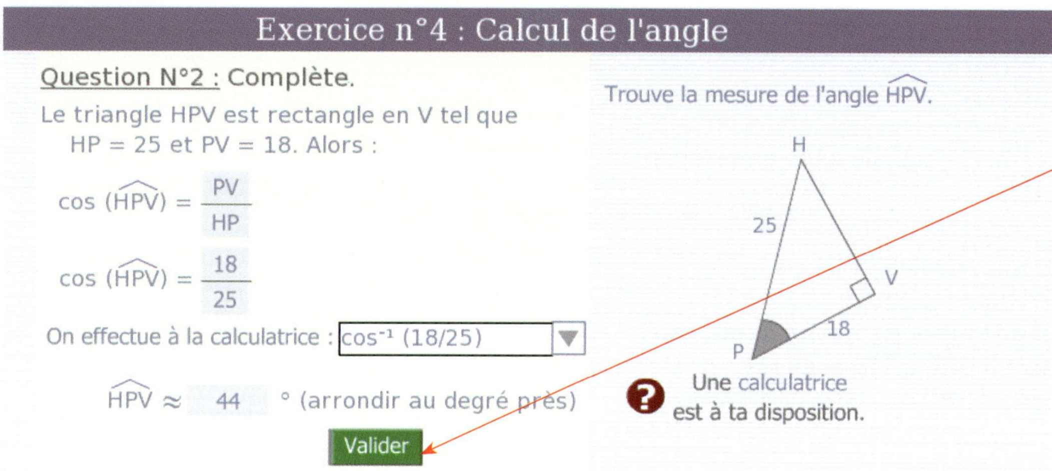

Il faut tout compléter avant de valider

Le récupérateur d'eau

Tableau de notation

Capacités \ Questions	1	2	3	4	5	6	7	8	9	10	11	12	13
Identifier un solide usuel	0,5 pt												
Calculer un volume		1 pt											
Convertir un volume			0,5pt										
Déterminer la valeur d'un angle connaissant les deux autres				1 pt									
Identifier dans une figure donnée une droite comme axe de symétrie.							0,5 pt						
Exploiter une figure géométrique						0,5 pt		0,5 pt					
Calculer l'aire d'un solide usuel										1 pt			
Calculer la longueur d'un côté d'un triangle rectangle									1,5 pt				
Traiter des problèmes de proportionnalité											1 pt		
Calculer la moyenne												0,5 pt	
Exploitation					0,5 pt								1 pt

Julien installe un récupérateur d'eau de pluie pour réaliser des économies.

A. Caractéristiques du modèle choisi

Son choix se porte sur le modèle de la figure 1. *Les proportions ne sont pas respectées sur la figure.*

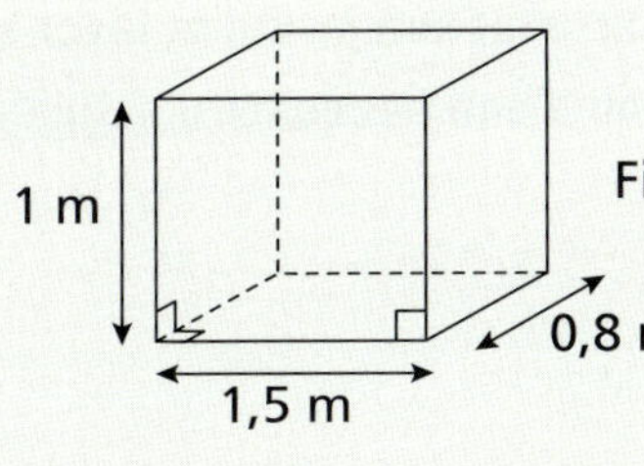

Figure 1

1. Préciser la nature du volume ci-dessus. Recopier la réponse correcte.
cube/cylindre/carré/parallélépipède rectangle/cône

2. Calculer, en m^3, le volume du récupérateur.
Formule : $V = L \times l \times h$

3. Sachant que $1\ m^3 = 1\ 000\ l$, convertir ce volume en litres.

B. Évaluation de la quantité d'eau recueilli

Julien souhaite connaître la quantité d'eau de pluie (eau non potable) qu'il va pouvoir collecter.
Le récupérateur est installé sous une gouttière du toit de la maison schématisée figure 2.
Les proportions ne sont pas respectées sur la figure.

Figure 2

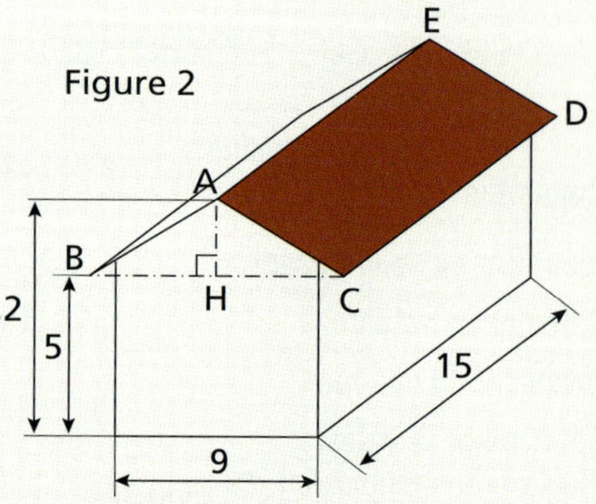

Les cotes sont exprimées en mètre.
Le triangle ABC est isocèle en A.
Il doit au préalable choisir le revêtement adapté à la toiture.
Il sait que son toit a un angle au sommet de : $\widehat{A} = 132°$.

4. Calculer la valeur de l'angle $\widehat{C}$ dans le triangle ABC.

5. À l'aide du tableau ci-dessous, indiquer le revêtement adapté à la toiture de Julien. Rédiger la réponse.

Revêtement	Tuile canal	Tuile plate	Tuile grand moule	Ardoise
Angle de toiture $\widehat{C}$	14° à 20°	38° à 50°	20° à 40°	11° à 90°

Pour évaluer la quantité d'eau, Julien doit calculer l'aire de la surface ACDE du toit (en rouge).

6. Calculer, en m, la longueur AH.

7. Préciser ce que représente (AH) dans le triangle ABC.

8. En déduire, en m, la longueur HC en supposant que BC est égal à 9 m.

9. En utilisant le théorème de Pythagore, calculer en m la largeur AC du toit. Arrondir la valeur à l'unité.

10. Calculer, en m^2, l'aire S de la surface colorée du toit.

C. Est-ce le bon choix ?

Julien habite en Côte d'or où la pluviosité moyenne annuelle est de 900 L/m² (900 L par m² de toiture).
La surface de toiture est de 75 m².

11. Calculer le volume d'eau en L récupéré par an par Julien en recopiant et complétant le tableau suivant :

Volume d'eau (L)	900	?
Surface (m²)	1	75

12. En déduire le volume moyen récupéré par jour en L (on considère une année de 365 jours). Arrondir à l'unité.

Julien a évalué ses besoins en eau non potable à 60 m³ par an pour arroser son jardin et laver ses voitures.

13. Le choix du modèle de récupérateur d'eau est-il adapté au volume d'eau nécessaire à Julien ?

Évaluation diagnostique

Pour bien commencer...

Grille du socle commun

Connaissances	Capacités associées	Critères de réussite
Rechercher, extraire et organiser l'information utile	– Appliquer un taux de pourcentage	– Présentation du calcul – Phrase correctement rédigée
Organisation et gestion de données	– Reconnaître une situation de proportionnalité	– Cohérence des résultats
Présenter la démarche suivie, les résultats obtenus, communiquer	– Appliquer un taux de pourcentage – Utiliser un tableur-grapheur	– Rigueur – Esprit critique
Raisonner, argumenter, pratiquer une démarche expérimentale ou technologique	– Proposer un outil adapté	– Choix de la méthode utilisée

Rechercher, extraire et organiser l'information utile

Ceci est une illustration concernant une pompe à chaleur (PAC) air/eau.

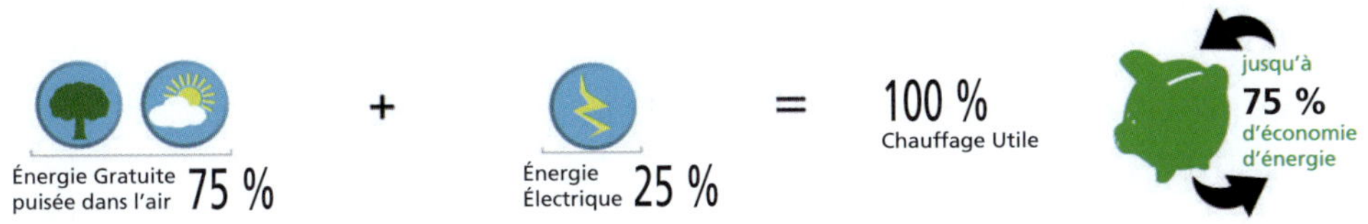

Avant l'installation de leur pompe à chaleur, la facture d'électricité annuelle de M. et Mme Écologie s'élevait à 1 500 €.

- Avec ce nouveau système de chauffage, calculer le montant maximal d'économie ainsi réalisée.

Organisation et gestion de données

Les bijoux en or sont bien souvent constitués d'un alliage composé d'or et d'autres métaux (argent, cuivre, nickel...). La teneur en or pur d'un alliage est indiquée en carats.
Le carat est une unité de masse utilisée en joaillerie, actuellement fixée à 0,2 g. Il désigne également la proportion d'or dans un alliage (un alliage à 50 % d'or titre 12 carats ; l'or pur titre 24 carats).

1. Recopier et compléter les deux tableaux.

Carat	24	18	14
Pourcentage d'or (%)	100	?	?

Carat	1	18	14
Masse d'or	0,2	?	?

La législation française impose la fabrication de l'or jaune et de l'or rose dans les proportions suivantes :
or jaune : 75 % d'or pur, 12,5 % d'argent et 12,5 % de cuivre ;
or rose : 75 % d'or pur, 5 % d'argent et 20 % de cuivre.

2. En déduire :
- le titrage de l'or jaune et de l'or rose en carats ;
- la masse d'or contenue dans un bijou titré 18 carats.

Présenter la démarche suivie, les résultats obtenus, communiquer

> Bonus-malus

Bonus et malus sont des coefficients de réduction/majoration CRM (compris entre 0,50 et 3,50) appliqués au tarif de base de votre assurance. Sans Bonus ni Malus, ce coefficient est de 1.
Il a été instauré en 1976 par les pouvoirs publics pour la majorité des contrats automobiles.

Tarif de base	Coefficient	A payer
550 euros	0,5 (bonus)	275 euros
550 euros	1 (ni bonus, ni malus)	550 euros
550 euros	2 (malus)	1 100 euros

En France, au terme d'une année d'assurance :
- si vous n'êtes responsable d'aucun accident, le CRM sera multiplié par 0,95.
- si vous êtes entièrement responsable d'un accident, le CRM sera multiplié par 1,25.
- si vous n'êtes responsable que partiellement d'un accident, le CRM sera multiplié par 1,125.

Paul, jeune conducteur, assure sa voiture en partant d'un CRM égal à 1.
• Au bout de combien d'années, Paul bénéficiera-t-il d'un bonus de 50 % soit un CRM égal à 0,5.

> Doubler son capital

Un capital initial C_i est placé à un taux d'intérêt t.
Le capital final C_f acquis après n années de placement est donnée par la formule : $C_f = C_i(1+t)n$

1. Pour un capital de 1 500 € placé à 5 %, écrire l'expression de C_f en fonction de n.

2. Quel outil permet d'entrer la formule une seule fois pour accéder ensuite à les lignes de résultats ?

3. À l'aide de la capture d'écran ci-contre, déterminer le nombre d'année pour qu'un capital de 1 500 €, placé à 3 %, double.

Années	Capital (€)
0	1 500
1	1 575
2	1 653,75
3	1 736,44
4	1 823,26
5	1 914,42
6	2 010,14
7	2 110,65
8	2 216,18
9	2 326,99
10	2 443,34
11	2 565,51
12	2 693,78
13	2 828,47
14	2 969,9
15	3 11839
16	3 274,31
17	3 438,03
18	3 609,93
19	3 790,43
20	3 979,95

Raisonner, argumenter, pratiquer une démarche expérimentale ou technologique

Le 15 septembre, un jeu pour PC est vendu 59,99 €. Le 1er décembre, son prix augmente de 20 %. Puis, à partir du 1er février, ce jeu est soldé et une réduction de 20 % est faite sur le prix affiché en décembre.
Julien dit : « Finalement, le prix n'a pas changé. »
Jeanne répond : « Si, finalement il a diminué de 4 % : j'ai bien fait de ne pas l'acheter en septembre ».
• Qui a raison ? Justifier la réponse.

CHAPITRE 14 Formation des prix

Activité d'approche

Louise profite des promotions d'été en achetant un pull.

Son prix initial est de 70 €.

Une nouvelle démarque supplémentaire est proposée sur certains articles.

Le pull choisi par Louise bénéficie d'une réduction supplémentaire de 20 %.

Elle paye et obtient le ticket de caisse suivant :

Le magasin du pull
Le 22/01/09 à 14h54

Pull Femme col chemise	70,00 €
Solde -50 %	-35,00 €
Solde -20 %	- 7,00 €
Total TTC	42,00 €

Louise examine attentivement son ticket, car elle pensait payer moins cher.

1. **Calculer le prix du pull après la première ristourne de 50 %.**

2. **L'application des 20 % supplémentaire s'applique-t-il au prix initial du pull ou au prix diminué de 50 % ?**

3. **Louise pensait bénéficier de 70 % de remise. Est-ce le cas? Pourquoi ?**

4. **D'une façon générale, deux remises successives s'additionnent-elles ?**

Je dois être capable :
- de calculer un coût, un prix, une remise, une taxe, une marge, un taux, un coefficient multiplicateur.

En partant du prix d'achat au grossiste, le commerçant calcule le prix de vente au consommateur en appliquant différents pourcentages. Ces différentes étapes constituent la formation des prix.

1 Prix d'achat net hors taxe

Le prix d'achat au grossiste est le prix d'achat brut hors taxe.
Le commerçant peut obtenir du grossiste une ou plusieurs remises.

> Prix d'achat net = Prix d'achat brut – Remises

Exemple : Un artisan fait un achat de produits cosmétiques dont le montant s'élève à 650 € brut.

Son fournisseur lui accorde une remise de 5 %.

Montant de la remise : $\frac{650 \times 5}{100} = 32{,}50$ €

Le prix d'achat net des produits cosmétiques est : 650 – 32,5 = 617,50 €

2 Coût d'achat

Au prix d'achat net, il faut ajouter les frais d'achat liés à l'emballage, le transport, les assurances...

> Coût d'achat = Prix d'achat net + Frais d'achat

Exemple : Le prix d'achat net d'un lot de marchandises est 7450 €. Les frais d'achat s'élèvent à 8 % du prix d'achat net.

Montant des frais d'achat : $\frac{7\,450 \times 8}{100} = 596$ €

Le coût d'achat du lot de marchandises est : 7450 + 596 = 8 046 €

3 Prix de vente hors taxe

La différence entre le coût d'un article et son prix de vente est la part qui revient au commerçant, appelée marge.

> Prix de vente hors taxe = Coût d'achat + Marge

On parle aussi le taux de marque, c'est le pourcentage de marge par rapport au prix de vente hors taxe.

> $\text{Taux de marque} = \frac{\text{Marge}}{\text{Prix de vente hors taxe}} \times 100$

Exemple : Le coût d'achat d'un article est 148,77 € et son prix de vente hors taxe de 163,65 €.

Montant de la marge : 163,65 – 148,77 = 14,88 €

Taux de marque : $\frac{14{,}88}{163{,}65} \times 100 = 9{,}1$ %

4 Prix de vente taxe comprise

Le prix de vente taxe comprise est le prix affiché en magasin, c'est le montant que va payer le consommateur.
En achetant le client paye un impôt qui s'applique sur la consommation des biens et des services, c'est la TVA (taxe sur la valeur ajoutée).
Les taux de TVA appliqués en France sont :
- taux réduit de 5,5 % sur les produits alimentaires, les livres...
- taux normal de 19,6 % sur les services, les autres biens de consommation...

> Prix de vente taxe comprise = Prix de vente hors taxe + TVA

Exemple : Un produit est vendu 145 € hors taxe. Le taux de TVA appliqué est de 19,6 %.

Montant de la TVA : $145 \times \frac{19,6}{100} = 28,42$ €

Prix de vente taxe comprise : $145 + 28,42 = 173,42$ €

5 Coefficient multiplicateur

Pour aller plus vite, le commerçant peut appliquer un coefficient multiplicateur permettant d'obtenir directement le prix de vente taxe comprise à partir du prix d'achat brut.

> Prix de vente taxe comprise = Prix d'achat brut × Coefficient multiplicateur

Exemple : Pour passer du prix d'achat brut de 1190 € au prix de vente TTC de 1795 €, le coefficient multiplicateur k vérifie la relation :

$1795 = k \times 1\,190$

d'où $k = \frac{1\,795}{1\,190}$; $k = 1,50840$

REMARQUE Ne pas hésiter à conserver des chiffres après la virgule pour le coefficient multiplicateur.

6 Abréviations rencontrées

HT pour « hors taxes ». TTC pour « toutes taxes comprises ». TVA pour « taxe sur la valeur ajoutée ».

L'ESSENTIEL À RETENIR

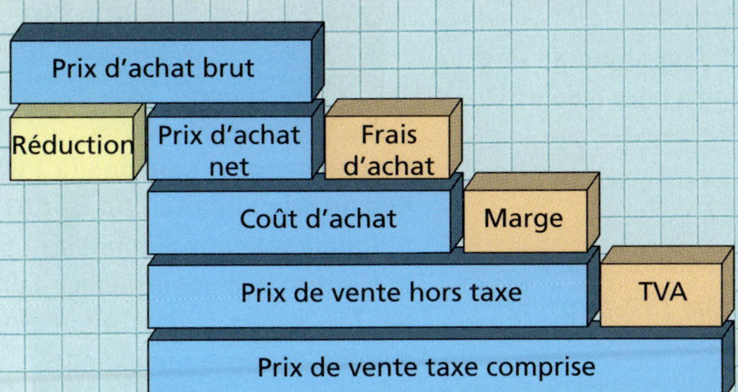

QCM

1. Le prix d'achat brut est de 560 €. La remise est de 3 %. Le prix d'achat net est :	a. 16,8 €	b. 543,20 €	c. 576,8 €
2. Avec une TVA à 19,6 % sur un prix HT de 25 €, le prix TTC est égal à :	a. 29,9 €	b .4,9 €	c. 20,1 €
3. La marge brute est de 315 € sur un prix de vente hors taxe de 1 050 €. Le taux de marque est :	a. 3,33 %	b. 70 %	c. 30 %
4. Le coefficient multiplicateur qui permet de passer du prix d'achat brut de 595 € au prix de vente TTC de 856 € est égal à :	a. 1,438655	b. 0,695093	c. 0,438655
5. Le prix d'achat net est de 850 €. Les frais d'achat s'élèvent à 6 %. Le coût d'achat est :	a. 901 €	b. 799 €	c. 857 €

Tous les prix seront arrondis au centime.

EXERCICES CORRIGÉS

1 : Appliquer un coefficient multiplicateur

Depuis le 1er juillet 2009, la TVA est passée de 19,6 % à 5,5 % dans la restauration.

1. Le prix taxe comprise (PTTC) d'un repas au taux de 19,6 % est 12,5 €. Calculer le prix hors taxe (PHT) de ce repas.
2. Calculer le prix taxe comprise de ce même repas au taux de 5,5 %.
3. Calculer le montant de la baisse en euros.

Aide : PTTC = PHT × 1,196 pour une TVA à 19,6 %.

Voir le corrigé, p. 148

2 : Déterminer une marge

Un commerçant commande 1 000 boîtes de chocolats au prix unitaire brut de 4,81 €.

1. Calculer le prix d'achat brut de la commande.
2. L'entreprise accorde au commerçant une remise de 7 % sur le prix d'achat brut. Calculer le prix d'achat net de la commande.

Le coût d'achat de la commande est de 4 950 €. Le commerçant applique un coefficient de 2,5 sur le coût d'achat pour obtenir son prix de vente TTC.

3. Calculer le prix de vente TTC unitaire.

4. Calculer le prix de vente unitaire HT sachant que le taux de TVA appliqué est de 5,5 %.

5. Calculer la marge brute sur la vente des 1 000 boîtes.

Aide : PTTC = PHT × 1,055 pour une TVA à 5,5 %.

Voir le corrigé, p. 148

3 : Compléter une facture

Le restaurateur passe une commande de poissons. Suite à un problème informatique, la facture de cette commande est incomplète.

1. Recopier et compléter la facture donnée.

Désignation	Quantité (kg)	Prix unitaire (€)	Montant HT (€)
Gambas	5	17,08	85,40
Rouget	6	10,55	?
Cabillaud	9	?	109,80
Lieu noir	?	6,95	?
		Prix Brut HT	383,60
		Remise	?
		Prix net HT	364,42
		TVA 5,5 %	?
		Prix TC	?

2. Calculer le pourcentage que représente le montant de la remise par rapport au prix brut HT.

Voir le corrigé, p. 148

4 : Compléter l'organigramme

Recopier et compléter le schéma.

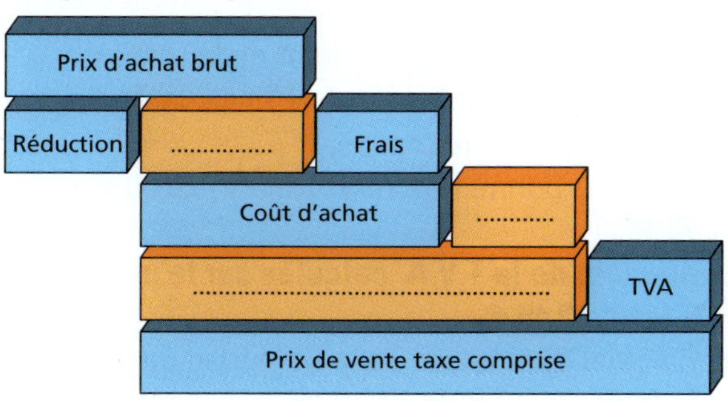

Voir le corrigé, p. 148

EXERCICES D'APPLICATION

5 : Utiliser un tableur pour la formation des prix

Les résultats seront arrondis au centime. L'épicerie « TRANCHON » achète 80 kg de tomates à son grossiste au prix d'achat brut hors taxes de 92,10 €. Le grossiste accorde à l'épicier une remise de 5 %. Les frais d'achat se montent à 4 % du prix d'achat net hors taxe. Le taux de TVA est 5,5 %.

Recopier et compléter le tableau de formation du prix de vente taxes comprises des 80 kg de tomates.

	A	B	C	D	E
1					
2				Prix d'achat brut	92,10 €
3	Remise	5 %		Remise	
4				Prix d'achat net	
5	Frais d'achat	4 %		Frais d'achat	
6				Coût d'achat	
7	Marge	35,91 €		Marge	35,91 €
8				Prix de vente HT	
9	TVA	5,5 %		TVA	
10				Prix de vente TTC	

6 : Vérifier une hausse

Lundi 9 novembre 2009 : le prix du tabac augmente en moyenne de 6 %.

La marque de cigarette la plus vendue en France voit son paquet passé de 5 à 5,30 €.

Vérifier que la hausse est bien de 6 %.

7 : Calculer un coût d'achat

Le prix d'achat net d'un lot de chaussures est 4 560 €.

Sachant les frais d'achat s'élèvent à 12 % du prix d'achat net, calculer le coût d'achat du lot de chaussures.

8 : Calculer un prix de vente TTC

Un téléviseur coûte 1 150 € HT.

Sachant que le taux de TVA est de 19,6 %, calculer le prix de vente TTC du téléviseur.

9 : Déterminer le prix de vente TTC d'une bouteille

Un restaurateur commande à son fournisseur 120 bouteilles de champagne au prix unitaire hors taxe de 12 €. Il obtient une remise de 5 %.

1. Calculer le prix d'achat net H.T. du lot de bouteilles.
2. Les frais d'envoi sont déterminés ainsi :
   - 1 € par bouteille pour les 100 premières bouteilles ;
   - au-delà de 100 bouteilles, 0,50 € par bouteille supplémentaire.

   Calculer le montant total des frais d'envoi.
3. Déterminer le coût d'achat d'une bouteille.
4. Le fournisseur fixe à 26 € le prix de vente H.T. d'une bouteille.
   Calculer le prix de vente T.T.C. d'une bouteille (T.V.A. : 19,6 %).

10 : Choisir le magasin le moins cher

Géraldine veut acheter une robe mais elle hésite entre deux magasins. Le magasin A vend cette robe 30 € et propose 20 % de remise à la caisse, mais le magasin B vend la même robe 23 €.

1. Calculer le montant de la remise dans le magasin A.
2. Calculer le prix de vente de la robe dans le magasin A après la remise.
3. Quel est le prix de vente le plus avantageux.

11 : Compléter une facture d'eau

En début d'année, le compteur d'eau indiquait une consommation de 318 m³ et en fin d'année une consommation de 516 m³.

1. Calculer, en m³, la consommation d'eau de la famille Senvatalo en une année.
2. Recopier et compléter ci-dessous un extrait de la facture d'eau pour l'année 2007.

nom	adresse	ville	Consommation en m³
Senvatalo	2 rue de l'eau	Belville sur l'eau	198

Rubrique	Quantité	Prix unitaire HT en €	Montant HT en €
Eau	198 m³	0,76	?
Assainissement	198 m³	1,23	243,54
Anti pollution	198 m³	0,59	?
		Total HT	510,84
		TVA	28,10
		Total TC	?

VERS L'EXAMEN

12 : Calculer le prix TTC d'un goûter

Un groupe scolaire de 48 élèves organise une journée d'intégration. Il prend le goûter à la cafétéria d'un centre sportif de natation. Le prix brut hors taxe d'un goûter s'élève à 1,80 € par élève.

1. Calculer, en euro, le prix brut hors taxe des goûters du groupe d'élèves.

Le centre sportif accorde une remise de 10 % sur le montant total des achats.

2. Calculer, en euro, le montant de la remise.
3. Calculer, en euro, le prix d'achat net des goûters (le prix total payé après la remise).
4. Recopier et compléter la facture suivante.

	Montant en euro (€)
Prix brut HT des goûters	?
Montant de la remise (10 % du prix d'achat brut HT)	?
Prix d'achat net des goûters	?
Montant de la TVA (5,5 % du prix d'achat net)	4,28
Prix taxe comprise des goûters	?

13 : Calculer un taux de TVA

Le restaurateur achète des baguettes et des petits pains chez un boulanger.

1. Recopier et compléter le tableau ci-dessous.

Produits	Quantité	Prix unitaire (€)	Montant total H.T. (€)
Baguettes	60	0,65	?
Petits pains	?	0,25	27,00
		Total	**66,00**

Le boulanger accorde une remise de 5 % sur le montant total H.T. des achats.

2. Calculer, en euro, le montant de la remise.
3. Quel est le montant net H.T. de la facture en tenant compte de la remise.
   Recopier la bonne réponse : 3,30 € / 69,30 € / 62,70 €

Le montant de la T.V.A. calculée sur le montant net H.T. est de 3,45 €.

4. Calculer le montant Taxe Comprise de la facture.
5. Calculer le taux de T.V.A. en pourcentage que le boulanger a appliqué. Arrondir la valeur au dixième.

14 : Calculer le prix de vente d'un lave-linge

Un lave-linge est acheté auprès d'un grossiste au prix d'achat brut de 520 €. Le grossiste accorde une remise de 5 % sur le prix d'achat brut. Les frais de livraison s'élèvent à 46 €.

1. Calculer la valeur R de la remise puis le prix d'achat net PAN.
2. Calculer le coût d'achat CA.
3. Le prix de vente hors taxe du lave-linge est de 860 €.
Calculer la valeur M de la marge brute.
4. Le taux de la taxe sur la valeur ajoutée (TVA) est de 19,6 %.
Calculer le prix de vente toute taxe comprise $PVTTC$.

15 : Compléter une facture à l'aide du tableur

Se référer éventuellement à la fiche tableur, p. 152.

Pour satisfaire sa clientèle, le propriétaire de l'hôtel « Les Skieurs » décide de renouveler son stock de matériel de ski.

	A	B	C	D
1	Matériel	Quantité	Prix unitaire	Montant total (€)
2	Raquette à neige	10,00	80,00	?
3	Paire de ski	15,00	250,00	?
4	Paire de bâtons de ski	15,00	15,00	?
5				
6			Prix de vente HT (€)	?
7			TVA (19,6 %)	?
8			Prix de vente TTC (€)	?

1. Recopier le tableau ci-dessus dans une feuille d'un classeur.
2. Est-il nécessaire de faire le calcul pour chaque case de D2 à D4 ?
3. Pour calculer le prix de vente HT, quelle la fonction du tableur utilisée ?
4. En déduire le prix de vente TTC.
5. Modifier un paramètre initial (quantité ou prix unitaire) et observer. Conclure sur l'intérêt du tableur pour l'élaboration des factures.

16 : Utiliser un coefficient multiplicateur

Le prix de vente hors taxe d'une chaudière est de 9 327,50 €.

1. Calculer le prix TTC de cette chaudière (TVA : 19,6 %).
2. Calculer la marge brute du commerçant et le coût d'achat sachant qu'il applique un taux de marque de 20 %.

Le commerçant a acheté cette chaudière chez son fournisseur aux conditions suivantes :

Prix d'achat brut : 8 000,00 €

Remise sur le prix d'achat brut : 9 %

Frais d'achat : 182,00 €

3. Calculer le prix d'achat net de cette chaudière.
4. Exprimer les frais d'achat en pourcentage du prix d'achat net.

Le fournisseur du commerçant propose d'autres chaudières avec les mêmes taux de remise et le même pourcentage de frais d'achat.

5. Calculer le coefficient multiplicateur, à 0,000001 près, permettant de passer du prix d'achat brut de cette chaudière à son prix de vente hors taxe.
6. Calculer, le prix de vente hors taxe d'une chaudière revendue dans ces conditions et dont le prix d'achat brut est 7 680 €.

17 : Budgéter un achat

Afin d'assurer le confort de ses employés, la société Toitlor décide le 1er novembre 2009 d'équiper de ventilateurs tous les bureaux et ateliers, soit au total dix ventilateurs.

Le prix d'achat brut hors taxe d'un ventilateur est de 150 €.

Le fournisseur accorde une remise de 10 % sur le prix d'achat brut hors taxe.

1. Calculer, en euro, le prix d'achat brut hors taxe des dix ventilateurs.
2. Recopier et compléter le tableau ci-dessous.

Prix d'achat brut HT de dix ventilateurs	? €
Remise 10 %	? €
Pri d'achat net H.T.	? €
Frais d'achat	162,00 €
Coût d'achat	1 512,00 €
Marge brute	? €
Prix de vente H.T.	2 000,00 €
Montant de la TVA (19,6 %)	? €

3. Calculer le taux de marque.
4. La société Toitlor a prévu un budget de 3000€ pour l'achat des ventilateurs. Indiquer si cet achat peut être réalisé. Justifier la réponse.

À vos souris !

PPStat et tableur

PPSat est un logiciel qui vous propose de travailler la formation des prix à travers des questions portant sur le prix d'achat, le coût d'achat, le prix de vente HT, le taux de marque, le coefficient multiplicateur, la TVA. Chaque notion est abordée de la même façon.

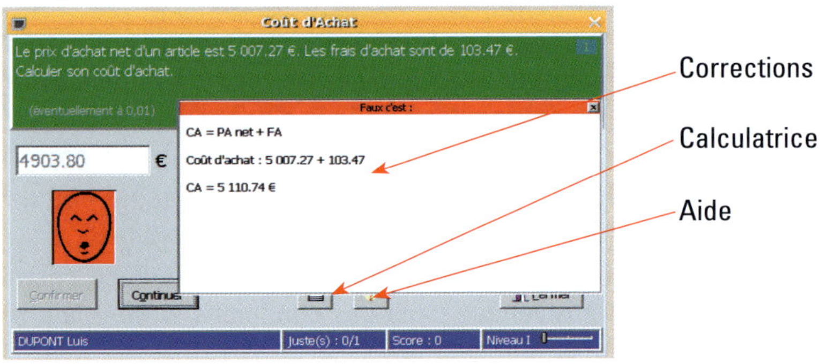

Utilisation du tableur

Le tableur permet de faire des calculs répétitifs sans avoir à les faire à condition de remplir correctement une feuille de calcul.
Les données de la colonne B sont les seules informations numériques à rentrer.
Les colonnes D et E sont des instructions par rapport aux cellules.

Exemples :
- en E2 au lieu de taper 385,00 €, on écrira « =B2 », comme ça si on modifie B2, E2 l'est aussi.
- en E3 pour le calcul de la remise
  – sans le tableur : 385 × 7 %
  – avec tableur : E2*B3

À vous de jouer

Pour le reste des cellules de la colonne E

	A	B	C	D	E
1					
2		385,00 €		Prix d'achat brut	385,00 €
3	Remise	7 %		Remise	26,95 €
4				Prix d'achat net	385,05 €
5	Frais d'achat	4 %		Frais d'achat	14,32 €
6				Coût d'achat	327,37 €
7	Marge	105,60 €		Marge	105,60 €
8				Prix de vente HT	477,97 €
9	TVA	5,5 %		TVA	26,29 €
10				Prix de vente TTC	504,26 €

Remarque
La modification d'une des valeurs initiales (colonne B) modifie instantanément les valeurs qui en dépendent.

CHAPITRE 15 Intérêts simples

Activité d'approche

À compter du 1er août 2009, les taux d'intérêt produits d'épargne sont fixés comme suit :
- livrets A et livrets de développement du- (LDD) : 1,25 %
- plans épargne logement (PEL) : 2,50 %
- comptes d'épargne logement (CEL) : 0,75 %
- livrets d'épargne populaire (LEP) : 1,75 %

L'abaque ci-contre donne le montant de l'intérêt en fonction de la durée de placement un capital placé de 1 000 €.

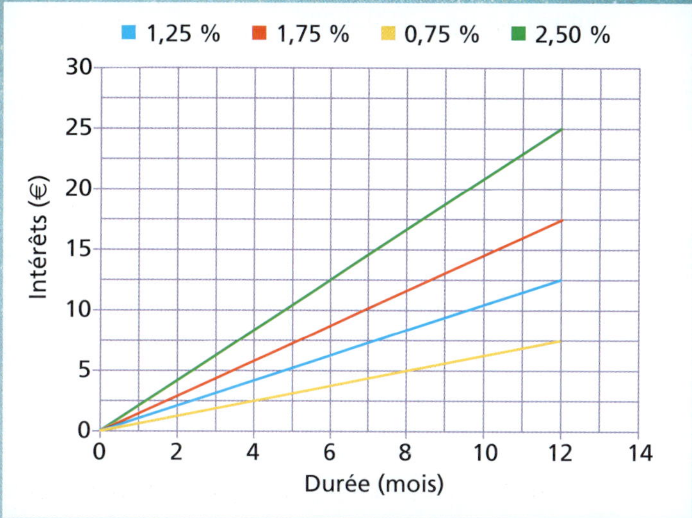

1. Pour un capital initial de 1 000 €, déterminer graphiquement le montant des intérêts pour une année en fonction du produit d'épargne choisi.

Produit	Livret A	LEP	CEL	PEL
Intérêts (€)	?	?	?	?

2. On s'intéresse uniquement au livret A. La durée de placement est de un an.
Le montant des intérêts étant proportionnel au capital placé, recopier et compléter le tableau suivant

Capital (€)	1 000	500	5 000	10 000
Intérêts (€)	?	?	?	?

Je dois être capable :
- de calculer le montant d'un intérêt simple et une valeur acquise ;
- de déterminer un taux annuel de placement ; la durée de placement et le montant du capital placé.

L'intérêt est le revenu d'une somme d'argent placée.

1 Définition

Le montant de l'intérêt dépend :
- de la somme de départ appelée **capital** ;
- du **taux** d'intérêt exprimé en pourcentage ;
- de la **durée** du placement.

La durée du placement s'exprime en année(s), en mois ou en jours.
L'usage est d'employer **l'année commerciale** pour laquelle :
1 an = 12 mois = **360 jours**
1 mois = **30 jours**
L'année commerciale peut aussi se diviser en quinzaines (12 mois × 2 quinzaines = 24 quinzaines). La première quinzaine d'un mois donné va du 1er au 15, et la seconde, du 16 au 30.

2 Calcul de l'intérêt

a. L'intérêt simple

On parle d'**intérêt simple** dans le cas où la durée du prêt ou du placement est inférieure à un an.

> L'intérêt simple se calcule à partir de la formule :
> $I = C \times t \times n$
> I : intérêt (€)
> C : capital (€)
> n : nombre de périodes
> t : taux périodique

Si n est exprimée en **année**, t est alors le taux annuel.

Si n est exprimée en **mois**, $t = \frac{\text{taux annuel}}{12}$.

Si n est exprimée en **quinzaine**, $t = \frac{\text{taux annuel}}{24}$.

Si n est exprimée en **jour**, $t = \frac{\text{taux annuel}}{360}$.

Exemples

* Calcul de l'intérêt rapporté par un capital de 10 000 € placé à intérêts simples pendant 1 an au taux annuel de 3 %.

$$I = 10\,000 \times 0{,}03 \times 1 = 300 \text{ €}$$

* Calcul de l'intérêt rapporté par un capital de 5 000 € placé à intérêts simples pendant 9 mois au taux annuel de 2 %.

$$I = 5\,000 \times \frac{0{,}02}{12} \times 9 = 75 \text{ €}$$

b. L'intérêt composé

Si la durée du prêt ou du placement est supérieure à un an, l'intérêt n'est plus simple mais composé. A partir de la deuxième année, le capital placé n'est pas seulement le capital initial mais le capital initial auquel il faut ajouter les intérêts produits la première année. C'est pour cette raison que l'on parle d'intérêts composés ou d'intérêts capitalisés.

3 Détermination d'autres paramètres

La formule I = Ctn permet de calculer une grandeur connaissant les trois autres.

Pour connaître **le taux annuel de placement t** :

$$t = \frac{I}{C \times n}$$

Pour connaître **la durée du placement n** :

$$n = \frac{I}{C \times t}$$

Pour connaître le capital C : $C = \dfrac{I}{t \times n}$

4 Valeur acquise par un capital

On appelle « valeur acquise par un capital », la somme du capital placé et des intérêts qu'il a produit pendant la durée du placement :

$$A = C + I$$

C : capital (€)
I : intérêt (€)
A : valeur acquise (€)

REMARQUE Les intérêts simples produits une première année viennent s'additionner au capital. La deuxième année, l'intérêt ne se calcule plus sur le capital initial mais sur la valeur acquise au bout de la première année.

L'ESSENTIEL À RETENIR

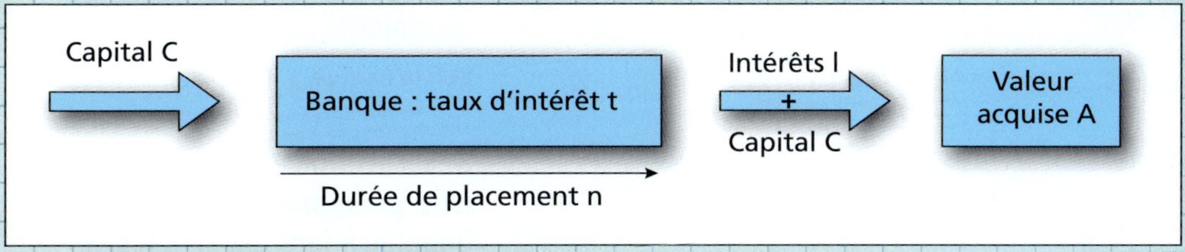

***I = Ctn et A = C + I**

QCM

	a	b	c
1. Le montant des intérêts est proportionnel	a. à la valeur acquise	b. au capital	c. à la durée de placement
2. Si le taux mensuel est de 0,375 % alors le taux annuel est égal à :	a. 4,5 %	b. 2,25 %	c. 0,045
3. Un capital de 500 € placé pendant 2 mois à un taux annuel de 3 % rapporte :	a. 15 €	b. 2,5 €	c. 1,25 €
4. La valeur acquise, c'est le capital auquel on ajoute	a. le taux annuel	b. les intérêts	c. le taux d'intérêt
5. Un capital de 1 000 € placés à 1,25 % produit 6,25 €. Le capital a été placé :	a. 6 mois	b. 1 an	c. 12 mois

EXERCICES CORRIGÉS

1 : Déterminer une durée de placement

Un capital de 2 500 € est placé sur un livret à 1,75 %. Ce placement produit 18,23 € d'intérêt.

1. Calculer la durée de placement en mois.
2. Comment pourrait-on doubler le montant des intérêts ?

Voir le corrigé, p. 150

2 : Exploiter un tableau d'intérêts composés

Le tableau suivant donne l'intérêt produit en fonction du nombre d'année de placement au taux annuel de 3 % pour une somme de 300 €.

Nombre d'années de placement	18	17	16	15	14	13	12	11	10
Intérêts produits (€)	210,73	195,85	181,41	167,39	153,78	140,56	127,73	115,27	103,17

Nombre d'années de placement	9	8	7	6	5	4	3	2	1
Intérêts produits (€)	91,43	80,03	68,96	58,22	47,78	37,65	27,82	18,27	9

1. Retrouver la valeur de 9 €, intérêt produit pendant 1 an pour une somme de 300 €.
2. Donner le montant de l'intérêt produit par 300 € placé pendant 18 ans.
3. Donner le montant de la valeur acquise obtenue pour 300 € placé pendant 18 ans.
4. Calculer le montant de l'intérêt produit par un capital de 900 € pendant 10 ans.

Des parents décident de placer 300 € par an pour leur fils Raphaël jusqu'à sa majorité.

5. Calculer le montant du capital placé sachant que les parents de Raphaël ont versé 300 € tous les ans pendant 18 ans.
6. Calculer le montant total des intérêts produits par ces 18 placements sachant que le premier montant de 300 € a été placé pendant 18 ans et que le dernier l'a été pendant 1 an.
7. Calculer alors le capital dont dispose Raphaël à sa majorité.

Voir le corrigé, p. 150

3 : Exprimer une valeur acquise

Une personne place une somme de 2 400 € à la banque, à intérêts simples, au taux annuel de 4 %.

1. Calculer la montant des intérêts perçus au bout de 10 mois.

2. En déduire la valeur acquise au bout de 10 mois.
3. Donner l'expression de la valeur acquise par la somme de 2 400 € en fonction du temps *n* en mois.

Voir le corrigé, p. 150

EXERCICES D'APPLICATION

4 : Vérifier les intérêts perçus

Le capital au 01/01/09 est de 15 503,28 € et ne bougera pas pendant toute l'année 2009.

Le tableau suivant présente l'évolution du taux d'intérêt annuel.

Date d'application	Livret A
1er août 2008	4,00 %
1er février 2009	2,50 %
1er mai 2009	1,75 %
1er août 2009	1,25 %

1. Indiquer le taux d'intérêt pour le mois de janvier de l'année 2009.

Calculer les intérêts perçus :

2. Pour la période du 01/01/09 au 31/01/09.
3. Pour la période du 01/02/09 au 31/04/09.
4. Pour la période du 01/05/09 au 31/07/09.
5. Pour la période du 01/08/09 au 31/12/09.
6. Montrer alors que les intérêts capitalisés pour l'année 2009 sont de 297,14 €.
7. En déduire la valeur acquise au 01/01/10.

5 : Utiliser la proportionnalité

1. À partir de la formule I = C*tn*, peut-on affirmer que le montant des intérêts est proportionnel :
– au capital ?
– au taux annuel ?
– à la durée de placement ?
Répondre par une phrase.
2. Recopier et compléter les tableaux suivants

Capital (€)	500	?	2 000
Intérêt (€)	20	50	?

Taux annuel (%)	3	?	4,5
Intérêt (€)	45	22,5	?

Durée de placement (mois)	4	?	2
Intérêt (€)	100	300	?

6 : Comprendre des informations commerciales

Une banque propose le Livret Jeune avec les arguments suivants :
« Plafond des dépôts sur le Livret Jeune : 1 600 €.

Seul le versement des intérêts, qui intervient chaque année en janvier, peut entraîner un dépassement de ce plafond.

Par exemple, si vous avez 1 600 € sur votre Livret Jeune pendant toute l'année 2010, vous percevrez 40 € d'intérêts (dans l'hypothèse d'un taux de rémunération constant sur l'année à 2,50 %), ce qui portera le montant du compte à 1 640 € ».

1. Retrouver le montant des intérêts annoncé.
2. Dire à quoi correspond la somme de 1 640 €.

7 : Exploiter un graphique

Le graphique suivant donne le montant des intérêts en fonction de la durée en mois.

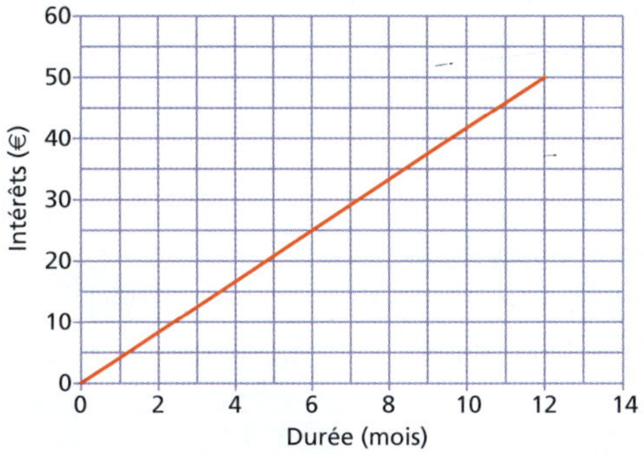

1. À l'aide du graphique, recopier et compléter le tableau suivant :

n (mois)	6	12
I (€)	?	?

2. Sachant que le capital placé était de 2 000 €, calculer le taux annuel du placement. L'exprimer en pourcentage.

VERS L'EXAMEN

8 : Financer un permis de conduire

En attendant de s'inscrire au permis de conduire, Jérémy décide de placer sur un compte épargne pendant 7 mois 80 % des 1 444 € perçus.

1. Calculer, en euro, la somme que Jérémy a décidé de placer.

En considérant que Jérémy place 1 155 € sur un placement spécial Jeunes au taux de 2,5 % par an.

2. Calculer, en euro, les intérêts I perçus au bout des sept mois.
3. Calculer, en euro, la somme A dont il disposera au bout des sept mois sur son compte épargne.

Pour commencer sa formation, l'auto-école lui demande un acompte de 1 220 €.
Jérémy ne disposant pas de cette somme sur son compte épargne, il décide de patienter quelques mois.

4. Déterminer le nombre de mois supplémentaires de placement pour atteindre la somme.

9 : Financer des travaux

Pour financer des travaux de rénovation un restaurateur a placé 10 500 € pendant huit mois au taux mensuel de 0,3 %.

1. Calculer le montant I des intérêts simples acquis par ce placement.
2. Calculer la valeur acquise A par ce placement.
3. Calculer la durée n du placement de ce capital qui permet d'obtenir 315 € d'intérêts.

10 : Calculer la somme restante à emprunter

Pour acheter un des scooters, Farid avait placé 880 € sur son livret jeune pendant 1 an.
Ce placement lui rapporte des intérêts au taux annuel de 4 %.

1. Calculer le montant I des intérêts acquis au bout de 1 an.
2. Calculer le montant A de la valeur acquise par ce placement au bout de 1 an.
3. Calculer le montant E de la somme qu'il doit emprunter pour acheter le scooter vendu 1380 € toute taxe comprise.

11 : Représenter graphiquement une situation de proportionnalité

Le tableau ci-après présente les montants des intérêts acquis par un placement de 2400 € pendant plusieurs années au même taux annuel.

Durée du placement (ans)	0	2	3	4	6
Montant des intérêts (€)	0	240	360	480	720

On veut représenter graphiquement le montant des intérêts acquis en fonction de la durée du placement.

1. Construire un repère (Oxy) du plan avec :
– en abscisse : 1 cm pour 1 an
– en ordonnée : 1 cm pour 100 €
2. Placer alors les points de coordonnées (0 ; 0), (2;240), (3;360), (4;480) et (6 ; 720).
3. Tracer dans le repère, la droite D qui passe par les 5 points.
4. Indiquer les deux particularités de cette représentation graphique qui permettent d'affirmer que le montant des intérêts est proportionnel à la durée du placement.
5. Calculer la valeur a du coefficient de proportionnalité permettant de passer de la durée du placement au montant des intérêts.
6. Calculer le taux annuel t du placement sachant que $2400\,t = 120$.

12 : Déterminer un taux annuel

Pour réaliser un achat de 2 745 €, Marie peut placer un capital de 2 550 € à intérêts simples, durant huit mois, au taux annuel de 4,8 %.

1. Calculer le montant des intérêts acquis en fin de placement.
2. Calculer la somme dont elle disposera au bout de huit mois.
3. Ce placement lui permet-elle de réaliser son achat ? Justifier la réponse.

Pour pouvoir réaliser son achat, Marie se fixe un intérêt de 102 €, en plaçant pendant huit mois, un capital de 2 550 €.

4. Montrer que pour déterminer le taux annuel de ce placement, il faut résoudre l'équation d'inconnue x suivante : $20\,400x = 1\,224$.
5. Résoudre cette équation.
6. En déduire le taux annuel de ce placement.

13 : Louer

L'Agence Française du Littoral s'occupe de la location saisonnière d'appartements, qu'elle loue chacun 550 € la semaine. Sur ce tarif, elle prélève une commission de 20 %.

1. Quelle est la somme qui revient au propriétaire pour un appartement pour une semaine ?
2. Calculer le montant total de la commission perçue par l'Agence pour la location de 250 appartements pendant quatre semaines.
3. M. Martin loue un appartement pendant deux semaines. Le prix de la location représente la valeur acquise d'un placement effectué à 4,5 % l'an, huit mois auparavant. Quel était le capital placé ?
4. Par l'intermédiaire d'une agence suisse, M. Bruges réserve un de ces appartements au tarif de 690 Franc Suisse (CHF) la semaine. Sachant que, à cette époque, 1 CHF = 0,66 €, retrouver le montant en euros équivalent à cette location.

14 : Calculer un taux annuel

Un terrain rectangulaire mesure 80 m de long sur 62 m de large. Il est vendu par un marchand de biens à 200 € le m².

1. Calculer l'aire du terrain.
2. Calculer le prix de vente du terrain.

Le vendeur garde un cinquième du prix de vente et place le reste à intérêts simples. Au bout de cinq ans, la valeur acquise est de 912 640 €.

3. Calculer le capital placé.
4. Calculer le montant total et le montant annuel des intérêts.
5. Calculer le taux annuel du placement.

15 : Répartir une prime

Le directeur d'une entreprise décide de partager une prime entre trois de ses employés proportionnellement à leurs salaires : 1 900 € ; 1 700 € et 1 400 €.

1. Sachant que celui dont le salaire s'élève à 1 900 € a reçu 456 €, calculer le montant de la prime reçue par les deux autres.
2. Calculer le montant total de la prime partagée.
3. Celui qui a reçu 456 € veut placer cette somme à intérêts simples au taux annuel de 4,5 %. Calculer la valeur acquise par cette somme au bout de neuf mois de placement.

16 : Financer un voyage

Pour financer leur voyage aux États-Unis, deux amis placent à intérêts simples le 1er janvier, un capital de 2 500 €, au taux annuel de 4 %.Ils retirent leur argent le 28 octobre de la même année.

Calendrier de l'année

Mois	Janv.	Févr.	Mars	Avril	Mai	Juin
Nombre de jours	31	28	31	30	31	30

Mois	Juillet	Août	Sept.	Oct.	Nov.	Déc.
Nombre de jours	31	31	30	31	30	31

1. Calculer le nombre de jours de placement.
2. Calculer l'intérêt produit.
3. En déduire la valeur acquise.
4. Le prix du voyage est de 2 590 €. Les deux amis peuvent-ils payer le voyage avec la somme acquise par leur placement ? Justifier la réponse.

À vos souris !

Calcul des intérêts et de la valeur acquise

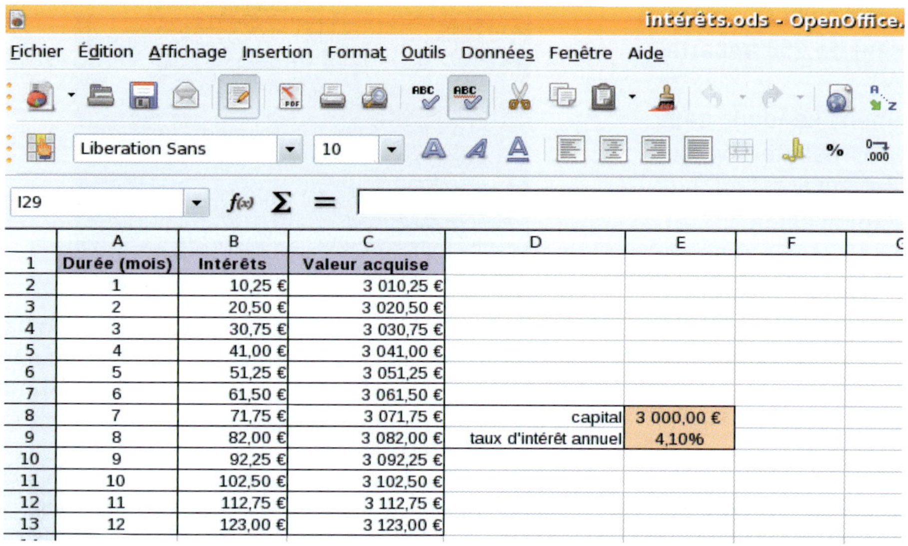

	A	B	C	D	E	F
1	Durée (mois)	Intérêts	Valeur acquise			
2	1	10,25 €	3 010,25 €			
3	2	20,50 €	3 020,50 €			
4	3	30,75 €	3 030,75 €			
5	4	41,00 €	3 041,00 €			
6	5	51,25 €	3 051,25 €			
7	6	61,50 €	3 061,50 €			
8	7	71,75 €	3 071,75 €	capital	3 000,00 €	
9	8	82,00 €	3 082,00 €	taux d'intérêt annuel	4,10%	
10	9	92,25 €	3 092,25 €			
11	10	102,50 €	3 102,50 €			
12	11	112,75 €	3 112,75 €			
13	12	123,00 €	3 123,00 €			

→ Ouvrir une feuille dans classeur.
→ Recopier la colonne A.
→ Recopier le titre des colonnes B et C.
→ Recopier les cellules D8, D9, E8 et E9.
→ En B2, l'intérêt va être calculer à l'aide de la formule : « =$E$8*$E$9*A2/12 ».
→ Pour les autres cellules de la colonne, copier la formule.
→ En C2, taper la formule « =$E$8+B2 » pour calculer la valeur acquise.
→ Pour les autres cellules de la colonne C, copier la formule.

Explications

$I = Ctn$

La valeur de C est dans la cellule E8.
La valeur de *t* est dans la cellule E9.
Les valeurs de *n* sont dans la colonne A.
Donc logiquement la formule en B2 serait : « =E8*E9*A2/12 » .
Or si on copie cette formule dans les autres cellules de la colonne B, on obtient 0, pourquoi ?
Si on clique en B3, on constate alors que la formule appliquée est : « =E9*E10*A3/12 » (une absence d'information en E10 signifie E10 = 0).
La solution est donc de figer les cellules E8 et E9 en introduisant le signe $.
On comprend très vite l'intérêt du tableur en changeant en E8 et E9 les valeurs du capital et du taux annuel.

Contrôle en cours de formation

Est-il intéressant de rembourser un emprunt par anticipation ?

Tableau de notation

Capacités \ Questions	1	2	3	4	5	6	7	8	9
Lire un tableau numérique		1 pt							
Calculer le montant d'un intérêt	1 pt		2 pts						
Déterminer un taux annuel de placement					1 pt				
Calculer une valeur acquise				1 pt					
Déterminer graphiquement l'ordonnée d'un point d'une courbe, son abscisse étant donnée								1 pt	
Exploitation						0,5 pt	0,5 pt	1 pt	
Conclusion									1 pt

Sophie et Karim ont acheté leur appartement en 2009 à l'aide d'un emprunt immobilier.
L'emprunt immobilier se compose de trois prêts dont un d'un montant de 54 700 €.
En 2010, ils ont une rentrée d'argent exceptionnelle de 20 000 €.
Ils ont la possibilité d'utiliser cette somme de deux manières différentes :
– soit ils effectuent un remboursement partiel de 20 000 € du prêt de 54 700 € *(dans ce cas là, on ne tiendra pas compte des frais éventuels occasionnés par cette opération de la part de la banque et du montant des assurances à recalculer à la baisse)*;
– soit ils placent cette somme en produit d'épargne.

A. Première situation : remboursement anticipé partiel (RAP)

Initialement, le montant d'intérêts à payer pour un prêt de 54 700 € s'élève à 12 179,36 €.
En effectuant une simulation, Sophie et Karim calculent que le nouveau montant d'intérêts à payer serait de 4 712,20 € en effectuant un RAP de 20 000 €.

1. Calculer le montant à gagner au niveau des intérêts.

B. Deuxième situation : placement

Au lieu d'investir la somme de 20 000 € dans le RAP, Sophie et Karim réfléchissent à la placer sur un produit d'épargne. Le tableau ci-dessous montre les différentes possibilités de placement.

	CEL	PEL	Codevi	Livret A
Montant maximum par personne (€)	15 300	61 200	6 000	15 300
Durée minimum conseillée	18 mois	4 ans	aucune	aucune
Taux annuel (appliqué au 01/08/09)	0,75 %	2,50 %	1,25 %	1,25 %

2. Sophie et Karim veulent placer leur argent au meilleur taux. En utilisant le tableau, citer le ou les placement(s) prenant en compte cette contrainte.

3. Avec un taux d'intérêt de 1,25 %, calculer l'intérêt rapporté par an pour un capital de 20 000 €.

Sophie et Karim souhaitent percevoir 7 500 € d'intérêts pour un capital de 20 000 € placé un an.

4. Calculer le montant de la valeur acquise souhaitée.

5. Calculer le taux d'intérêt annuel nécessaire.

6. Est-ce envisageable avec les taux en vigueur au 01/08/09 ?

7. Que doivent-ils faire pour obtenir un intérêt de 7 500 € ? Recopier le ou les réponse(s) possible(s).

– Placer le capital plus longtemps (plus de 10 ans)
– Trouver un placement plus rentable
– Augmenter le capital placé

C. Rentabilité

Pour un placement à 2,5 %, Sophie et Karim cherchent à savoir au bout de combien de temps la valeur acquise sera de 28 000 €.
Le graphique suivant présente l'évolution de la valeur acquise.

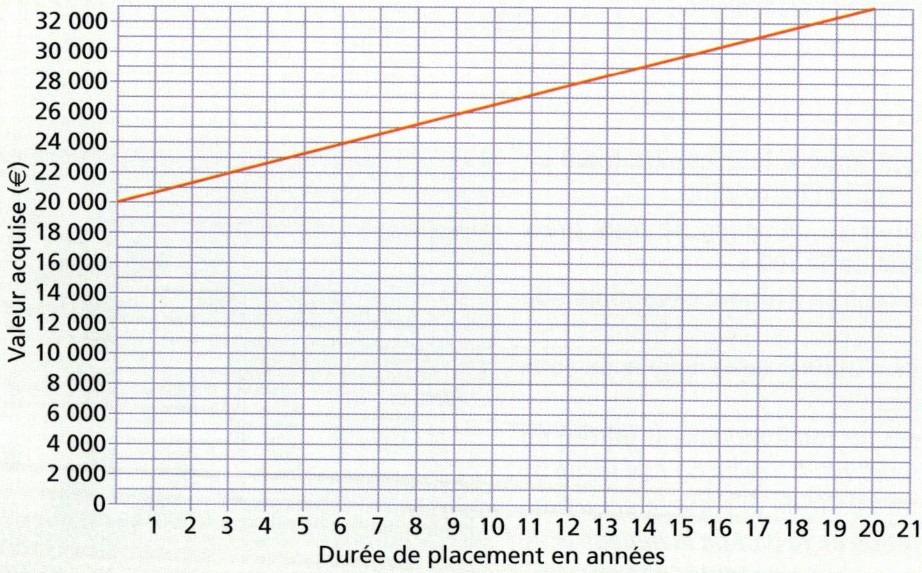

8. Déterminer graphiquement la durée nécessaire pour obtenir une valeur acquise de 28 000 €.

D. Conclusion

Un RAP est considéré intéressant lorsque la durée de placement (pour obtenir le même gain) est supérieure à 8 ans.

9. Est-il intéressant financièrement de rembourser cet emprunt par anticipation ?

Corrigés

QCM

Chapitre 1	**1.** b	**2.** c	**3.** a	**4.** c	**5.** b
Chapitre 2	**1.** b	**2.** b, c	**3.** c	**4.** a	**5.** a
Chapitre 3	**1.** c	**2.** c	**3.** b, c	**4.** b, c	**5.** b
Chapitre 4	**1.** b	**2.** a	**3.** b	**4.** b	**5.** b
Chapitre 5	**1.** a	**2.** b	**3.** b	**4.** a, c	**5.** c
Chapitre 6	**1.** a	**2.** b	**3.** b, c	**4.** b, c	**5.** a, b
Chapitre 7	**1.** c	**2.** a, b	**3.** c	**4.** a, c	**5.** b
Chapitre 8	**1.** a	**2.** a	**3.** a	**4.** b	**5.** c
Chapitre 9	**1.** b	**2.** b	**3.** a	**4.** a	**5.** a, c
Chapitre 10	**1.** b	**2.** b	**3.** a, c	**4.** b	**5.** b
Chapitre 11	**1.** a, c	**2.** b	**3.** a	**4.** c	**5.** b
Chapitre 12	**1.** b	**2.** a, c	**3.** b	**4.** a	**5.** a, c
Chapitre 13	**1.** a	**2.** a, b	**3.** b	**4.** a	**5.** c
Chapitre 14	**1.** b	**2.** a	**3.** c	**4.** a	**5.** a
Chapitre 15	**1.** b, c	**2.** a, c	**3.** b	**4.** b	**5.** a

Corrigés

Chapitre 1

Exercice 1

Thermomètre A : T = 36 °C
Thermomètre B : T = 48 °C
Thermomètre C : T = – 8 °C
Thermomètre D : T = 12 °C

Exercice 2

1. Axe des abscisses : année. Axe des ordonnées : consommation de lait en litre.

2. Le point A (1994;92) n'appartient pas au graphique. Le point B(1997;92)appartient au graphique.

3.

Consommation (L)	98	95,4	90,8	93,8	94	92,5	92	91,9	88,3	88,2	85,4
Année	1991	1992	1993	1994	1995	1996	1997	1998	1999	2000	2001

Exercice 3

Exercice 4

1. Montant de la dépense pour un élève du second degré en 2007 : 8 870 € .

2. Évolution de la dépense de 1980 à 2006 pour tous niveaux confondus : augmentation.

3. Niveau qui coûte le moins cher : premier degré.

Chapitre 2

Exercice 1

Réf	Article	Prix unitaire HT	Nombre	Prix HT
PC - 925	Chlore retard 5 kg	19,23 €	3	57,69 €
PC – 931	Chlore choc 5 kg	17,56 €	2	35,12 €
AE-1823	Relais de mise hors gel	62,71 €	1	62,71 €
			Total H.T	155,52 €
			Remise (2%)	3,11 €
			Total HT après remise	152,41 €
			TVA (19,6%)	29,87 €
			Total TC	182,28 €

Exercice 2

1.

Distance (km)	150	350	600
Consommation (L)	12,6	29,4	50,4

2. 50,4 : 6 = 8,4 L aux 100 km.

3. coût = (30 × 0,80) + 12 = 36 €

Exercice 3

1. 4 600 / 2 = 2 300
5 020 / 3 = 1 673,3…
5 440 / 3 = 1 813,33…
Les rapports des deux grandeurs ne sont pas égaux.
On en déduit que l'âge et l'apport énergétique conseillé pour un garçon entre 2 et 10 ans ne sont pas des grandeurs proportionnelles.

2. Comme les deux grandeurs ne sont pas proportionnelles, il n'est pas possible de calculer un coefficient de proportionnalité.

Chapitre 3

Exercice 1

1.

Nombre de cocktails	1	8	18	26	42
Coût de revient total (€)	2,50	20	45	65	105

2. Représentation graphique

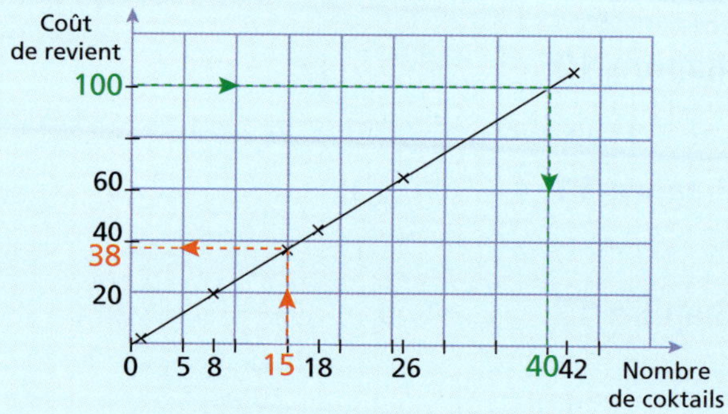

3. On constate que les points sont alignés sur une droite qui passe par l'origine du repère.
On peut en conclure que le coût de revient est proportionnel au nombre de cocktails.

4. Voir les traits de lecture sur le graphique au-dessus.
– pour 15 cocktails le coût de revient sera d'environ 38 €.

5. Pour 100 € de coût de revient, il peut fabriquer environ 40 cocktails.

6. Soit x le nombre de cocktails et y le coût de revient. La fonction linéaire s'écrit : $y = 2,5\,x$.

7. Si $x = 15$ alors $y = 2,5 \times 15 = 37,5$; le coût de revient sera de 37,5 €.

Si $y = 100$ alors $x = \frac{100}{2,5} = 40$. Il pourra fabriquer 40 cocktails pour 100 €.

Exercice 2

1. Le prix du parquet est proportionnel à l'aire du parquet. La représentation graphique est une droite qui passe par l'origine du repère.

2. (× 35)

Aire S (en m²)	20	40	60
Prix p TTC (en €)	700	1 400	2 100

3. $p = 35 \times 28,5 = 997,5$ €

4.

Prix HT	810 €
Montant TVA (taux : 19,6 %)	158,76
Prix TTC	968,76

5. Il est plus intéressant de se fournir chez F_B.

Exercice 3

1. Prix de la cafetière : $68 - (68 \times 0,15) = 57,8$ €
Prix d'un aspirateur : $120 - (120 \times 0,15) = 102$ €
Prix d'une machine à fabriquer du pain :
$98 - (98 \times 0,15) = 83,3$ €

2. Coefficient : $100 - \left(\frac{15}{100}\right) = \frac{85}{100}$ ou $1 - 0,15 = 0,85$

3. $y = 0,85x$

4. prix d'un grille pain : $35 \times 0,85 = 29,75$ €

Chapitre 4

Exercice 1

a. $5x - 25 = 5$ $\quad 5x = 5 + 25$ $\quad 5x = 30$
$x = 6$

b. $7x + 13 = -2$ $\quad 7x = -2 - 13$ $\quad 7x = -15$
$x = -\frac{15}{7}$

c. $4 - 3x = 11$ $\quad -3x = 11 - 4$ $\quad -3x = 7$
$x = -\frac{7}{3}$

d. $5x = -3$
$x = -\frac{3}{5}$

Exercice 2

le double de x vaut 8	$2x = 8$	4
le triple de x retranché de 15 vaut 6	$15 - 3x = 6$	3
la moitié de x vaut 22	$\frac{x}{2} = 22$	44
le double de x ajouté à 6 vaut 10	$2x + 6 = 10$	2

Exercice 3

$5,5x = 176$

$x = \frac{176}{5,5}$

$x = 32$
Le commerçant a vendu 32 DVD.

Exercice 4

1. $C = 180 \times x$; $C = 180x$

2. $x - 7$

3. $200\,(x - 7)$

4. $200x - 1\,400 = 12\,600$; $200x = 12\,600 + 1\,400$;

$200x = 14\,000$; $x = \frac{14\,000}{200}$; $x = 70$.

5. Il y avait 70 élèves inscrits au départ. ($70 - 7 = 63$) élèves sont effectivement partis.

Exercice 5

1. $214 = 11 + x + x + x + x + 7$
$214 = 11 + 4x + 7$

2. $214 - 7 - 11 = 4x$
$196 = 4x$

$x = \frac{196}{4}$

$x = 49$

3. Le côté du carré formant la base du réservoir mesure 49 cm.

Corrigés

Chapitre 5

Exercice 1

1. Le caractère étudié est quantitatif, c'est le nombre de clients.

2. C'est un histogramme.

3. 56 clients ont dépensé plus de 10 € mais moins de 20 €.

4.

Montants dépensés (€)	[0 ; 10[	[10 ; 20[	[20 ; 30[	[30 ; 40[	[40 ; 50[	Totaux
Nombre de clients	40	56	34	12	8	150

Exercice 2

1. Le caractère étudié est la marque des voitures vendues. Il est qualitatif.

2. 3. Nombre de voitures coréennes vendues :
250 – (1 127 + 462 + 225 + 187) = 49

Marques	Nombre d'immatriculation	Mesure de l'angle en degré
Marques françaises	1 127	198
Autres marques européennes	462	81
Marques américaines	225	40
Marques coréennes	49	9
Marques japonaises	187	33
Total	2 050	360

4. Exemple de calcul pour compléter la 3e colonne :

Marques françaises : $\left(\frac{1\,127}{2\,050}\right) \times 360 = 198$ au degré près.

5. Diagramme circulaire :

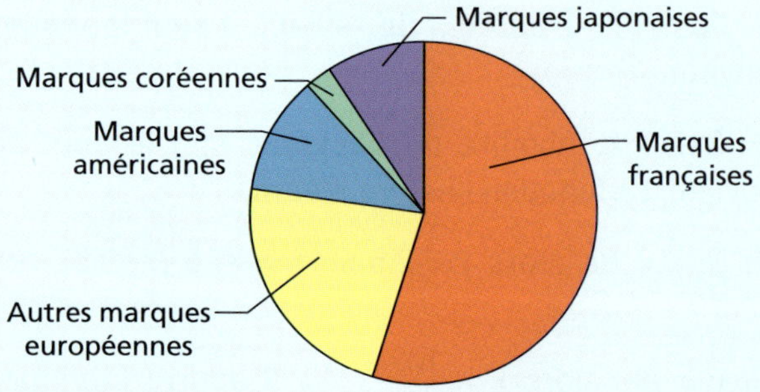

Chapitre 6

Exercice 1

1. N = 200

2. montant moyen d'un chèque = 6 300 : 200 = 31,5 €.

Exercice 2

1. $n = 12$.

2.

Masse des joueurs (kg)	Nombre de joueurs n_i	Fréquence f_i en %
[70 ; 80 [	4	12,5
[80 ; 90 [	6	18,75
[90 ; 100 [	8	25
[100 ; 110 [	12	37,5
[110 ; 120 [	2	6,25
TOTAL	32	100

3. $n_1 = 4$ et $n_5 = 2$

4. $f = \left(\frac{12}{32}\right) \times 100 = 37,5$ soit 37,5 % des joueurs ont une masse comprise entre 100 et 110 kg.

ou $\frac{(12 \times 6,25)}{2} = 37,5$.

5. 12,5 + 18,75 = 31,25 soit 31,25 % des joueurs ont une masse inférieure à 90 kg.

6. Somme des valeurs
$= (4 \times 75) + (6 \times 85) + (8 \times 95) + (12 \times 105) + (2 \times 115)$
$= 3\,060$
masse moyenne $\overline{x}$:

$\frac{3\,060}{32} = 95,625$ soit 96 kg arrondi à l'unité.

Corrigés

Chapitre 7

Exercice 1

d. Si la même prévision était faite pour 100 jours, il pleuvrait à peu près 30 jours sur 100.

Exercice 2

1.

	Tartine tombe côté beurre	Tartine tombe côté non beurre
Nombre de cas	13 020	7 980
Fréquence (%)	62	38

2. La loi de Murphy n'est donc pas vérifiée.

Chapitre 8

Exercice 1

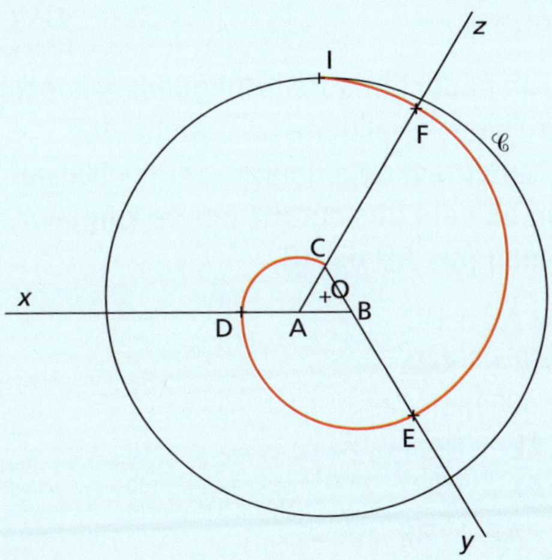

Exercice 2

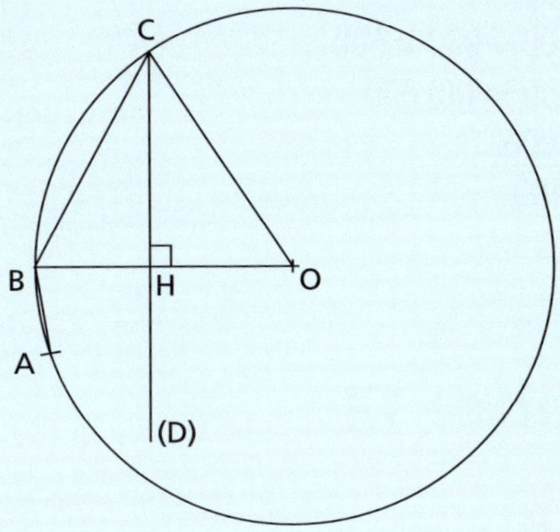

Chapitre 9

Exercice 1

1. a. (AM) est axe de symétrie du polygone ABCDE, il partage l'angle $\widehat{EAB}$ en deux angles égaux.

$\widehat{EAM} = \frac{\widehat{EAB}}{2} = \frac{90}{2} = 45°$

b. $\widehat{FAE} = \widehat{FAM} - \widehat{EAM} = 90 - 45 = 45°$

2. a. le triangle AEF est rectangle en F. Un des angles aigus vaut 45° donc l'autre aigu vaut lui aussi 45°.
$\widehat{FAE} = 45°$ et $\widehat{FEA} = 180 - (90 + 45) = 45°$. Le triangle AEF a ses 2 angles aigus de même mesure, il est isocèle.

2. b. $FA = \frac{FG}{2} = \frac{108{,}8}{2} = 54{,}4$ soit FA = 54,4 cm.

2. c. Le triangle EFA est isocèle,
donc FA = FE = 54,4 cm.
$\mathscr{A}(AEF) = \frac{(FA \times FE)}{2} = \frac{(54{,}4 \times 54{,}4)}{2} = 1\,479{,}68 \text{ cm}^2$.

3. a. $\mathscr{A}(FAMI) = FA \times FI = 54{,}4 \times 70 = 3\,808 \text{ cm}^2$

3. b. $\mathscr{A}(AMDE) = \mathscr{A}(FAMI) - \mathscr{A}(EDI) - \mathscr{A}(AEF)$
$\mathscr{A}(AMDE) = 3\,808 - 121{,}68 - 1\,479{,}68 = 2\,206{,}64 \text{ cm}^2$

3. c. $\mathscr{A}(ABCDE) = \mathscr{A}(AMDE) \times 2$
$\mathscr{A}(ABCDE) = 2\,206{,}64 \times 2 = 4\,413{,}28 \text{ cm}^2$

3. d. $\mathscr{A} = 0{,}44 \text{ m}^2$

Chapitre 10

Exercice 1

1. $R = \frac{17}{2} = 8{,}5$ cm

2. $V = \pi \times R^2 \times h = \pi \times 8{,}5^2 \times 30$
$V = 6\,809 \text{ cm}^3$

3. $V = 8 \times 6\,809 = 54\,472 \text{ cm}^3$

4. $V = 54{,}472 \text{ dm}^3$

5. $V = L \times l \times h = 20 \times 15 \times 6$ $V = 1\,800 \text{ cm}^3$
$V = 1{,}8 \text{ dm}^3$

6. $n = 54{,}472 / 1{,}8 = 30{,}3$
La cuisinière peut remplir 30 barquettes de petits pois.

Corrigés

Exercice 2

1. R = 50 / 2 = 25 cm
$\mathcal{A} = \pi \times R^2 = \pi \times 25^2$;
$\mathcal{A}$ = 1 963 cm² = 19,63 dm²

2. h = 1,53 m = 15,3 dm ; V = 19,63 × 15,3 = 300,3 dm³

3. 1 dm³ = 1L ; V = 300,3 L

4. La capacité de mon ballon est de 300L.

Exercice 3

1. $\mathcal{A} = (3 \times 5) + (2 \times 2) = 15 + 4$
$\mathcal{A} = 19$ m²

2. V = 19 × 2,5 = 47,5 m³

3. débit = 47,5 × 12 = 570 m³/h

4. temps = 47,5 / 9,5 = 5 minutes

Chapitre 11

Exercice 1

1. triangle rectangle

2. $AC^2 = AB^2 + BC^2$
$AC^2 = 1{,}93^2 + 0{,}34^2$
$AC^2 = 3{,}8405$
$AC = \sqrt{3{,}8405}$
AC = 1,96 m

3. $\mathcal{A} = AB \times BC$
$\mathcal{A} = 1{,}93 \times 0{,}34 = 0{,}6562$
soit $\mathcal{A} = 0{,}65$ m²

Exercice 2

1. AB = 10 cm ; AO = 6 cm ; OB = 8 cm
– On repère le plus grand côté, c'est AB. On calcule $AB^2 = 10^2 = 100$
– On calcule la somme des carrés des deux autres côtés : $AO^2 + OB^2 = 6^2 + 8^2$ $AO^2 + OB^2 = 100$
– On constate que $AB^2 = AO^2 + OB^2$, d'après la réciproque de Pythagore, on peut dire que le triangle AOB est rectangle en O.

2. On utilise la propriété de Pythagore dans le triangle BOD rectangle en O.
$BD^2 = OB^2 + OD^2$
$BD^2 = 8^2 + 18^2$
$BD^2 = 386$
$BD = \sqrt{386}$
BD = 19,70
soit arrondi à l'unité BD = 20 cm

3. L = (AB + BD + DC + AC) + (AD + BC)
L = (10 + 20 + 20 + 10) + (6 + 18 + 16)
La longueur réduite est égale à 100 cm. La longueur réelle est : 100 × 4 = 400 cm.

4. Il faut 4 m de baguettes pour réaliser le cerf-volant.

Chapitre 12

Exercice 1

$$\frac{OM}{ON} = \frac{MP}{QN}$$

ON = OM + MN
ON = 386,8 + 388,5
ON = 775,3

$$\frac{386{,}8}{775{,}3} = \frac{226}{QN}$$

produit en croix : 386,8 × QN = 775,3 × 226

$$QN = \frac{175\,217{,}8}{386{,}8}$$

QN = 453 cm

Exercice 2

1. BE : on peut connaître la longueur grâce à la relation de Thalès appliquée au triangle ACF.
CF : la valeur est déjà donnée et CF = 500 mm.
DG : On ne peut pas déterminer sa longueur, car on ne connaît pas AD ou AG.

2. AC = AB + BC
AC = 960 + 1 440
AC = 2 400 mm

$$\frac{AB}{AC} = \frac{AE}{AF} = \frac{BE}{CF}$$

$$\frac{960}{2\,400} = \frac{AE}{AF} = \frac{BE}{500}$$

$$\frac{960}{2\,400} = \frac{BE}{500}$$

BE × 2 400 = 960 × 500
BE × 2 400 = 480 000

$$BE = \frac{48\,000}{2\,400}$$

BE = 200 mm

Chapitre 13

Exercice 1

1. $\tan 39 = \frac{AH}{4}$ donc AH = 4 × tan 39 soit AH = 3,2 cm

AB = 2 × AH soit AB = 6,4 cm

2. Utilisation du théorème de Pythagore dans le triangle AHC : $AC^2 = AH^2 + HC^2$
$AC^2 = 3{,}2^2 + 4^2$; $AC^2 = 26{,}24$; $AC = \sqrt{26{,}24}$; AC = 5,1 cm

3. Le triangle ABC est un triangle isocèle en C.

Exercice 2

1. $DC = \frac{(39{,}2 - 1{,}4)}{2}$ DC = 18,9 cm

2. Utilisation du théorème de Pythagore dans le triangle BCD : $BD^2 + DC^2 = BC^2$
$BD^2 + 18{,}9^2 = 56{,}5^2$; $BD^2 = 56{,}5^2 - 18{,}9^2$;
$BD^2 = 2\,835{,}04$ d'où BD = 53,2 cm

3. $\sin \widehat{C} = \frac{BD}{BC}$; $\sin \widehat{C} = \frac{53{,}2}{56{,}5} = 0{,}94$; $\widehat{C} = \sin^{-1}(0{,}94)$;
$\widehat{C} = 70°$
Dans le triangle BCD : $\widehat{B} + \widehat{C} + \widehat{D} = 180°$
$\widehat{B} + 70 + 90 = 180$
donc $\widehat{B} = 20°$

Exercice 3

1. Utilisation du théorème de Pythagore dans le triangle AHC : $AH^2 + HC^2 = AC^2$
$AH^2 + 75^2 = 150^2$
$AH^2 = 150^2 - 75^2$
$AH^2 = 16875$
AH = 130 cm

2. $\tan 0{,}03 = \frac{130}{d}$
$d = \frac{130}{\tan 0{,}03}$
$d = 248\,282$ cm
soit $d = 2\,483$ m

Chapitre 14

Exercice 1

1. $PHT = \frac{PTTC}{1{,}196}$
$PHT = \frac{12{,}5}{1{,}196}$
PHT = 10,45 €

2. $PTTC = 10{,}45 \times 1{,}055$
PTTC = 11,02 €

3. Baisse : 12,5 – 11,02 = 1,48 €

Exercice 2

1. Prix d'achat brut : $1\,000 \times 4{,}81 = 4\,810$ €

2. Remise : $4\,870 \times \frac{7}{100} = 336{,}7$ €
Prix d'achat net : 4 810 – 336,7 = 4 473,3 €

3. Prix de vente TTC = $4\,950 \times 2{,}5 = 12\,375$ €
Prix de vente TTC unitaire = $\frac{12\,375}{1\,000} = 12{,}38$ €

4. $PTTC = PHT \times 1{,}055$
donc $12{,}38 = PHT \times 1{,}055$
$PHT = \frac{12{,}38}{1{,}055}$
soit PHT = 11,73 €

5. Marge brute = PHT × 1000 – Coût d'achat
Marge brute = 11,73 × 1 000 – 4 950
Marge brute = 6780 €

Exercice 3

1.

Désignation	Quantité (kg)	Prix unitaire (€)	Montant HT (€)
Gambas	5	17,08	85,40
Rouget	6	10,55	63,3
Cabillaud	9	12,2	109,80
Lieu noir	18	6,95	125,1
		Prix Brut HT	383,60
		Remise	19,18
		Prix net HT	364,42
		TVA 5,5 %	20,04
		Prix TC	384,46

2. 383,60 € représente 100 %, donc 19,18 € représente
$\frac{19{,}18}{383{,}60} \times 100 = 5$ %
La remise représente 5 % du prix brut HT.

Exercice 4

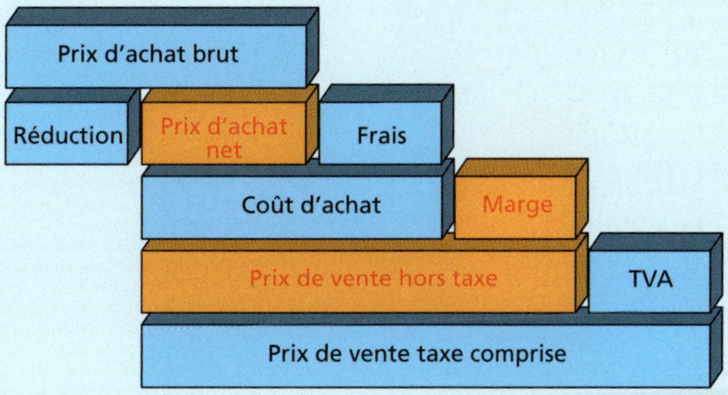

Corrigés

Chapitre 15

Exercice 1

1. Intérêts pour un mois :

$I = 2500 \times \frac{0{,}0175}{12} = 3{,}65$ €

1,75% = 0,0175

Durée du placement : $\frac{18{,}23}{3{,}65} = 5$, soit 5 mois.

2. Pour doubler le montant des intérêts, on peut soit :

– doubler le capital placé ;
– doubler la durée de placement.

Exercice 2

1. $I = 300 \times \frac{3}{100} = 9$ €.

2. I = 210,73 €

3. $V_A = 300 + 210{,}73$
$V_A = 510{,}73$ €

4. 900 €, c'est 3 fois plus que 300 €
I = 103,17 € pour 300 €
Donc I = 3 × 103,17 = 309,51 € pour 900 €

5. C = 300 × 18 = 5400 €

6. Montant total des intérêts produits par ces 18 placements :
210,73 + 195,85 + 181,41 + 167,39 + 153,78 + 140,56 + 127,73 + 115,27 + 103,17 + 91,43 + 80,03 + 68,96 + 58,22 + 47,78 + 37,65 + 27,82 + 18,27 + 9 = 2 274,21 €

7. Montant du capital dont dispose Raphaël à sa majorité : 5 400 + 2 274,21 = 7 674,21 €

Exercice 3

1. $I = 2400 \times \frac{4}{100} \times \frac{10}{12}$

I = 80 €

2. A = 2400 + 80 = 2 480 €

3. $A = 2\,400 + 2\,400 \times t \times n$
avec t = taux mensuel soit
$t = \frac{0{,}04}{12}$

$A = 2400 + 2400 \times \frac{0{,}04}{12} \times n$

$A = 2400 + 8n$

Tableur : Open Office ou Excel

Présentation générale

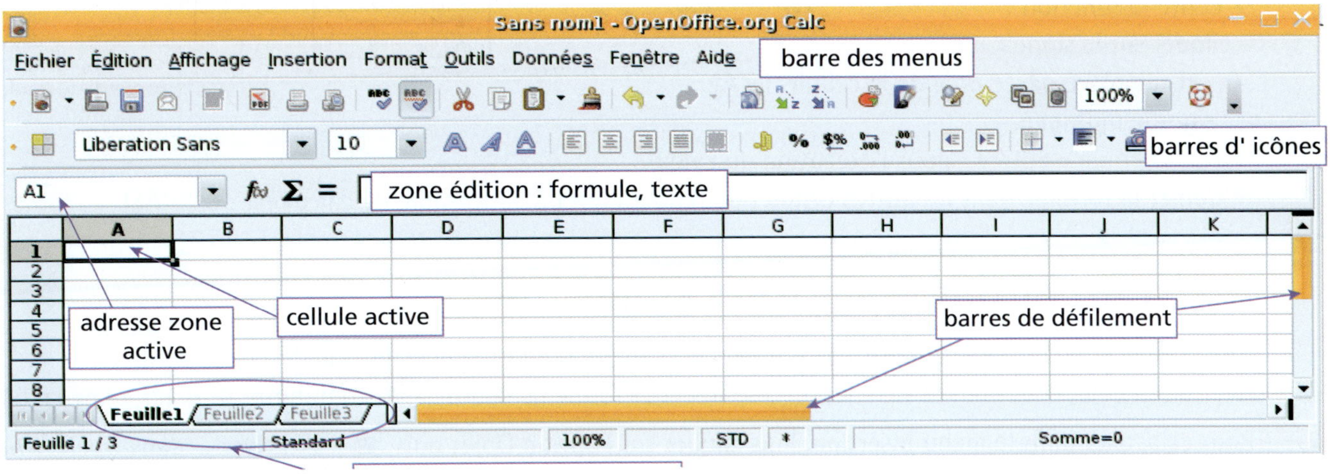

Références relatives et absolues

La lettre et le nombre formant le nom d'une cellule sont des « références relatives », c'est-à-dire la position de la formule. Si on copie-colle une formule dans une autre cellule, les références relatives se trouvent modifiées en conséquence.

En revanche, une référence précédée du symbole $ est une référence absolue. Elle est verrouillée et reste inchangée lors d'un copier-coller.

Ainsi :

\$A1 fera toujours référence à la colonne A ;

A\$1 fera toujours référence à la ligne 1 ;

\$A\$1 fera toujours référence à la cellule A1.

Plage de données

Pour faire référence à une série de cellules, on utilise le deux-points. Ainsi la formule =SOMME(A2:A5) fait la somme des nombres contenus dans les cellules A2, A3, A4 et A5.
De la même manière, A2:B4 fait référence à l'ensemble des cellules A2, A3, A4, B2, B3 et B4.

Onglets

Un fichier de tableur est un classeur. Chaque onglet contient une nouvelle feuille de calcul. Les feuilles de calcul sont indépendantes, mais il est possible de faire référence à une autre feuille de calcul que la feuille active. La syntaxe n'est pas tout à fait la même dans *OpenOffice* et dans *Excel*.

Dans *Excel* : Feuille2!A3 désigne la cellule A3 de la feuille de calcul baptisée « Feuille2 ».

Dans *OpenOffice* : la syntaxe de la même cellule est Feuille2.A3.

Ma première formule : $y = 0{,}25x$

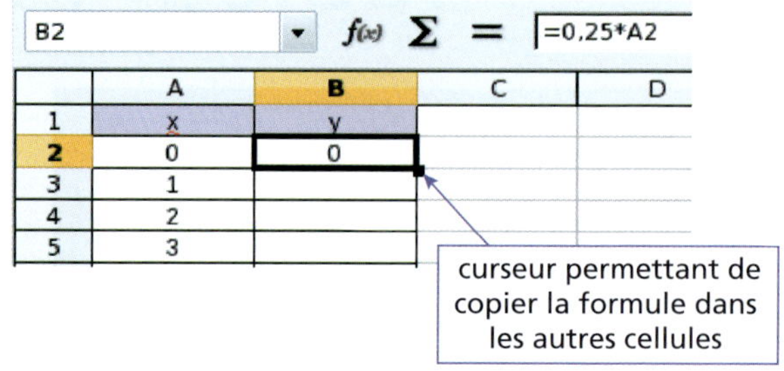

→ Écrire les différentes valeurs de *x* dans la colonne A.
→ Sélectionner la cellule B2 pour calculer.
→ Écrire la fonction :
- cliquer sur le signe « = » ;
- *x* est remplacé par le nom de la cellule, ici A2 ;
- * signifie multiplié.

→ Terminer par « Entrée » pour l'exécution du calcul.
→ Copier la formule dans les autres cellules de B3 à B5 (en B5, la formule de calcul est : 0,25*A5).

Assistant de représentation graphique

Une présentation en tableau n'est pas toujours la manière la plus conviviale d'analyser des données.
Avec un tableur, vous pouvez aussi les représenter sous forme de courbe, d'histogramme, de diagramme en bâtons...

Pour cela, aller dans le menu Insertion. Puis cliquer sur l'option Objet puis Diagramme... dans *Open Office* ou sur Graphique... dans *Excel.*

Dans ces deux logiciels, un assistant vous guide pas à pas pour la mise en œuvre de la représentation graphique choisie.

Fonctions utiles pour les formules

Action	Nom de la fonction	Exemple de programmation
Additionner	SOMME Σ	=SOMME(A1 ;A6)
Trier dans l'ordre croissant	A→Z	
Afficher un nombre aléatoire	ALEA.ENTRE.BORNES(minimum ;maximum)	=ALEA.ENTRE.BORNES(1;6) (nombre aléatoire entre 1 et 6 compris = lancement d'un dé)
Afficher l'effectif d'une valeur, réaliser un compteur	NB.SI(plages;critères)	=NB.SI(C$2:C2 ;»5») (compte le nombre de fois où le 5 sort dans la colonne C)
Introduire une condition	SI(condition;faire;sinon)	=SI(A2=B2 ;»OUI»;»NON») (compare deux cellules et affiche oui ou non)
Calculer une moyenne	MOYENNE	=MOYENNE(A2:A17) (calcul de la moyenne sur les cellules A2 à A17)

Les nombres en écriture décimale

Lecture et écriture d'un nombre décimal

Un nombre décimal comporte **une partie entière** et **une partie décimale.**

Exemple : 49,567 se lit « quarante neuf virgule cinq cent soixante sept » ; 49 est la partie entière et 567 est la partie décimale.

La partie décimale peut **comporter plusieurs chiffres.** Dans l'exemple ci-dessus, elle comporte **trois chiffres.** Votre calculatrice, pour un calcul donné, peut vous afficher beaucoup de chiffres après la virgule. Il faudra alors donner **une valeur arrondie** (voir paragraphe ci-dessous sur la valeur arrondie).

Comparaison de nombres en écriture décimale

MÉTHODE sur un exemple :

On souhaite classer, par ordre croissant, le prix de vente proposé pour une même calculatrice dans six magasins différents : 13,50 ; 12,59 ; 11,90 ; 12,50 ; 13,55 ; 11,25.

• En premier, on repère la partie entière.

– On compare le chiffre **des dizaines** : c'est **1**, il ne différencie par les prix.

– On regarde ensuite le chiffre **des unités**, il permet de faire un premier tri par ordre croissant :
1**1**,90 ; 1**1**,25 ; 1**2**,50 ; 1**2**,50 ; 1**3**,55 ; 1**3**,50.

• En second, on considère la partie décimale.

– On regarde le chiffre **des dixièmes**, il permet d'affiner le tri déjà effectué :
11,**2**5 ; 11,**9**0 ; 12,**5**9 ; 12,**5**0 ; 13 ,**5**5 ; 13,**5**0.

– On termine en regardant le chiffre **des centièmes** pour les nombres ayant le même chiffre des dixièmes :
11,25 ; 11,90 ; 12,50 ; 12,59 ; 13,50 ; 13,55.

Signes mathématiques pour comparer des nombres

<	inférieur ou plus petit que
>	supérieur ou plus grand que
=	égal à

La liste, triée par ordre croissant, des prix des calculatrices peut s'écrire :
$11,25 < 11,90 < 12,50 < 12,59 < 13,50 < 13,55$

Signes mathématiques pour exprimer un intervalle

⩽	inférieur ou égal à
⩾	supérieur ou égal à
[.....]	crochets fermés ou ouverts

Le prix P de la calculatrice peut s'écrire sous la forme :
$11,25 \leqslant P \leqslant 13,55$

Le prix P de la calculatrice appartient à l'intervalle :
[11,25 ; 13,55]

Valeur arrondie d'un résultat à 10^n d'un nombre en écriture décimale

Lorsque la calculatrice affichera un résultat avec beaucoup de chiffres après la virgule, vous aurez à arrondir ce nombre selon la précision demandée.

MÉTHODE sur un exemple : soit le nombre 15,6485.

- **Arrondir à l'unité** donne **16** parce que **le premier** chiffre après la virgule (6) **est plus grand que 5.**
- **Arrondir au dixième** ou à **0,1** ou à **10^{-1}** donne 15,6 parce que le **deuxième** chiffre après la virgule (4) est **plus petit que 5.**
- **Arrondir au centième** ou à **0,01** ou à **10^{-2}** donne **15,65** parce que le **troisième chiffre** après la virgule (8) est **plus grand que 5.**
- **Arrondir au millième** ou à **0,001** ou à **10^{-3}** donne **15,649** parce que le **quatrième chiffre** après la virgule (5) **est égal à 5.**

RÈGLE Il faut retenir que la valeur 5 permet un arrondi au-dessus.

Ordre de grandeur d'un résultat en utilisant l'écriture scientifique

- Donner un ordre de grandeur du produit : $3\,109 \times 690$

– 3 109 s'écrit en écriture scientifique : $3{,}109 \times 10^3$.

– 690 s'écrit en écriture scientifique : $6{,}90 \times 10^2$.

$$3\,109 \times 690 = 3{,}109 \times 10^3 \times 6{,}90 \times 10^2$$

En arrondissant à l'unité, les nombres décimaux, on trouve : $3 \times 7 \times 10^3 \times 10^2 = 21 \times 10^5 = 2\,100\,000$

C'est un ordre de grandeur. Le résultat exact à la calculatrice est : 2 145 210.

- Sans calculatrice, donner un ordre de grandeur du produit : 101×399.

À l'unité près, ce produit peut s'écrire : 100×400. Qui s'écrit : $10^2 \times (4 \times 10^2)$.

En appliquant les règles de calcul sur les puissances :

$10^2 \times (4 \times 10^2) = 4 \times 10^{2+2} = 4 \times 10^4 = 40\,000$.

L'ordre de grandeur du produit : 101×399 est d'environ 40 000.

Nombres en écriture fractionnaire

Fraction

Une fraction s'écrit $\frac{a}{b}$.
Le nombre a représente le numérateur.
Le nombre b représente le dénominateur (b ne peut pas être égal à 0).
Le trait de fraction symbolise l'opérateur « divisé ».

Exemple : Lors d'une épreuve de triathlon, un élève a mis $\frac{2}{9}$ du temps total à nager (en bleu) et $\frac{4}{9}$ du temps total à pédaler (en vert). Il a passé le reste du temps à courir (en rouge).

Le temps passé à courir est : $\frac{9}{9} - \left(\frac{2}{9} + \frac{4}{9}\right) = \frac{3}{9}$ du temps total.

Valeur exacte et valeur arrondie d'une fraction

Exemple : $\frac{1}{2} = 0{,}5$; 0,5 est la valeur exacte de $\frac{1}{2}$.

$\frac{1}{3} \approx 0{,}33$; 0,33 est une valeur arrondie à 0,01 de $\frac{1}{3}$.

Produit d'une fraction par un nombre

Exemple : Une coiffeuse prépare un mélange base + couleur pour teinter les cheveux d'une cliente. Elle utilise 1/3 de base et 4/5 de couleur. Chaque tube contient 60 mL de solution.

Le volume de base à utiliser est : $\frac{1}{3} \times 60 = \frac{1 \times 60}{3} = 20$ mL.

Le volume de couleur à utiliser est : $\frac{4}{5} \times 60 = \frac{4 \times 60}{5} = 48$ mL.

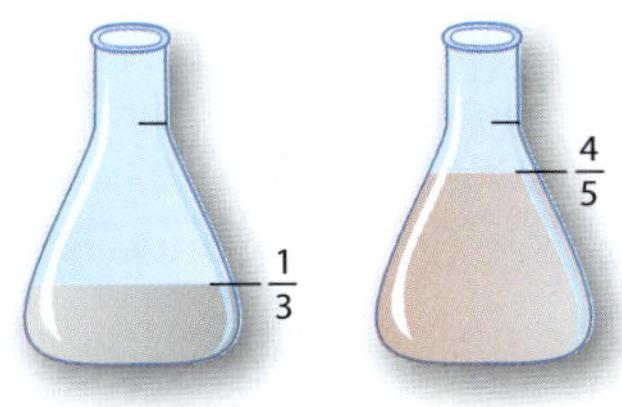

MÉTHODE $\frac{a}{b} \times c = \frac{a \times c}{b}$ avec $b \neq 0$.

Simplification d'une fraction

Exemple : Thomas a recopié dans son cahier cinq fractions de manière désordonnée. Il sait que certaines sont égales deux à deux. Il veut retrouver les égalités.

$\frac{20}{24}$ $\frac{5}{6}$ $\frac{12}{15}$ $\frac{4}{5}$ $\frac{8}{6}$

$\frac{20}{24}$ peut s'écrire : $\frac{\cancel{4} \times 5}{\cancel{4} \times 6} = \frac{5}{6}$ $\qquad \frac{20}{24} = \frac{5}{6}$.

$\frac{12}{15}$ peut s'écrire : $\frac{\cancel{3} \times 4}{\cancel{3} \times 5} = \frac{4}{5}$ $\qquad \frac{12}{15} = \frac{4}{5}$.

MÉTHODE $\frac{ca}{cb} = \frac{a}{b}$ avec $b \neq 0$

Égalité de deux fractions

Deux fractions peuvent être égales sans être écrites avec les mêmes nombres comme $\frac{20}{24} = \frac{5}{6}$ (cf. Simplification d'une fraction ci-dessus).
Il est facile de le vérifier en faisant le produit en croix : $20 \times 6 = 120$ et $24 \times 5 = 120$.

MÉTHODE $\frac{a}{c} = \frac{b}{d}$ équivaut à $ad = bc$ avec c et $d \neq 0$.

Système décimal et système sexagésimal

Pour exprimer les durées, on utilise les unités du tableau ci-contre :
Ce système de mesure est appelé **système sexagésimal.**

Nom	Symbole	Correspondance
Seconde	s	
Minute	min	1 min = 60 s
Heure	h	1 h = 60 min = 3 600 s

Passage du système décimal au système sexagésimal

> Avec la calculatrice

MÉTHODE par l'exemple : lors d'une éruption volcanique, il peut se produire une nuée ardente (mélange de gaz et de roche en fusion) qui est projetée à de très grandes distances et à une vitesse effrayante. En 1902, la nuée ardente formée lors de l'éruption de la montagne Pelée (en Martinique) a dévalé les pentes de la montagne à une vitesse de 524 km/h.

Une fois arrivée au pied du volcan, et considérant que la vitesse de la nuée est restée constante, calcul du le temps mis par cette nuée pour atteindre une maison placée à 1 200 m.

On sait que : vitesse (v) = distance (d) : temps (t) d'où $t = d : v$.

On donne : v = 524 km/h ; d = 1 200 m ; t = ?

en respectant les unités, d = 1 200 m et v = 524 000 m, t va être exprimé en heure.

$$t = \frac{1\,200}{524\,000} = 2{,}29 \times 10^{-3}\ \text{h}$$

Pour obtenir ce résultat en écriture sexagésimal, il suffira **d'utiliser votre calculatrice** (cf. les rabats du manuel).

Vous obtiendrez : t = 0° 0'8,24'' que vous traduirez en 0 h 0 min 8,24 s.

La nuée ardente mettre environ 8,24 secondes pour atteindre la maison située à 1 200 m du pied du volcan.

> Par le calcul

MÉTHODE par l'exemple : un plombier facture une intervention au domicile d'un particulier pour une durée de 2,75 h. Cette personne ne comprend pas cette écriture. Il s'agit de l'écriture décimale d'une durée.

Traduite en écriture sexagésimal, elle donne :

2,75 h = 2 h + 0,75 d'une heure ;
c'est-à-dire = 2 h + (0,75 × 60 min)
= 2 h + 45 min.

L'intervention a duré 2 h 45 min.

Passage du système sexagésimal au système décimal

> Avec la calculatrice

Pour convertir 2 h 45 min en écriture décimale, on tape :

Casio fx – 92 2D+

TI – Collège Plus

La calculatrice affiche : 2,75. 2,75 h est l'écriture décimale de 2 h 45 min.

> Par le calcul

Dans une heure il y a 60 minutes, on décompose 2 h 45 min en : 2 + (0, 45 × 60) = 2 + 0,75 soit 2,75 h.

Puissances

Puissances d'exposants positifs

Pour tout nombre entier ***n*** supérieur ou égal à 2 et pour tout nombre a : $a^n = \underbrace{a \times a \times a \times \ldots \times a}_{n \text{ facteurs}}$

Pour $n = 2$, on parle **du carré** d'un nombre. Pour $n = 3$, on parle **du cube** d'un nombre.

Exemple :

- aire d'un carré de côté 5 cm
  $A = 5^2 = 5 \times 5 = 25$ cm²

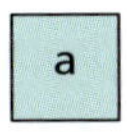

- volume d'un cube de côté 3 cm
  $V = 3^3 = 3 \times 3 \times 3 = 27$ cm³

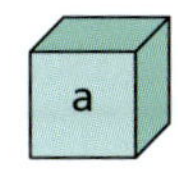

ERREUR FRÉQUENTE 5^2 ne signifie pas $5 \times 2 = 10$.

Puissances d'exposants négatifs

Pour tout nombre ***a*** non nul et pour tout nombre entier ***n*** : $a^{-n} = \dfrac{1}{a^n}$.

Exemple : si a = 5 et $n = -2$ alors $5^{-2} = \dfrac{1}{5^2} = \dfrac{1}{25} = 0{,}04$

Puissances de 10

Si ***n*** est un nombre entier supérieur ou égal à 1 alors : $10^n = 1\,\underbrace{00 \ldots\ldots 0}_{n \text{ zéros}}$ et $10^{-n} = \underbrace{0{,}0000 \ldots\ldots 0}_{n \text{ zéros}}1$

Exemple :

- si $n = 2$, $10^2 = 10 \times 10 = 1\underbrace{00}_{2 \text{ zéros}}$ (cent)
  $10^{-2} = \dfrac{1}{10^2} = \dfrac{1}{100} = \underbrace{0{,}0}_{2 \text{ zéros}}1$ (un centième)
- si $n = 3$, $10^3 = 10 \times 10 \times 10 = 1\,\underbrace{000}_{3 \text{ zéros}}$ (mille)
  $10^{-3} = \dfrac{1}{10^3} = \dfrac{1}{1\,000} = \underbrace{0{,}00}_{3 \text{ zéros}}1$ (un millième)

Multiplication d'un nombre décimal par une puissance de 10

Soit ***a*** un nombre décimal et ***n*** un exposant positif, on effectue la multiplication en déplaçant la virgule de ***n*** crans vers la droite.

Exemple : $3{,}42 \times 10^2 = 342$ $\qquad 0{,}2\,425 \times 10^3 = 242{,}5$

Soit ***a*** un nombre décimal et *n* un exposant négatif, on effectue la multiplication en déplaçant la virgule de ***n*** crans vers la gauche.

Exemple : $3{,}42 \times 10^{-2} = 0{,}0342$ $\qquad 456{,}7 \times 10^{-3} = 0{,}4567$

Écriture scientifique d'un nombre décimal

Un nombre décimal écrit en écriture scientifique s'écrit sous la forme **a × 10*ⁿ*** où :
- ***a*** est un **nombre décimal** s'écrivant avec un **seul chiffre non nul** avant la virgule ;
- ***n*** est un **nombre entier relatif.**

Exemple : La distance entre Jupiter et le Soleil est de 778 000 000 km, elle s'écrit en écriture scientifique $7{,}78 \times 10^8$ km. $a = 7{,}78$ (un seul chiffre non nul avant la virgule) ; $n = 8$. On décale la virgule de 8 chiffres vers la droite pour retrouver la valeur initiale.

Racine carrée d'un nombre positif

La racine carrée notée $\sqrt{\ }$ permet de déterminer un nombre dont on connaît le carré.

Exemple : si $x^2 = 49$ alors $x = \sqrt{49}$ ce qui donne $x = 7$. On ne retiendra que les valeurs de x positives.
Vous trouverez, sur les rabats de couverture, la technique à mettre en œuvre pour chaque modèle de calculatrice proposée.

Utilisation courante de la racine carrée : la propriété de Pythagore

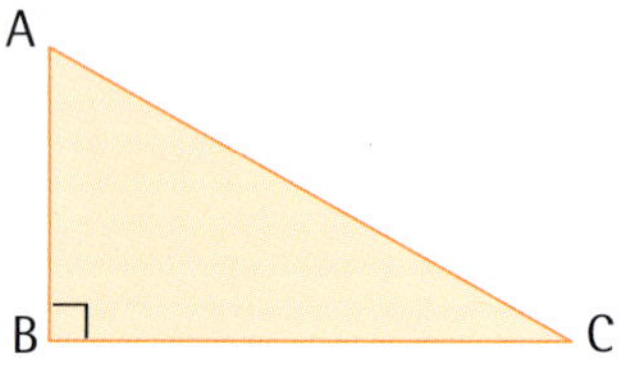

Dans un triangle ABC rectangle en B, la propriété de Pythagore s'écrit : $AC^2 = AB^2 + AC^2$
On donne : AB = 13 cm et BC = 15 cm. On cherche AC.

La propriété de Pythagore s'écrit :
$AC^2 = 13^2 + 15^2$ $AC^2 = 169 + 225$ $AC^2 = 394$

Pour connaître AC, il faut calculer la racine carrée du nombre 394, elle s'écrit : $AC = \sqrt{394} = 19{,}8494...$
Il n'est pas raisonnable de garder toutes les décimales de ce résultat, on en donne une valeur arrondie, soit :
– à l'unité AC = 20 cm ; à 0,01 AC = 19,8 cm ; à 0,01 AC = 19,85 cm.

Valeur numérique d'une expression littérale

Écriture littérale d'une expression mathématique

$A = 4x + 3y$ est une expression littérale qui contient les lettres x et y pour représenter des nombres.
Il est possible d'attribuer une valeur à x et à y et ainsi de calculer cette expression.
Soit $x = 3$ et $y = -2$
– Calcul à la main, en respectant les règles de priorité : $A = 4 \times 3 + 3 \times (-2)$ $A = 12 + (-6)$ $A = 6$
– Une calculatrice scientifique connaît les règles de priorité et vous donnera directement le résultat : A = 6.

Formules mathématiques

Le volume (V) d'un cylindre de révolution se calcule avec la formule : $V = \pi R^2 h$.
On donne : R = 5,2 cm ; h = 30 cm. Calcul du volume V (en cm³) de ce cylindre.
On utilise la touche π de la calculatrice pour obtenir une meilleure précision du résultat.
$V = \pi \times 5{,}2^2 \times 30$. La calculatrice affiche : V = 2 548, 4599...
En respectant la règle de l'arrondi à l'unité, $V \approx 2\,548$ cm³.

RAPPEL Lorsque qu'il n'apparaît pas de signe opératoire dans une formule, l'opération à effectuer est une multiplication.

La valeur acquise en fin de placement (A) se calcule avec la formule : $A = C + I$, avec $I = C\,t\,n$.
On donne : C = 2 400 € ; t = 4 % ; n = 3 ans. Calcul de la valeur acquise A (€) par le capital C à la fin du placement.
$A = 2\,400 + (2\,400 \times 0{,}04 \times 3)$
$A = 2\,400 + 288$
$A = 2\,688$
La valeur acquise s'élèvera à 2 688 €.

RAPPEL des règles de priorité à respecter pour les formules de mathématiques et les calculs longs.
– On effectue, **en premier**, les calculs placés entre parenthèses.
– **Ensuite**, on effectue les calculs contenant des puissances et/ou des racines carrées.
– Les multiplications et les divisions s'effectuent **avant** les additions et les soustractions.

Formulaire CAP

Puissances d'un nombre

$10^0 = 1$; $10^1 = 10$; $10^2 = 100$; $10^3 = 1\,000$

$10^{-1} = 0{,}1$; $10^{-2} = 0{,}01$; $10^{-3} = 0{,}001$

$a^2 = a \times a$; $a^3 = a \times a \times a$

Nombres en écriture fractionnaire

$\dfrac{ac}{b} = \dfrac{ca}{b}$ avec $b \neq 0$

$\dfrac{ca}{cb} = \dfrac{a}{b}$ avec $b \neq 0$ et $c \neq 0$

Proportionnalité

a et b sont proportionnels à c et d

(avec $c \neq 0$ et $d \neq 0$)

équivaut à : $\dfrac{a}{c} = \dfrac{b}{b}$

équivaut à : $ad = bc$

Relations dans le triangle rectangle

$AB^2 + AC^2 = BC^2$

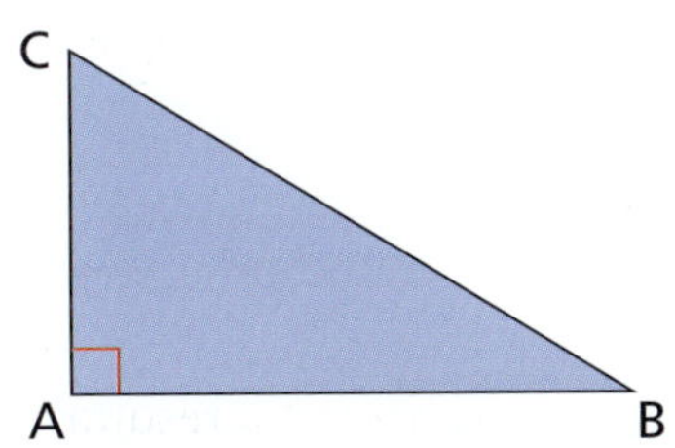

$\sin \widehat{B} = \dfrac{AC}{BC}$; $\cos \widehat{B} = \dfrac{AB}{BC}$; $\tan \widehat{B} = \dfrac{AC}{AB}$.

Propriété de Thalès relative au triangle

Si (BB′) // (CC′)

alors : $\dfrac{AB}{AC} = \dfrac{AB'}{AC'} = \dfrac{BB'}{CC'}$

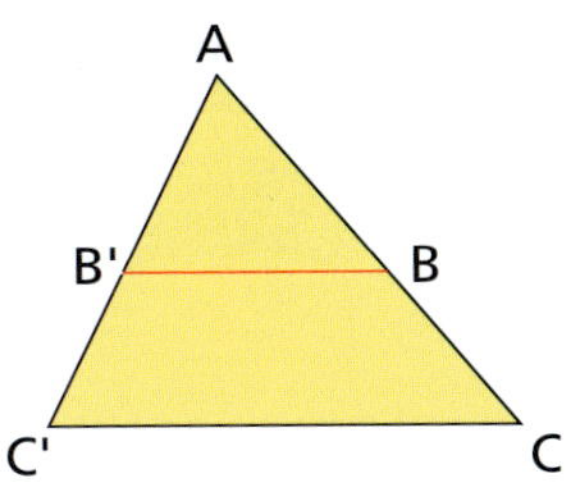

Périmètre

Cercle de rayon R :

$P = 2\pi R$

Rectangle de longueur L et largeur l :

$P = 2(L + l)$

Aires

Triangle $A = \dfrac{1}{2} b h$

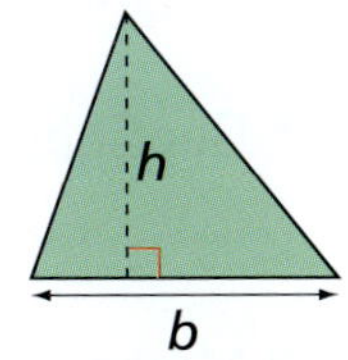

Rectangle $A = L\,l$

Parallélogramme $A = b\,h$

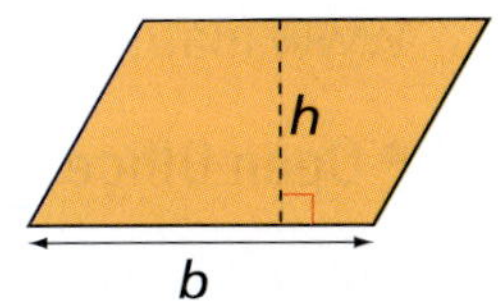

Disque de rayon R : $A = \pi R^2$.

Volumes

Cube de côté a : $V = a^3$

Pavé droit (ou parallélépipède rectangle) de dimensions l, p, h :

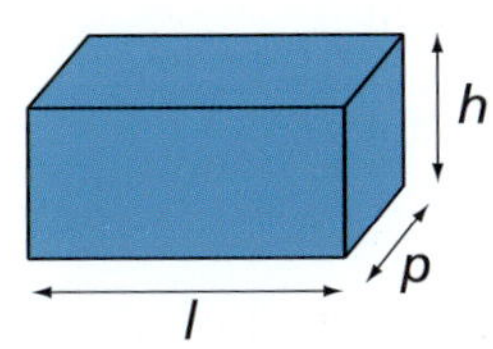

$V = l\,p\,h$

Cylindre de révolution où A est l'aire de la base et h la hauteur : $V = A\,h$

Statistiques

Moyenne : $\overline{x}$

$$\overline{x} = \frac{\text{Somme des valeurs du caractère } x}{N}$$

Fréquence : f

$f_1 = \dfrac{n_1}{N}$; $f_1 = \dfrac{n_2}{N}$; .... ; $f_p = \dfrac{n_p}{N}$

Effectif total : N

Calculs d'intérêts simples

Intérêt : I

Capital : C

Taux périodique : t

Nombre de périodes : n

Valeur acquise en fin de placement : A

$I = C\,t\,n$

$A = C + I$

Sites internet
où les logiciels cités peuvent être téléchargés

À vos souris

- GeoGebra

www.geogebra.at/download/install.htm

- Mathenpoche

www.mathenpoche.sesamath.net

- Open Office

www.fr.openoffice.org

- Convertir

www.eed.ac-versailles.fr

Intérêts : Statistiques

Auteur : G. Le Du

www.gerard.ledu.free.fr

Repérage

- GEOM3D et PPSTAT (RIP)

Auteur : J.-C. Meier

www.jc.meier.free.fr

Compogravure : Lasergraphie
CSB 90

Achevé d'imprimer en France par CLERC s.a.s. – Saint-Amand-Montrond

Éditions Delagrave – N° d'édition : 1575 – R1 – Août 2010